westermann

Markus Bauder, Volker Holzer, Ursula Kasch, Lars Klausnitzer, Thomas Paaß,
Marianne Pelz, Christian Seifritz

Holzer Stofftelegramme Kaufmann/-frau für Büromanagement

Gestreckte Abschlussprüfung Teil 2
Prüfungsbereiche: Kundenbeziehungsprozesse,
Wirtschafts- und Sozialkunde

Baden-Württemberg

Lösungen

4. Auflage

W0240499

Bestellnummer 14977

Die in diesem Produkt gemachten Angaben zu Unternehmen (Namen, Internet- und E-Mail-Adressen, Handelsregistereintragungen, Bankverbindungen, Steuer-, Telefon- und Faxnummern und alle weiteren Angaben) sind i. d. R. fiktiv, d. h., sie stehen in keinem Zusammenhang mit einem real existierenden Unternehmen in der dargestellten oder einer ähnlichen Form. Dies gilt auch für alle Kunden, Lieferanten und sonstigen Geschäftspartner der Unternehmen wie z. B. Kreditinstitute, Versicherungsunternehmen und andere Dienstleistungsunternehmen. Ausschließlich zum Zwecke der Authentizität werden die Namen real existierender Unternehmen und z. B. im Fall von Kreditinstituten auch deren IBANs und BICs verwendet.

westermann GRUPPE

© 2021 Bildungsverlag EINS GmbH, Ettore-Bugatti-Straße 6-14, 51149 Köln
www.westermann.de

Das Werk und seine Teile sind urheberrechtlich geschützt. Jede Nutzung in anderen als den gesetzlich zugelassenen bzw. vertraglich zugestandenen Fällen bedarf der vorherigen schriftlichen Einwilligung des Verlages. Nähere Informationen zur vertraglich gestatteten Anzahl von Kopien finden Sie auf www.schulbuchkopie.de.

Für Verweise (Links) auf Internet-Adressen gilt folgender Haftungshinweis: Trotz sorgfältiger inhaltlicher Kontrolle wird die Haftung für die Inhalte der externen Seiten ausgeschlossen. Für den Inhalt dieser externen Seiten sind ausschließlich deren Betreiber verantwortlich. Sollten Sie daher auf kostenpflichtige, illegale oder anstößige Inhalte treffen, so bedauern wir dies ausdrücklich und bitten Sie, uns umgehend per E-Mail davon in Kenntnis zu setzen, damit beim Nachdruck der Verweis gelöscht wird.

Druck und Bindung: Westermann Druck GmbH, Georg-Westermann-Allee 66, 38104 Braunschweig

ISBN 978-3-427-**14977**-4

Inhaltsverzeichnis

Kundenbeziehungsprozesse

Lernfeld 5: Kunden akquirieren und binden

1 Marktsituation analysieren ... **9**
2 Fragebogen erstellen und auswerten ... **10**
3 Absatzpolitische Ziele ableiten ... **10**
4 Wettbewerbsstrategien ausarbeiten ... **12**
5 Werbung planen ... **12**
6 Marketingkonzept erstellen ... **13**
6.1.2.1 Festlegung der preispolitischen Obergrenze ... 13
6.1.2.2 Preisdifferenzierung ... 14
7 Werbemittel kundenorientiert gestalten ... **15**
8 Grenzen der Werbung festlegen ... **16**
9 Marketingmaßnahmen bewerten ... **16**

Lernfeld 6: Werteströme erfassen und beurteilen

2 Bedeutung und Notwendigkeit des Rechnungswesens ... **17**
3 Buchen auf Bestandskonten ... **18**
3.1 Kurzüberblick zur Bilanz ... 18
3.2 Werteveränderungen in der Bilanz ... 18
3.3 Auflösung der Bilanz in Bestandskonten ... 18
3.4 Durchführung einer Buchung mit Buchungssätzen ... 19
3.5 Eröffnung und Abschluss der Bestandskonten (Eröffnungsbilanz- und Schlussbilanzkonto) ... 20
4 Buchen auf Erfolgskonten (Ergebniskonten) ... **21**
4.1 Kurzüberblick zur Gewinn- und Verlustrechnung (GuV) ... 21
4.2 Auflösung der GuV in Unterkonten ... 22
4.3 Buchen mit Buchungssätzen ... 22
4.4 Doppelte Erfolgsermittlung ... 23
4.5 Vollständiger Geschäftsgang ... 23
5 Kontenrahmen und Kontenplan ... **25**
6 Buchen mit Umsatzsteuer ... **26**
7 Buchungen im Einkauf und Verkauf ... **27**
7.3 Preisnachlässe beim Einkauf ... 27
7.4 Preisnachlässe beim Verkauf ... 28
8 Periodenabschluss durchführen ... **29**
8.1 Inventur und Inventar ... 29
9 Jahresabschluss erstellen ... **30**
9.1 Zusammenhang Inventur, Inventar und Bilanz ... 30
9.2 Grundlagen des Jahresabschlusses ... 31

9.3 Wertansätze im Handelsrecht (Überblick) ... 31
9.3.1 Ziele der Bewertung ... 31
10 Anlagevermögen bewerten ... 31
10.1 Anschaffungskosten ... 31
10.2 Abschreibung zur Erfassung der Wertminderung ... 32
11 Auswertung von Bilanz und GuV (Jahresabschlussanalyse) ... 33
11.2 Vorbereitende Maßnahmen ... 33
11.3 Kennzahlenanalyse ... 33
11.3.3 Aufgaben zu Kapitel 11.3 ... 33

Lernfeld 7: Gesprächssituationen gestalten

1 Grundlagen der Kommunikation ... 36
2 Techniken und Regeln der Gesprächsführung ... 37
3 Vorbereitung von Gesprächen ... 39
4 Durchführung von Gesprächen ... 40
5 Nachbereitung von Gesprächen ... 41
6 Konfliktgespräche ... 42
7 Technische Medien der Kommunikation ... 43

Lernfeld 8: Personalwirtschaftliche Aufgaben wahrnehmen

2 Personalbedarfsplanung ... 46
3 Personalbeschaffung ... 47
4 Arbeitsverträge schließen ... 48
4.1 Grundlagen der Arbeitsverhältnisse + 4.2 Arbeitnehmerschutzrechte ... 48
4.3 Tarifverträge und Betriebsvereinbarungen ... 49
4.4 Arbeitsverträge ... 50
5 Personalfreisetzung ... 51
6 Personalbetreuung ... 53
6.1 Arbeitszeitmodelle + 6.2 Personalunterlagen + 6.3 Personaleinsatzplanung ... 53
6.4 Personalstatistik ... 55
6.5 Personalentwicklung + 6.6 Personalbeurteilung ... 57
7 Entlohnung ... 58
8 Kapitelübergreifende Aufgabe ... 61

Lernfeld 9: Liquidität sichern und Finanzierung vorbereiten

1 Liquidität sichern ... 63
2 Liquidität planen ... 63
3 Liquidität bewerten ... 63
4 Zahlungseingänge sichern ... 64
5 Zahlungseingänge überwachen ... 64

6 Beteiligungs- und Selbstfinanzierung rechtsformabhängig planen 65
6.2.2 Einzelunternehmen 65
6.2.3 Kommanditgesellschaft (KG) 66
6.2.4 Gesellschaft mit beschränkter Haftung (GmbH) 67
6.3 Finanzierungsarten 67
6.3.1 Selbstfinanzierung an den Beispielen Einzelunternehmung (e. K.), Kommanditgesellschaft (KG), Gesellschaft mit beschränkter Haftung (GmbH) ... 67
6.3.2 Beteiligungsfinanzierung (Einlagenfinanzierung) 70
7 Kurzfristige Finanzierungsmöglichkeit einschätzen 71
7.1 Lieferantenkredit und Kontokorrentkredit 71
7.2 Factoring 71
8 Investition langfristig finanzieren 71
9 Kreditaufnahme vorbereiten 74
9.1 Kreditprüfung 74
9.2 Kreditsicherheiten 75

Lernfeld 10: Wertschöpfungsprozesse erfolgsorientiert steuern

2 Abgrenzungsrechnung 80
2.1 Rechnungskreise und deren Aufgaben 80
2.2 Kalkulatorische Kosten 80
2.3 Ergebnistabelle 81
3 Vollkostenrechnung 83
3.6 Aufgaben zu den Kapiteln 3.1–3.5 83
4 Deckungsbeitragsrechnung (Teilkostenrechnung) 85
4.4 Aufbau der Deckungsbeitragsrechnung 85
4.5 Gewinnschwelle 86
4.8 Aufgaben zu den Kapiteln 4.1–4.7 90

Lernfeld 11: Geschäftsprozesse darstellen und optimieren

1 Geschäftsprozesse des Betriebs bestimmen 92
2 Schnittstellen erkennen 92
6 Aufgaben zu den Kapiteln 3–5 92

Lernfeld 12: Veranstaltungen und Geschäftsreisen organisieren

1 Organisation von Veranstaltungen 99
2 Vorbereitung von Veranstaltungen 101
3 Durchführung von Veranstaltungen 102
4 Nachbereitung von Veranstaltungen 103
5 Planung von Geschäftsreisen 103
6 Vorbereitung von Geschäftsreisen 105
7 Nachbereitung von Geschäftsreisen 107

Lernfeld 13: Ein Projekt planen und durchführen

4 Aufgaben zu den Kapiteln 1–3 108

Wirtschafts- und Sozialkunde

Kompetenzbereich I: In Ausbildung und Beruf orientieren

1 Duales Ausbildungssystem 112
1.1 Grundlagen: Beteiligte, Lernorte, Ausbildungsordnung 112
1.2 Das Ausbildungsverhältnis 112
1.3 Konfliktsituationen und Lösungsmöglichkeiten 117
2 Schutzbestimmungen für Mitarbeiter am Arbeitsplatz 118
2.1 Das Jugendarbeitsschutzgesetz 118
2.2 Arbeits-, Unfall-, Gesundheits- und Kündigungsschutz 119
3 Mitwirkung und Mitbestimmung nach dem Betriebsverfassungsgesetz 120
3.4 Aufgaben zu den Kapiteln 3.1–3.3 120
4 Tarifvertrag, Arbeitskampf und Betriebsvereinbarung 126
4.3 Aufgaben zu den Kapiteln 4.1 und 4.2 126
5 Das System der sozialen Absicherung 131
5.9 Aufgaben zu den Kapiteln 5.1–5.8 131
6 Prüfungsaufgaben Kompetenzbereich I 136

Kompetenzbereich II: Wirtschaftliches Handeln in der Sozialen Marktwirtschaft analysieren

1 Wechselseitige Beziehungen der Wirtschaftssubjekte 147
1.3 Aufgaben zu den Kapiteln 1.1 und 1.2 147
2 Ordnungsmerkmale der Sozialen Marktwirtschaft 151
3 Kooperation und Konzentration 152
3.4 Aufgaben zu den Kapiteln 3.1–3.3 152
4 Markt und Preis 154
4.1 Markt und Marktformen 154
4.2 Bestimmungsgründe: Nachfrage und Angebot 156
4.3 Die Marktpreisbildung 162
4.3.1 Vollkommener und unvollkommener Markt 162
4.3.2 Polypol – vollkommener Markt 165
4.3.3 Markteingriffe des Staates 171
4.3.4 Angebotsmonopol 174
4.3.5 Angebotsoligopol 179
5 Prüfungsaufgaben Kompetenzbereich II 182

Kompetenzbereich III: Wirtschaftspolitische Einflüsse auf den Ausbildungsbetrieb, das Lebensumfeld und die Volkswirtschaft einschätzen

1 Konjunktur und Konjunkturpolitik ... 194
1.3 Aufgaben ... 194
1.4 Konjunkturpolitische Maßnahmen ... 196
1.4.1 Möglichkeiten der staatlichen Konjunkturpolitik (= Fiskalpolitik) ... 196
1.5 Prüfungsaufgaben ... 198
2 Wirtschaftspolitische Ziele ... 201
2.4 Aufgaben ... 201
2.5 Prüfungsaufgaben ... 204
3 Beschäftigungs- und Arbeitsmarktpolitik ... 205
3.4 Aufgaben ... 205
4 Der Wert des Geldes und seine Messung ... 207
4.1 Preisniveau und Kaufkraft ... 207
4.6 Aufgaben (Grundwissen) ... 207
5 Geldtheorie und Geldpolitik ... 211
5.1 Das Europäische System der Zentralbanken (ESZB) ... 211
5.2 Geldpolitik der EZB ... 211
5.2.4 Aufgaben ... 211
5.3 Prüfungsaufgaben ... 213
6 Europäische Integration, Globalisierung, Freihandel, Protektionismus, WTO 214
6.5 Aufgaben ... 214
6.6 Prüfungsaufgaben ... 215

Komplette Prüfungsaufgaben Kundenbeziehungsprozesse seit Sommer 2017

1 Prüfungsaufgaben Kundenbeziehungsprozesse Sommer 2017 ... 216
2 Prüfungsaufgaben Kundenbeziehungsprozesse Winter 2017/2018 ... 222
3 Prüfungsaufgaben Kundenbeziehungsprozesse Sommer 2018 ... 230
4 Prüfungsaufgaben Kundenbeziehungsprozesse Winter 2018/2019 ... 236
5 Prüfungsaufgaben Kundenbeziehungsprozesse Sommer 2019 ... 243
6 Prüfungsaufgaben Kundenbeziehungsprozesse Winter 2019/2020 ... 249
7 Prüfungsaufgaben Kundenbeziehungsprozesse Sommer 2020 ... 258
8 Prüfungsaufgaben Kundenbeziehungsprozesse Winter 2020/2021 ... 266
9 Prüfungsaufgaben Kundenbeziehungsprozesse Sommer 2021 ... 274

Komplette Prüfungsaufgaben Wirtschafts- und Sozialkunde ab Sommer 2020

1 Prüfungsaufgaben Wirtschafts- und Sozialkunde Sommer 2020 279
2 Prüfungsaufgaben Wirtschafts- und Sozialkunde Winter 2020/2021 282
3 Prüfungsaufgaben Wirtschafts- und Sozialkunde Sommer 2021 285

Lernfeld 5: Kunden akquirieren und binden

1 Marktsituation analysieren

1. a) **Marktorientierung:**
   - konsequente Ausrichtung (Orientierung) am Markt
   - Kunden- und/oder Konkurrenzorientierung

   b) **Globalisierung:**
   - Internationalisierung des Wettbewerbs
   - Angebot und Nachfrage auf internationalen Märkten

   c) **Absatzmarketing:**
   - Steuerung des Betriebes vom Markt her
   - alle Maßnahmen, die ein Unternehmen treffen muss, um sich einen Markt zu schaffen, zu erhalten und zu erweitern

   d) **Marktforschung:** Systematische Markterkundung mit wissenschaftlichen Methoden; Klärung der Fragen: Was, wie viel, an wen, wann, wo, bei welcher Konkurrenz kann verkauft werden? Wie verhält sich der Käufer bei Preis- bzw. Qualitätsänderungen?

   e) **Marktanalyse:** einmalige, tiefgreifende Marktforschung

   f) **Marktbeobachtung:** fortlaufende Marktforschung

   g) **Marktprognose:** Marktvoraussage

   h) **Sekundärforschung:** Marktforschung durch Auswertung bereits vorhandenen Materials

   i) **Primärforschung:** direkte Forschung am Markt (Beobachtung, Befragung, Experiment)

   j) **Teilmasse:** repräsentativer Teil einer Gesamtmasse

   k) **Gesamtmasse:** sämtliche infrage kommenden Personenkreise

   l) **Zufallsauswahl:** rein zufällige Personenauswahl

   m) **Quotenverfahren:** Die zu befragende Teilmasse wird so ausgewählt, dass ihre Zusammensetzung der Gesamtmasse entspricht.

2. **Betriebsinterne Daten:** Buchhaltungszahlen, Kundendatei ...
   Betriebsexterne Daten: Statistisches Jahrbuch, Brancheninformationen ...

3. a) Marktanteil $= \frac{\text{Absatzvolumen} \cdot 100}{\text{Marktvolumen}}$

   $= \frac{5 \cdot 100}{25}$

   Marktanteil $= 20\ \%$

   Marktsättigung $= \frac{\text{Marktvolumen} \cdot 100}{\text{Marktpotenzial}}$

   $= \frac{25 \cdot 100}{50}$

Marktsättigung = 50 % = viel Luft nach oben = Expansion

b) **Maßnahmen:**

- Werbung verstärken = Tag der offenen Tür, Teilnahme an regionalen Festen – Vereine anschreiben; Aktionen bei und mit Getränkemärkten und Gastwirtschaften
- Produktdifferenzierung (Biermischgetränke, Bier aus biologischem Anbau)
- Produktvariation (unterschiedliche Flaschengrößen z. B. 0,5 l und 0,33 l)

c) Marktsättigung $= \frac{25 \cdot 100}{27} = 92{,}6\ \%$ = Expansion ist problematisch, da der Markt schon fast gesättigt ist. Es sollte versucht werden, den eigenen Marktanteil zu behalten bzw. evtl. leicht auszubauen.

2 Fragebogen erstellen und auswerten

1. - Welche Informationen/Daten sollen gesammelt werden?
   - Wie umfangreich sollen die Befragten über den Zweck der Befragung informiert werden? (Ziel, Auswertung, Verwendung, Datenschutz)
   - Papierformat?
   - Reihenfolge? → logischer Aufbau
   - Formular (online, offline)?
   - Verarbeitung der erfassten Informationen, z. B. Auswertung mit einer Tabellenkalkulation, Datenbank usw.
   - Fragen eindeutig/verständlich entsprechend der Zielgruppe stellen
   - Zu viele Fragen führen zu geringen Rücklaufquoten.
   - Am Ende des Formulars sollte sich für das Ausfüllen bedankt werden.

2. - **Offene Fragen:** Keine Antwortmöglichkeiten sind vorgegeben, z. B.: Welchen Fußballverein finden sie gut?
   - **Geschlossene Fragen:** Antwortmöglichkeiten sind vorgegeben. Multiple-Choice-Frage: Welchen der folgenden Fußballvereine finden sie gut? Stuttgart, Freiburg, Bayern, Dortmund, Hoffenheim.

3 Absatzpolitische Ziele ableiten

1. **Problem:** Für die Unternehmen heute liegt die Situation eines Käufermarktes → Angebotsüberhang vor. → Der Kunde hat die Wahl, bei welchem Unternehmen er kauft.
   Lösung: Alleinstellungsmerkmal generieren = Produkt/Dienstleistung hebt sich deutlich von dem der Wettbewerber ab und wird von den Kunden wahrgenommen.

   Mögliche Aspekte:
   - Preis
   - Qualität
   - Service
   - Image

2. a) operationalisierte Ziele = Ziele sollten messbar sein und damit vergleichbar, z. B.
   - nicht operationalisiert = Marktanteil steigern durch Werbeausgabenerhöhung
   - operationalisiert = siehe Beispiel Stofftelegramm

   b)

• Was?	→ Umsatz steigern	Inhaltsteil
• Wie viel?	→ um 10 %	Inhaltsteil
• Wo?	→ weltweit	Inhaltsteil
• Bis wann?	→ im nächsten Jahr (01.01.–31.12.20..)	Zeitbezug
• Wodurch?	→ Werbeausgaben um 10 Mio. EUR erhöhen	

3. Versuch, die Wirklichkeit/Realität abzubilden. Dies geschieht häufig durch vereinfachte Annahmen. Mithilfe dieser Modelle wird versucht, die Wirklichkeit zu erklären, z. B.: Wie verhalten sich Verbraucher, wenn die Nachfrage allein vom Preis abhängt und dieser sich erhöht? → Nachfrage sinkt

4. Ort, an dem Angebot und Nachfrage aufeinandertreffen.
   Aufgaben: Güteraustausch, Preisbildung

5.

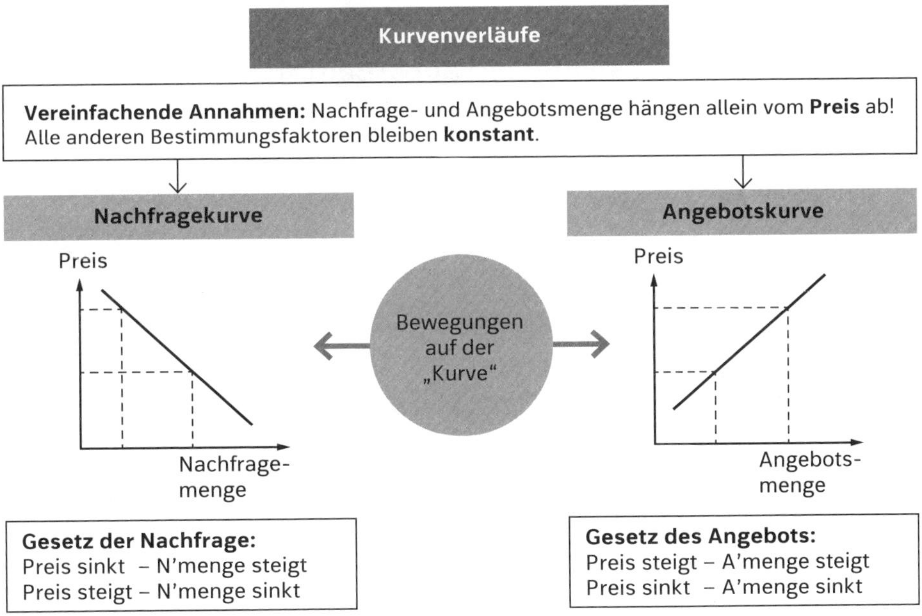

6. • Polypol = viele Anbieter und viele Nachfrager
   • Monopol → Verhältnis: eins zu viele
     – Angebotsmonopol: ein Anbieter und viele Nachfrager
     – Nachfragemonopol: ein Nachfrager und viele Anbieter

7. • Homogenität (Gleichartigkeit) der Güter
   • Punktmarkt (Angebot und Nachfrage treffen am gleichen Ort zusammen.)

- vollkomme Markttransparenz (Marktübersicht), somit unendlich schnelle Reaktionsgeschwindigkeit der Marktteilnehmer bei Änderungen
- keine Präferenzen (Anbieter und Nachfrager bevorzugen sich nicht gegenseitig.)
  - sachlich (Kunde meint, Qualität ist besser)
  - zeitlich (Lieferfristen)
  - räumlich (Nähe des Marktpartners)
  - persönlich (Freundlichkeit des Anbieters)

8. Vgl. Stofftelegramm.

9. Die meisten Märkte in der Realität sind **unvollkommene Märkte**.
   → Preispolitik für die Unternehmen in gewissen Grenzen möglich
   → Kunden sind preissensibel und reagieren mit ihrem Nachfrageverhalten entsprechend.
   → Suche/Auswahl der geeigneten **Preisstrategie** sehr wichtig für das Unternehmen (s. u.)

10. Vgl. Stofftelegramm.

4 Wettbewerbsstrategien ausarbeiten

1. • Kostenführerschaft
   • Differenzierung
   • Nischenstrategie

2. a) Nischenstrategie
   b) Differenzierung

5 Werbung planen

Werbeobjekt	Solar Greenpower Mähroboter
Werbebotschaft	besondere Eigenschaften wie Funktionalität, Qualität, außergewöhnliches Design hervorheben **Beispiele:** *zeitunabhängiges Rasenmähen, Energieersparnis, Kostenersparnis*
Zielgruppe (Streukreis)	Baumärkte bundesweit, städtische Bauämter, regionale Gärtner
Werbemittel	Anzeigen, Messeplakat, Flyer, Werbetext
Werbeträger	Fachzeitschriften, Messestand, Werbebrief
Streugebiet	bundesweit
Streuzeit	ab Anfang März bis Ende Mai
Werbeetat	85.000,00 EUR

6 Marketingkonzept erstellen

6.1.2.1 Festlegung der preispolitischen Obergrenze

Preis/Stück in Euro	Absetzbare Menge in Stück	Umsatz/Erlös in Euro	Gesamtkosten in Euro	Gewinn/Verlust in Euro
p	x	$U = p \cdot x$	$K = K_f + k_v \cdot x$	$G = U - K$
21,00	0	0,00	3.500,00	–3.500,00
18,00	1.000	18.000,00	4.500,00	13.500,00
15,00	2.000	30.000,00	5.500,00	24.500,00
12,00	**3.000**	**36.000,00**	**6.500,00**	**29.500,00**
9,00	4.000	36.000,00	7.500,00	28.500,00
6,00	5.000	30.000,00	8.500,00	21.500,00
3,00	6.000	18.000,00	9.500,00	8.500,00
0,00	7.000	0,00	10.500,00	–10.500,00

a) Gewinnmaximaler Preis (G_{max} P): 12,00 EUR
Gewinnmaximale Menge (G_{max} M): 3.000 Stück

b)

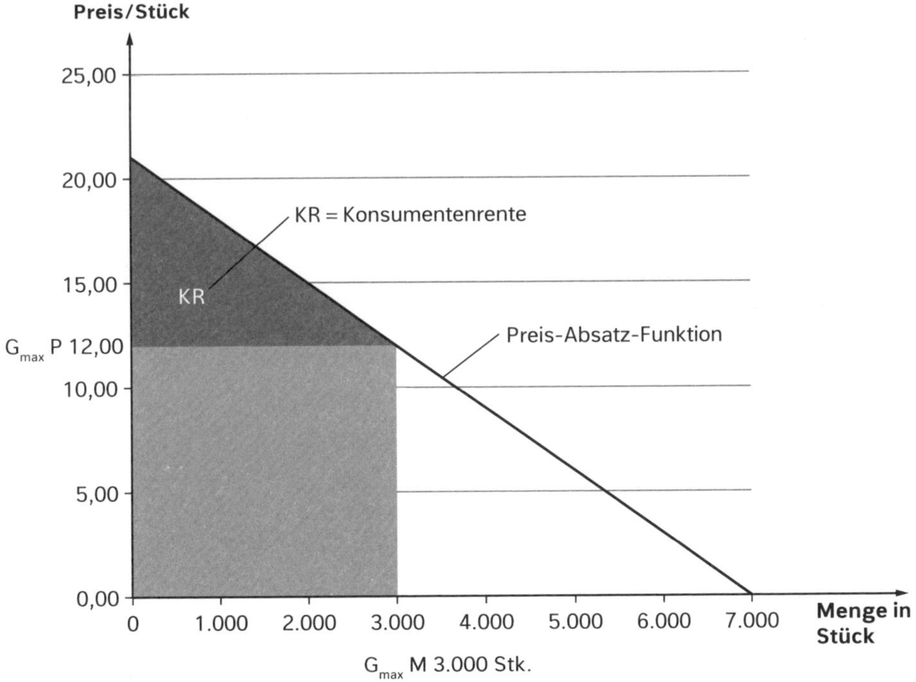

6.1.2.2 Preisdifferenzierung

1. a)

Vergleich Gewinn ohne und mit Preisdifferenzierung					
Erlöse ohne Preisdifferenzierung		**Erlöse mit Preisdifferenzierung und zwei Teilmärkten**			
			Preis/Stück	**Absetzbare Menge in Stück**	**Umsatz**
	36.000,00 EUR	Preis I	15,00 EUR	2.000	30.000,00 EUR
Umsatzerlöse		Preis II	12,00 EUR	1.000	12.000,00 EUR
					42.000,00 EUR
– Kosten	6.500,00 EUR				6.500,00 EUR
= Gewinn	29.500,00 EUR				35.500,00 EUR
Gewinnsteigerung					6.000,00 EUR

b)

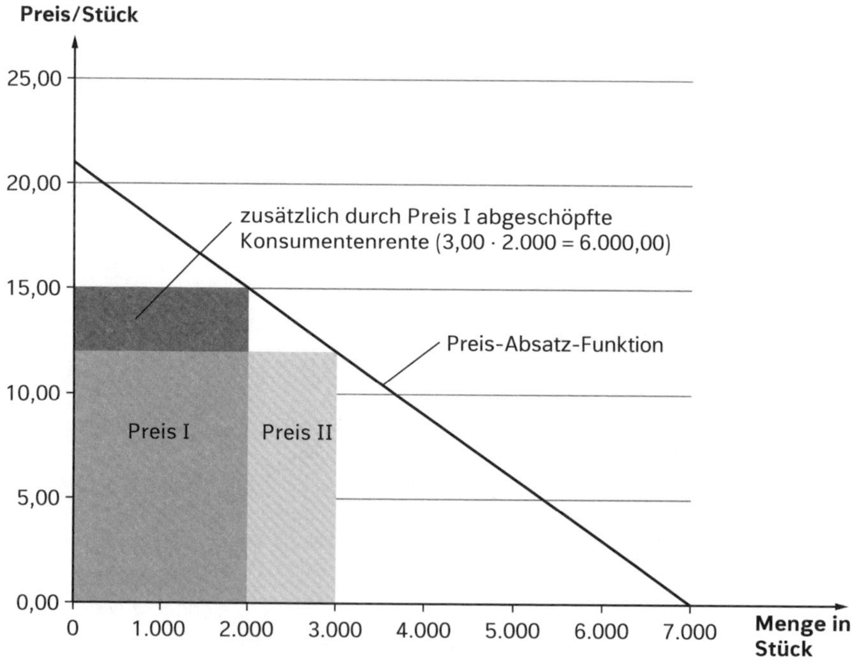

2. a) Die Marktforschung versucht Trends oder Änderungen im Konsumverhalten von Verbrauchern zu erfassen. Durch Marktforschung können zukünftiger Bedarf bzw. Veränderungen bei den Kundenwünschen ermittelt werden. Unternehmen können dann mit ihrer Unternehmenspolitik entsprechend reagieren.
   b) **Mögliche Lösungen:**
      - Hochpreispolitik
      - Skimmingpreisstrategie: hohe Einführungspreise und bei aufkommenden Konkurrenzprodukten Preise anpassen
      - Prämienstrategie: qualitativ hochwertiges Markenprodukt in exklusiver Verpackung
   c)
      - **Räumliche Preisdifferenzierung:** Bei Kunden im Ausland wird ein anderer Preis verlangt als bei Kunden im Inland.
      - **Zeitliche Preisdifferenzierung:** Im Herbst, wenn Apfelernte ist, wird ein niedrigerer Preis verlangt als im Sommer.
      - **Persönliche Preisdifferenzierung:** Rabatt für Großabnehmer wie z. B. Fußballvereine
      - **Sachliche Preisdifferenzierung:** exklusives Design bei 0,2-Liter-Flasche für hochpreisige Gastronomie im Verhältnis zur 1-Liter-Flasche für Sportvereine

7 Werbemittel kundenorientiert gestalten

1.
   - optisch (Sehen) – Anzeigen, Plakate
   - akustisch (Gehör) – Werbung, Radio
   - geschmacklich – Kostproben
   - Geruch – Parfüm
   - Gefühl – Stoffe, Bekleidung

2.
   - Wer ist der Absender?
   - Was bietet er mir an?
     → Produkt/Dienstleistung
   - Welchen Nutzen habe ich davon? Formulieren Sie die Nutzenargumente:
     - bildhaft,
     - mit konkreten Zahlen.

     Verpacken Sie die Informationen in eine Geschichte.
     Sprechen Sie die Verlustängste des Empfängers an.
   - Womit kann er seine Versprechen beweisen?
     → Verweis auf Stiftung Warentest, Fachzeitschriften, zufriedene Kunden
   - Was soll ich jetzt tun?
     Aufforderung zur Fortsetzung des Dialogs. Wie soll der Kunde in Kontakt treten? Response-Element (Antwort-Element) → Mailen, Faxen, Unterlagen anfordern, anrufen, Beratungstermin ausmachen

8 Grenzen der Werbung festlegen

Die Anzeige kann so nicht veröffentlicht werden, da hier zwei Verstöße gegen das UWG vorliegen. Der Vergleich mit dem Discountmoden-Geschäft ist unzulässig, weil es sich bei den beiden Geschäften nicht um den gleichen Bedarf handelt (vgl. § 6 Abs. 2 Nr. 1 UWG). In beiden Fällen handelt es sich zwar um Modegeschäfte, aber „Bella Moda" verkauft hochwertige Designermode, während sich der Modediscounter auf preisgünstige Kleidung spezialisiert hat. Die Aussage „Das geht gar nicht!" zeigt zudem eine Herabsetzung und Verunglimpfung des Mitbewerbers (§ 6 Abs. 2 Nr. 5 UWG).

9 Marketingmaßnahmen bewerten

1. Sie dient der Feststellung der Werbewirkung.
2. Sie dient der Feststellung des Werbegewinns/-erfolgs.
3. a)
   - 100 Kunden werden eingeladen. → Werbegemeinte
   - 50 Kunden kommen zur Veranstaltung. → Werbeberührte
   - 20 Kunden nehmen Informationsmaterialien mit. → Werbebeeindruckte
   - 10 Kunden kaufen ein neues Topfset. → Werbeerfüller

   b)
   - Berührungserfolg = 50 : 100 = 0,5
   - Beeindruckungserfolg = 20 : 100 = 0,2
   - Erfüllungserfolg = 10 : 100 = 0,1
4. a) Anteil der zusätzlich verkauften Autos, der auf die Werbung zurückzuführen ist:

   $$\frac{\text{Kaufänderung durch Werbung} \cdot 100}{\text{Kaufänderung insgesamt}} = \frac{3 \cdot 100}{4} = 75\ \%$$

   400 Stück zusätzlich verkaufte Autos · 75 % = 300 Stück zusätzlich verkaufte Autos sind auf die Werbung zurückzuführen.

   b) Umsatzzuwachs = zusätzlich verkaufte Stückzahl · Reingewinn/Auto
   Umsatzzuwachs = 300 Stück · 2.000 = 600.000,00 EUR

   c) Werbeaufwand = 100.000,00 EUR

   $$\text{Wirtschaftlichkeit der Werbung} = \frac{\text{Umsatzzuwachs}}{\text{Werbeaufwand}}$$

   $$\text{Wirtschaftlichkeit der Werbung} = \frac{600.000{,}00\ \text{EUR}}{100.000{,}00\ \text{EUR}}$$

   $$\text{Wirtschaftlichkeit der Werbung} = 6{,}00\ \text{EUR}$$

   Für jeden Euro Werbeaufwand wird ein werbebedingter Umsatz von 6,00 EUR erzielt.
   → Die Werbeaktion ist kostendeckend und erzielt einen zusätzlichen Gewinn.

   d) Für jeden Euro Werbeaufwand wird ein werbebedingter Umsatz von 0,50 EUR erzielt.
   Folge: Die Werbung ist nicht kostendeckend. Das Unternehmen macht durch die Werbung keinen zusätzlichen Gewinn, sondern einen Verlust.

Lernfeld 6: Werteströme erfassen und beurteilen

2 Bedeutung und Notwendigkeit des Rechnungswesens

1. | Von | Strom / Fluss | An |
   | --- | --- | --- |
   | Unternehmen | *Güterstrom* → *Abfluss* | Kunde |
   | Unternehmen | *Geldstrom* → *Abfluss* | Lieferant |
   | Lieferant | *Güterstrom* → *Zufluss* | Unternehmen |
   | Kunde | *Geldstrom* → *Zufluss* | Unternehmen |

2. **Geldstrom:** Wertezufluss und Werteabfluss in Form von „Geld“
   Güterstrom: Wertezufluss und Werteabfluss in Form von „Gütern“

3. Unter Investitionsgütern werden solche Güter verstanden, welche „langfristig“ dem Unternehmen erhalten bleiben und in die Produktion eingebunden werden, z. B. Gebäude, Maschinen, Fuhrpark.

4. Dabei werden der Leistungs- und der Finanzierungsprozess durch Investitionsgüter begleitet. Im Mittelpunkt stehen dabei nicht die hergestellten Waren, sondern Investitionsgüter.

5. Anfrage per Geschäftsbrief (Fremdbeleg); Auftragsbestätigung an die Schmidt GmbH (Eigenbeleg); Lieferschein und Ausgangsrechnung an die Schmidt GmbH (Eigenbelege)

6. Kontoauszüge gehören zu den Fremdbelegen. Diese Belege entstehen durch entsprechende Geschäftsvorfälle mit z. B. Kreditinstituten und kommen von außen in das Unternehmen hinein.

3 Buchen auf Bestandskonten

3.1 Kurzüberblick zur Bilanz

1. **Aktivseite:** nach Flüssigkeit (je flüssiger, desto später/tiefer in der Bilanz)
   Passivseite: nach Fälligkeit (je kurzfristiger, desto später/tiefer in der Bilanz)
2. Der Fuhrpark wird später/tiefer aufgeführt, da z. B. ein Geschäftswagen schneller zu veräußern (sprich flüssig zu machen) ist, als ein Gebäude zu verkaufen.
3. **Eigenkapital:** Teil des Vermögens, welches nach Abzug der Verbindlichkeiten übrig bleibt. Es gehört den Eigentümern, welche am Unternehmen beteiligt sind.
   Fremdkapital: Hierunter versteht man die Verbindlichkeiten, die ein Unternehmen hat. Die Fremdkapital-Geber (z. B. Kreditinstitute) sind nicht am Gewinn oder Verlust beteiligt.
4. Anlagevermögen = (Eigenkapital + Fremdkapital) – Umlaufvermögen
   250.000,00 EUR = (80.000,00 EUR + 320.000,00 EUR) – 150.000,00 EUR
5. Da alle Vermögensgegenstände auch finanziert sein müssen. Umgekehrt soll sich das beschaffte Kapital auch in Vermögensgegenständen wiederfinden.

3.2 Werteveränderungen in der Bilanz

a) Aktiv-Passiv-Minderung
b) Aktivtausch
c) Aktivtausch
d) Aktiv-Passiv-Minderung
e) Aktiv-Passiv-Mehrung
f) Passivtausch

3.3 Auflösung der Bilanz in Bestandskonten

1.

Soll	Forderungen aus Lieferungen und Leistungen				Haben
Datum	Geschäftsvorfall	Betrag in Euro	Datum	Geschäftsvorfall	Betrag in Euro
13.05.	Anfangsbestand	17.850,00	15.05.	Zahlung AR Nr. 8	28.500,00
14.05.	Verkauf HW Nr. 4	35.000,00	17.05.	Schlussbestand	67.350,00
17.05.	Verkauf HW Nr. 5	43.000,00			
		95.850,00			95.850,00

2. a) Soll, b) Haben, c) Soll, d) Soll, e) Haben, f) Haben, g) Soll, h) Haben

3.4 Durchführung einer Buchung mit Buchungssätzen

1.

Geschäfts-vorfall	1. Welche **Konten** werden berührt?	2. Um welche **Kontoart** handelt es sich?	3. Wie verändern sich die Kontobestände? (**Zugang** oder **Abgang**)	4. Auf welcher Kontoseite wird gebucht? (**Soll** oder **Haben**)	
1	Handelswaren	Aktiv	Güterzugang vom Lieferanten	5.000,00	
	Verb. a. LL.	Passiv	Verb. a. LL. – Zugang		5.000,00
2	Verb. a. LL.	Passiv	Verb. a. LL. – Abgang	3.000,00	
	Verb. KI (Darlehen)	Passiv	Darlehenszugang		3.000,00
3	Kasse	Aktiv	Geldzugang	1.000,00	
	BGA	Aktiv	Abgang		1.000,00
4	Verb. a. LL.	Passiv	Verb. a. LL. – Abgang	9.000,00	
	Bank	Aktiv	Geldabgang an den Lieferanten		9.000,00

2.

Nr.	**Buchungssatz**	**Soll**	**Haben**
a)	BGA	370,00 EUR	
	an Kasse		370,00 EUR
b)	Bank	1.250,00 EUR	
	an Forderungen a. LL.		1.250,00 EUR
c)	Kasse	2.500,00 EUR	
	an Bank		2.500,00 EUR
d)	Bank	7.690,00 EUR	
	an Maschine		7.690,00 EUR
e)	Handelswaren	3.330,00 EUR	
	an Verbindlichkeiten a. LL.		3.330,00 EUR
f)	BGA	3.700,00 EUR	
	an Bank		3.000,00 EUR
	an Kasse		700,00 EUR
g)	Grundstücke	100.000,00 EUR	
	an Bank		100.000,00 EUR
h)	Verbindlichkeiten a. LL.	9.000,00 EUR	
	an Bank		9.000,00 EUR
i)	Forderungen a. LL.	5.600,00 EUR	
	an Fuhrpark		5.600,00 EUR
j)	Kasse	1.500,00 EUR	
	Bank	300,00 EUR	
	an Forderungen a. LL.		1.800,00 EUR

3.5 Eröffnung und Abschluss der Bestandskonten (Eröffnungsbilanz- und Schlussbilanzkonto)

1.

Nr.	Buchungssatz	Soll	Haben
a)	BGA	2.500,00 EUR	
	an Kasse		2.500,00 EUR
b)	Kasse	910,00 EUR	
	an Ford. a. LL.		910,00 EUR
c)	Grundstücke	120.000,00 EUR	
	an Bank		90.000,00 EUR
	an Verb. a. LL.		30.000,00 EUR
d)	Ford. a. LL.	8.900,00 EUR	
	an Maschine		8.900,00 EUR
e)	Handelswaren	10.000,00 EUR	
	an Verb. a. LL.		10.000,00 EUR
f)	Verb. a. LL.	7.500,00 EUR	
	an Bank		7.500,00 EUR

2.– 4.

S	Eröffnungsbilanzkonto		H
Eigenkapital	921.000,00	Grundstücke	850.000,00
Verb. gg. KI	422.000,00	Maschinen	350.000,00
Verb. a. LL.	201.700,00	Fuhrpark	90.000,00
		BGA	25.000,00
		Handelswaren	28.000,00
		Ford. a. LL.	8.000,00
		Bank	190.000,00
		Kasse	3.700,00
	1.544.700,00		**1.544.700,00**

S	Grundstücke		H
EBK	850.000,00	**SBK**	970.000,00
c) Bank/ Verb. a. LL.	120.000,00		
	970.000,00		**970.000,00**

S	Maschinen		H
EBK	350.000,00	d) Ford. a. LL.	8.900,00
		SBK	341.100,00
	350.000,00		**350.000,00**

S	Fuhrpark		H
EBK	**90.000,00**	**SBK**	**90.000,00**

S	BGA		H
EBK	25.000,00	**SBK**	27.500,00
a) Kasse	2.500,00		
	27.500,00		**27.500,00**

S	Handelswaren		H
EBK	28.000,00	**SBK**	38.000,00
e) Verb. a. LL.	10.000,00		
	38.000,00		**38.000,00**

S	Ford. a. LL.		H
EBK	8.000,00	b) Kasse	910,00
d) Maschine	8.900,00	**SBK**	15.990,00
	16.900,00		**16.900,00**

S	Bank		H
EBK	190.000,00	c) Grundstücke	90.000,00
		f) Verb. a. LL.	7.500,00
		SBK	92.500,00
	190.000,00		**190.000,00**

S	Kasse		H
EBK	3.700,00	a) BGA	2.500,00
b) Ford. a. LL.	910,00	**SBK**	2.110,00
	4.610,00		**4.610,00**

S	Eigenkapital		H
SBK	**921.000,00**	**EBK**	**921.000,00**

S	Verbindlichkeiten gg. KI		H
SBK	**422.000,00**	**EBK**	**422.000,00**

S	Verb. a. LL.		H
f) Bank	7.500,00	**EBK**	201.700,00
SBK	234.200,00	c) Grundstücke	30.000,00
		e) Handelswaren	10.000,00
	241.700,00		**241.700,00**

S	Schlussbilanzkonto		H
Grundstücke	970.000,00	Eigenkapital	921.000,00
Maschinen	341.100,00	Verb. gg. KI	422.000,00
Fuhrpark	90.000,00	Verb. a. LL.	234.200,00
BGA	27.500,00		
Handelswaren	38.000,00		
Ford. a. LL.	15.990,00		
Bank	92.500,00		
Kasse	2.110,00		
	1.577.200,00		**1.577.200,00**

4 Buchen auf Erfolgskonten (Ergebniskonten)

4.1 Kurzüberblick zur Gewinn- und Verlustrechnung (GuV)

1. Soll-Seite = Aufwendungen
   Haben-Seite = Erträge

2. Sinn und Zweck privatwirtschaftlicher Unternehmen ist es, dass die erzeugten bzw. bezogenen Produkte oder die angepriesenen Dienstleistungen verkauft werden. Wenn ein produzierendes Unternehmen höhere Zinserträge als Umsatzerlöse erzielt, dann hat es zunehmend seinen Unternehmenszweck verfehlt.

3. Erträge > Aufwendungen = Gewinn → Folge: Gewinne werden auf der Soll-Seite ausgewiesen.

4. Soll-Seite

5. Aus Gründen der Übersichtlichkeit. Außerdem könnte man eventuell nicht die genauen Ursachen einer Vermögenszunahme bzw. -abnahme erkennen.

4.2 Auflösung der GuV in Unterkonten

1. Erträge erhöhen das Eigenkapitalkonto. Da das Eigenkapitalkonto ein Passivkonto ist, werden die Mehrungen/Erhöhungen im Haben gebucht.

   Aufwendungen mindern das Eigenkapitalkonto. Da das Eigenkapitalkonto ein Passivkonto ist, werden die Minderungen im Soll gebucht.

2. **Saldierungsverbot** (Verrechnungsverbot): Es soll ersichtlich und nachvollziehbar sein, wie sich ein Gewinn bzw. Verlust aus den Einzelpositionen ergibt. Deshalb dürfen z. B. Mieterträge nicht mit Mietaufwendungen verrechnet werden.

3. EK-Konto

4. **Abschlussbuchungen in allgemeiner Form**

   Abschluss der Unterkonten:
   GuV-Konto an Aufwandskonto
   Ertragskonto an GuV-Konto

   Abschluss des GuV-Kontos:
   - Bei Gewinn: GuV-Konto an EK-Konto
   - Bei Verlust: EK-Konto an GuV-Konto

5. **Erfolgskonten:** Aufwandskonto und Ertragskonto
   Bestandskonten: Aktivkonto und Passivkonto

6. Der Anfangsbestand steht auf dem Eigenkapitalkonto.

4.3 Buchen mit Buchungssätzen

Nr.	Buchungssatz	Soll	Haben
a)	Grundsteuer	9.800,00 EUR	
	an Bank		9.800,00 EUR
b)	Gehälter	7.500,00 EUR	
	an Bank		7.500,00 EUR
c)	Bank	1.690,00 EUR	
	an Zinserträge		1.690,00 EUR
d)	Reisekosten	8.770,00 EUR	
	an Bank		8.770,00 EUR
e)	Aufwendungen für Kommunikation	890,00 EUR	
	an Bank		890,00 EUR
f)	Rechtskosten	350,00 EUR	
	an Kasse		350,00 EUR
g)	Beiträge IHK	650,00 EUR	
	an Bank		650,00 EUR
h)	Büromaterialaufwand	60,00 EUR	
	an Kasse		60,00 EUR

4.4 Doppelte Erfolgsermittlung

a) + b)

S	GuV-Konto		H
Materialaufwand	65.000,00	Umsatzerl. a. LL.	119.000,00
Gehälter	39.000,00	**EK-Konto**	14.120,00
Zinsaufwand	18.000,00	**(Verlust)**	
Aufw. f. Fremdin.	2.500,00		
Büromaterial	1.120,00		
Werbung	7.500,00		
	133.120,00		**133.120,00**

S	Eigenkapitalkonto		H
GuV-Konto	14.120,00	**EBK**	900.000,00
SBK	885.880,00		
	900.000,00		**900.000,00**

Schlussbestand EK-Konto = neuer EK-Anfangsbestand in der neuen Periode: 885.880,00 EUR

c) Schlussbestand des EK-Kontos – Anfangsbestand des EK-Kontos
885.880,00 EUR – 900.000,00 EUR = 14.120,00 EUR (= hier Verlust)

4.5 Vollständiger Geschäftsgang

1.

Nr.	Buchungssatz	Soll	Haben
a)	Büromaterialaufwand	500,00 EUR	
	an Kasse		500,00 EUR
b)	Kasse	910,00 EUR	
	an Ford. a. LL.		910,00 EUR
c)	Bank	120,00 EUR	
	an Zinserträge		120,00 EUR
d)	Ford. a. LL.	8.900,00 EUR	
	an Umsatzerl. a. LL.		8.900,00 EUR
e)	Gewerbesteuer	1.300,00 EUR	
	an Bank		1.300,00 EUR
f)	Verb. a. LL.	7.500,00 EUR	
	an Bank		7.500,00 EUR
g)	Aufwendungen für Kommunikation	980,00 EUR	
	an Bank		980,00 EUR

2.–6.

S	**Eröffnungsbilanzkonto**		**H**
Eigenkapital	121.000,00	BGA	100.000,00
Verb. gg. KI	82.000,00	Ford. a. LL.	8.000,00
Verb. a. LL.	98.700,00	Bank	190.000,00
		Kasse	3.700,00
	301.700,00		**301.700,00**

S	**BGA**		**H**
EBK	**100.000,00**	**SBK**	**100.000,00**

S	**Ford. a. LL.**		**H**
EBK	8.000,00	b) Kasse	910,00
d) Ums.erl. a. LL.	8.900,00	**SBK**	15.990,00
	16.900,00		**16.900,00**

S	**Bank**		**H**
EBK	190.000,00	e) Gewerbesteuer	**1.300,00**
c) Zinserträge	120,00	f) Verb. a. LL.	7.500,00
		g) Aufw. Komm.	980,00
		SBK	180.340,00
	190.120,00		**190.120,00**

S	**Kasse**		**H**
EBK	3.700,00	a) Büromaterial	500,00
b) Ford. a. LL.	910,00	**SBK**	4.110,00
	4.610,00		**4.610,00**

S	**Eigenkapital**		**H**
SBK	127.240,00	**EBK**	121.000,00
		GuV-Konto	**6.240,00**
	127.240,00		**127.240,00**

S	**Verb. gg. KI**		**H**
SBK	**82.000,00**	**EBK**	**82.000,00**

S	**Verb. a. LL.**		**H**
f) Bank	7.500,00	**EBK**	98.700,00
SBK	91.200,00		
	98.700,00		**98.700,00**

S	**Schlussbilanzkonto**		**H**
BGA	100.000,00	Eigenkapital	127.240,00
Ford. a. LL.	15.990,00	Verb. gg. KI	82.000,00
Bank	180.340,00	Verb. a. LL.	91.200,00
Kasse	4.110,00		
	300.440,00		**300.440,00**

S	**Büromaterialaufwand**		**H**
a) Kasse	**500,00**	**GuV-Konto**	**500,00**

S	**Zinserträge**		**H**
GuV-Konto	120,00	**c) Bank**	120,00

S	**Gewerbesteuer**		**H**
e) Bank	**1.300,00**	**GuV-Konto**	**1.300,00**

S	**Umsatzerl. a. LL.**		**H**
GuV-Konto	**8.900,00**	**d) Ford. a. LL.**	**8.900,00**

S	Aufw. für Kommunikation		H
g) Bank	**980,00**	**GuV-Konto**	**980,00**

S	GuV-Konto		H
Büromaterial	500,00	Umsatzerl. a. LL.	8.900,00
Gewerbesteuer	1.300,00	Zinserträge	120,00
Aufw. Kommunik.	980,00		
Eigenkapital	**6.240,00**		
(Gewinn)	**9.020,00**		**9.020,00**

7. **Buchungssätze für die Abschlussbuchungen**

   Erfolgskonten: Abschluss über das GuV-Konto
   - GuV-Konto an Aufwandskonto
   - Ertragskonto an GuV-Konto

   GuV-Konto: Abschluss über das Eigenkapitalkonto
   Hier Gewinn: GuV-Konto an EK-Konto

   Bestandskonten: Abschluss über das Schlussbilanzkonto (SBK)
   - SBK-Konto an Aktivkonto
   - Passivkonto an SBK-Konto

5 Kontenrahmen und Kontenplan

1. systematische Ordnung und einheitliche Benennung als Ordnungsmuster für die Buchführung
2. Großhandel, Bank
3. Vgl. Stofftelegramm.
4. a) Verb. a. LL.
   an Bank → Eine Verbindlichkeit a. LL. wird per Banküberweisung bezahlt.
   b) Bank
   an Kasse → Bareinzahlung auf das Bankkonto
   c) Gehälter
   an Bank → Überweisung der monatlichen Gehälter
5.

Nr.	**Buchungssatz**	**Soll**	**Haben**
a)	0870 Geschäftsausstattung	599,00 EUR	
	an 2800 Bank		599,00 EUR
b)	2800 Bank	388,00 EUR	
	an 5710 Zinserträge		388,00 EUR
c)	4400 Verb. a. LL.	690,00 EUR	
	an 2800 Bank		690,00 EUR

6. Bsp. „5710 – Zinserträge“:
   Kontenklasse: **5** Erträge
   Kontengruppe: **57** Sonstige Zinsen und ähnliche Erträge

6 Buchen mit Umsatzsteuer

1. Weil die Vorsteuer (Einkauf) und die Umsatzsteuer (Verkauf) miteinander verrechnet werden und nur der im Unternehmen geschaffene Mehrwert auch tatsächlich besteuert wird.
2. Wenn die Vorsteuer größer als die Umsatzsteuer ist. Dann entsteht eine Forderung an das Finanzamt.
3. Gar nicht. Die Kontostände der Konten „2600 Vorsteuer“ und „4800 Umsatzsteuer“ sind in der Summe null. Deshalb wird die Umsatzsteuer auch als „durchlaufender Posten“ bezeichnet. Sie hat keine Auswirkungen auf den Gewinn oder den Verlust eines Unternehmens.
4. der Endverbraucher
5. „2600 Vorsteuer“ = Aktivkonto // „4800 Umsatzsteuer“ = Passivkonto
6. Formular, welches in regelmäßigen Abständen (bis zum 10. des Folgemonats) die Zahllast bzw. den Vorsteuerüberhang ausweist. Es wird per ELSTER an das Finanzamt übermittelt.
7.

Kontonummer	Kontobezeichnung	Soll (Wertezufluss)	Haben (Werteabfluss)
0870	BGA	1.560,00 EUR	
2600	Vorsteuer	296,40 EUR	
an 4400	Verb. a. LL.		1.856,40 EUR

8.

Buchungssatz	**Soll**	**Haben**
0870 BGA	1.000,00 EUR	
2600 Vorsteuer	190,00 EUR	
an 2880 Kasse		1.190,00 EUR

7 Buchungen im Einkauf und Verkauf

7.3 Preisnachlässe beim Einkauf

1.

Nettowarenwert	8.900,00 EUR
–10 % Treuerabatt	890,00 EUR
Zwischensumme	8.010,00 EUR
+ Frachtkosten	750,00 EUR
Zwischensumme	8.760,00 EUR
+ 19 % USt.	1.664,40 EUR
Rechnungsbetrag	10.424,40 EUR

Buchungssatz	**Soll**	**Haben**
6080 Aufwendungen für Waren	8.010,00 EUR	
6081 Bezugskosten	750,00 EUR	
2600 Vorsteuer	1.664,00 EUR	
an 4400 Verb. a. LL.		10.424,40 EUR

2.

Buchungssatz	**Soll**	**Haben**
a) 6080 Aufwendungen für Waren	4.000,00 EUR	
2600 Vorsteuer	760,00 EUR	
an 4400 Verb. a. LL.		4.760,00 EUR
b) 4400 Verb. a. LL.	666,40 EUR	
an 6080 Aufwendungen für Waren		560,00 EUR
an 2600 Vorsteuer		106,40 EUR

3.

Buchungssatz	**Soll**	**Haben**
6000 Aufwendungen für Rohstoffe	29.900,00 EUR	
2600 Vorsteuer	5.681,00 EUR	
an 4400 Verb. a. LL.		35.581,00 EUR

4.

Buchungssatz	**Soll**	**Haben**
4400 Verb. a. LL.	35.581,00 EUR	
an 2800 Bank		34.513,57 EUR
an 6002 Nachlässe für Rohstoffe		897,00 EUR
an 2600 Vorsteuer (**Vorsteuerkorrektur!**)		170,43 EUR

5.

Buchungssatz	**Soll**	**Haben**
4400 Verb. a. LL.	1.071,00 EUR	
an 6002 Nachlässe für Rohstoffe		900,00 EUR
an 2600 Vorsteuer		171,00 EUR

6.

Buchungssatz	**Soll**	**Haben**
6002 Nachlässe für Rohstoffe	8.700,00 EUR	
an 6000 Aufwendungen für Rohstoffe		8.700,00 EUR

7.4 Preisnachlässe beim Verkauf

1.

Buchungssatz	**Soll**	**Haben**
2800 Bank	6.530,72 EUR	
5101 Erlösberichtigungen für Waren	112,00 EUR	
4800 Umsatzsteuer	21,28 EUR	
an 2400 Ford. a. LL.		6.664,00 EUR

2.

Buchungssatz	**Soll**	**Haben**
5100 Umsatzerlöse für Waren	1.764,71 EUR	
4800 Umsatzsteuer	335,29 EUR	
an 2400 Ford. a. LL.		2.100,00 EUR

3.

Buchungssatz	**Soll**	**Haben**
2400 Ford. a. LL.	24.335,50 EUR	
an 5100 Umsatzerlöse für Waren		20.450,00 EUR
an 4800 Umsatzsteuer		3.885,50 EUR

4.

Buchungssatz	**Soll**	**Haben**
6080 Aufwendungen für Waren	11.800,00 EUR	
an 2280 Waren		11.800,00 EUR

5. 9 % von 101.150,00 EUR = 9.103,50 EUR : 1,19 = 7.650,00 EUR

Buchungssatz	**Soll**	**Haben**
5101 Erlösberichtigungen für Waren	7.650,00 EUR	
4800 Umsatzsteuer	1.453,50 EUR	
an 2800 Bank		9.103,50 EUR

6.

	Quittung	
	Netto Euro 40,00	
	+ 7 % MwSt./Euro 2,80	
Nr. 2345	**Gesamt Euro** 42,80	
Euro in Worten ***Zweiundvierzig***		Cent wie oben
von ***SMV Kaufmännische Schule, Stuttgart***		
für ***20 Pizzen***		
	dankend erhalten,	
Ort/Datum ***Stuttgart, 03.06.***		
Buchungsvermerke	**Stempel/Unterschrift des Empfängers** ***Luca Cavallo***	

8 Periodenabschluss durchführen

8.1 Inventur und Inventar

1. Vgl. Stofftelegramm.
2. Kontrollfunktion
3. Die Ist-Werte (Inventur) müssen sich auch in den Büchern wiederfinden. Sollte es zu Differenzen zwischen Soll (Buchführung) und Ist (Inventur) kommen, dann müssen die Soll-Werte angepasst werden.
4.

Anlagevermögen	1.500.000,00 EUR
+ Umlaufvermögen	800.000,00 EUR
= Vermögen	2.300.000,00 EUR
Verb. gg. KI	700.000,00 EUR
+ Verb. a. LL.	400.000,00 EUR
= Schulden	1.100.000,00 EUR

Reinvermögen (Eigenkapital) = Vermögen – Schulden →
1.200.000,00 EUR = 2.300.000,00 EUR – 1.100.000,00 EUR

5. **Kontonummer/Bezeichnung**

A. Vermögen

I. Anlagevermögen

1. 0510 Bebaute Grundstücke	530.000,00 EUR
2. 0530 Betriebsgebäude	1.750.150,00 EUR
3. 0730 Maschinen für Wärmeprozesse	3.500.450,00 EUR
4. 0820 Werkzeuge	185.000,00 EUR
5. 0860 Büromaschinen	120.000,00 EUR
6. 0870 Büroeinrichtung	66.500,00 EUR

II. Umlaufvermögen

7. 2000 Rohstoffe	1.350.000,00 EUR
8. 2020 Hilfsstoffe	33.000,00 EUR
9. 2030 Betriebsstoffe	65.000,00 EUR
10. 2200 Fertige Erzeugnisse	1.890.000,00 EUR
11. 2800 Bank	25.400,00 EUR
12. 2880 Kasse	7.800,00 EUR
Summe des Vermögens	*9.523.300,00 EUR*

B. Schulden

1. 4200 Verbindlichkeiten gegenüber Kreditinstituten	4.800.000,00 EUR
2. 4400 Verbindlichkeiten aus Lieferungen und Leistungen	450.000,00 EUR
Summe der Schulden	*5.250.000,00 EUR*

C. Ermittlung des Reinvermögens (Eigenkapital)

Summe des Vermögens	9.523.300,00 EUR
– Summe der Schulden	5.250.000,00 EUR
Reinvermögen (3000 Eigenkapital)	4.273.300,00 EUR

9 Jahresabschluss erstellen

9.1 Zusammenhang Inventur, Inventar und Bilanz

1. **Aufwendungen** — **GuV-Rechnung** — **Erträge**

Konto	Aufwendungen	Betrag	Konto	Erträge	Betrag
6000	Aufwendungen f. Rohstoffe	9.400,00	5000	Umsatzerlöse FE	60.000,00
6020	Aufwendungen f. Hilfsstoffe	3.700,00	5100	Umsatzerlöse für Waren	170.000,00
6030	Aufwendungen f. Betriebsstoffe	1.350,00	5220	Bestandsveränderungen FE	300,00
6080	Aufwendungen f. Waren	53.500,00	5710	Zinserträge	237,50
6130	Instandhaltung und Reparaturen	2.000,00			
6200	Löhne	65.400,00			
6300	Gehälter	32.400,00			
6500	Abschreibungen	18.500,00			
6700	Mietaufwendungen	17.200,00			
6800	Aufwendungen Büromaterial	8.300,00			
7510	Zinsaufwendungen	2.300,00			
5210	Bestandsveränderungen UE	250,00			
	Saldo/Jahresüberschuss	**16.237,50**			
		230.537,50			230.537,50

Buchungssatz Abschlussbuchung	**Soll**	**Haben**
8020 GuV-Rechnung	16.237,50 EUR	
an 3000 Eigenkapital		16.237,50 EUR

2. a)

Buchungssatz Steuerumbuchung	**Soll**	**Haben**
4800 Umsatzsteuer	2.640,00 EUR	
an 2600 Vorsteuer		1.340,00 EUR
an 4830 Verb. gg. FI		1.300,00 EUR

b) **Aktiva** — **Schlussbilanz** — **Passiva**

Konto	Aktiva	Betrag	Konto	Passiva	Betrag
0710	Maschinen	116.500,00	3000	Eigenkapital	101.237,50
0840	Fuhrpark	40.800,00	4200	Darlehen	110.000,00
0870	BGA	15.760,00	4400	Verb. a. LL.	32.750,00
2000	Rohstoffe	20.800,00	4830	Verb. gg. FI	1.300,00
2020	Hilfsstoffe	1.700,00			
2030	Betriebsstoffe	400,00			
2100	Unfertige Erzeugnisse	480,00			
2200	Fertige Erzeugnisse	2.400,00			
2400	Ford. a. LL.	21.280,00			
2800	Bank	16.500,00			
2820	Kasse	8.667,50			
		245.287,50			245.287,50

9.2 Grundlagen des Jahresabschlusses

1. aus Bilanz, GuV und Lagebericht
2. Vermögen nach Flüssigkeit, Schulden nach Fälligkeit

9.3 Wertansätze im Handelsrecht (Überblick)

9.3.1 Ziele der Bewertung

1. Bestünde ein Betrieb nur aus liquiden Mittel, gäbe es nicht die Notwendigkeit zur Bewertung. Der Wert eines Vermögensgegenstandes ist nicht immer objektiv zu messen, wie z. B. sein Gewicht. Bewertungsentscheidungen sind notwendig, wenn z. B.
   - unterschiedliche Preise zur Wahl stehen (Anschaffungs- und Wiederbeschaffungs kosten),
   - keine aktuellen Marktpreise vorhanden sind (Wirtschaftsgut wurde schon Jahre genutzt).

   Um dem subjektiven Bewertungsspielraum enge Grenzen zu setzen und damit die Vergleichbarkeit zwischen den Unternehmen herzustellen, war die Festlegung von Rechtsnormen zur Bewertung notwendig.
2. Eigentümer, Gläubiger, Finanzbehörden, Kommunen, Öffentlichkeit
3. **Teilhaber:** Dieser hat Interesse an stabilen Gewinnausschüttungen. Dies gilt insbesondere für Kleinaktionäre. Reaktion der AG wäre, ihr Vermögen möglichst gering zu bewerten, damit den Gewinn zu verringern und sich so gegen Gewinnausschüttung zu schützen.

   Gläubiger: Deren Interesse liegt in einer verlässlichen Tilgungs- und Zinsleistung und damit in einer möglichst geringen Gewinnausschüttung.

10 Anlagevermögen bewerten

10.1 Anschaffungskosten

1. a) Anschaffungskosten
   = 120.000,00 + 11.000,00 + 1.200,00 + 1.000,00 + 400,00 = 133.600,00 EUR

   b)

Buchungssatz		**Soll**	**Haben**
0840	Fuhrpark	133.600,00 EUR	
2600	Vorsteuer	25.384,00 EUR	
an	4400 Verb. a. LL.		158.984,00 EUR
7030	Kfz-Steuer	1.600,00 EUR	
6900	Versicherung	2.300,00 EUR	
6050	Aufwand für Energie	500,00 EUR	
2600	Vorsteuer	95,00 EUR	
an	2800 Bank		4.495,00 EUR

2. Aktivierung = Soll-Buchung auf einem Aktivkonto

3. Anschaffungspreis
   \+ Anschaffungsnebenkosten
   – Anschaffungskostenminderungen
   = Anschaffungskosten (= Aktivierungsbetrag)

4. **Anschaffungsnebenkosten** = Teil der Anschaffungskosten, daher aktivierungspflichtig. Alle Ausgaben und Aufwendungen, die im Rahmen der Anschaffung zusätzlich zum Kaufpreis **einmalig** auftreten.

   Beispiele: *Transportkosten, Zölle, Montagekosten, Zulassungskosten, Vermittlungskosten, Notariatskosten, Grund**erwerb**steuer ...*

5. Anschaffungskostenminderungen: Rabatte, Skonti, Boni

6. Nicht aktivierungsfähig: a), b), d), h)

7. **Bodenwert:** nicht abschreibungsfähig
   Gebäudewert: Wird abgeschrieben. Anschaffungskosten des reinen Gebäudes (ohne Grund und Boden) müssen als Abschreibungsbasis ermittelt werden.

8. a) Anschaffungskosten = 216.000,00 EUR
   b) Aktivierungsbetrag = Anschaffungskosten = Anschaffungspreis + Anschaffungsnebenkosten (hier: Grunderwerbsteuer, Notar-, Vermessungs- und Grundbuchkosten) ./. Anschaffungskostenminderungen.
   Grundsteuern sind wiederkehrende Kosten, somit nicht aktivierungsfähig. Fremdkapitalzinsen sind Finanzierungskosten, die ebenfalls nicht aktivierungsfähig sind.

10.2 Abschreibung zur Erfassung der Wertminderung

1. • Erfassung der Wertverluste
   • richtiger Ausweis des Anlagevermögens
   • Verteilung der Anschaffungskosten auf die Nutzungsdauer

2. Abschreibungen sind Aufwendungen und verringern den Jahresüberschuss.
   Abschreibung im ersten Jahr: 9/12 des Abschreibungsbetrages
   Anschaffungskosten = 50.000,00 EUR (netto)
   → Jährlicher regulärer Abschreibungsbetrag:
   50.000,00 EUR : 10 Jahre = 5.000,00 EUR/Jahr

   → Monatsanteilige Abschreibung im ersten Jahr:
   (5.000,00 EUR · 9 Monate) : 12 Monate = 3.750,00 EUR

3. a)

Anschaffungskosten	50.000,00 EUR
– Abschreibung	3.750,00 EUR
Buchwert 31.12.	46.250,00 EUR

   b)

Buchungssatz	**Soll**	**Haben**
6500 Abschreibungen	3.750,00 EUR	
an 0710 Maschinen		3.750,00 EUR

4. Abschreibungen nehmen zu → Aufwand in GuV nimmt zu → Jahresüberschuss sinkt → Steuerlast nimmt ab
5. Nicht abnutzbare Anlagegegenstände unterliegen keiner zeitlichen Nutzungsbegrenzung und können deshalb nur außerplanmäßig abgeschrieben werden, falls eine Wertminderung eintritt.
6. Anschaffungskosten: 10.868,50 EUR abzgl. 2 % Skonto = 10.651,13 EUR
   Jahresabschreibung: 10.651,13 EUR : 8 Jahre = 1.331,39 EUR,
   zeitanteilig für acht Monate: 1.331,39 EUR · 8 Monate : 12 Monate = 887,59 EUR

6500 Abschreib. auf Sachanlagen	887,59	an	0830 Lager- u. Transporteinr.	887,59

   Die Abschreibung mindert das Ergebnis, dadurch sinkt das Eigenkapital. Das Unternehmensergebnis verringert sich und somit wird der abzuführende Steuerbetrag geringer. Je höher die Abschreibungsbeträge, desto geringer die Steuern auf den Gewinn. Darum ist das Unternehmen bestrebt, einen möglichst geringen Gewinn auszuweisen.

11 Auswertung von Bilanz und GuV (Jahresabschlussanalyse)

11.2 Vorbereitende Maßnahmen

Aktiva — Strukturbilanz Schmidt GmbH (in Tausend Euro) — Passiva

Aktiva		Passiva	
I. Anlagevermögen	**1.094**	**I. Eigenkapital**	**680**
II. Umlaufvermögen		**II. Fremdkapital**	
1. mittelfristig	354	1. langfristig	450
2. kurzfristig	50	2. kurzfristig	381
3. sofort flüssig	13		
	1.511		**1.511**

11.3 Kennzahlenanalyse

11.3.3 Aufgaben zu Kapitel 11.3

1. a) **Liquidität**

   Liquidität 1. Grades: $\frac{22.300,00 \cdot 100}{(36.200,00)} = 61,6\ \%$

   → Zu gering. Die Zahlungsfähigkeit ist gefährdet.

   Liquidität 2. Grades: $\frac{(22.300,00 + 23.200,00) \cdot 100}{(36.200,00)} = 125,69\ \%$

   → Deutliche Zunahme der Liquidität, wenn aber auch alle Forderungen erfüllt werden.

   b) **Rentabilität**

   Eigenkapitalrentabilität: $\frac{13.100,00 \cdot 100}{82.200,00} = 15.94\ \%$

   → sehr hoch im Vergleich zum Marktzinsniveau

2.

	1. Jahr	2. Jahr
a) Eigenkapitalrentabilität	$\frac{90.000,00 \cdot 100}{300.000,00} = 30\ \%$	$\frac{140.000,00 \cdot 100}{350.000,00} = 40\ \%$

b) Die Kennziffer entwickelt sich günstig, Steigerung um 10 %. Sehr hohe Verzinsung EK im Vergleich zum Marktzins 8 %.

3. Die Fristigkeiten des Kapitals sollen den Fristigkeiten des Vermögens entsprechen. Langfristiges Vermögen soll langfristig finanziert sein: Die Tilgung der Finanzierungsmittel sollte aus dem Rückfluss des Vermögens (z. B. Abschreibungsrückfluss beim AV) möglich sein.

4. Wenn das Eigenkapital hoch ist, dann ist das Unternehmen gegen Krisen besser gewappnet. Außerdem ist es unabhängiger von den FK-Gebern (z. B. Investoren, Kreditinstitute).

5.

	Jahr 1	Jahr 2
Wirtschaftlichkeit	$\frac{15.000.000,00}{200.000,00} = \mathbf{75}$	$\frac{21.000.000,00}{360.000,00} = \mathbf{58,3}$

Bewertung: Die Wirtschaftlichkeit liegt mit 75 und 58,3 deutlich über 1 und ist damit mehr als positiv. Das heißt, wir haben deutlich mehr Erträge als Aufwendungen. Für einen Euro Aufwand bekommen wir in Jahr 1 75 Euro Ertrag, was außerordentlich ist.
Allerdings hat die Wirtschaftlichkeit im Jahr 2 erheblich nachgelassen und ist auf 58,3 gesunken, was aber immer noch ein sehr guter Wert ist.

6. a) **Erfolgsermittlung mithilfe der GuV**

	02	03
Summe der Erträge	700.000,00 EUR	755.000,00 EUR
– Summe der Aufwendungen	650.000,00 EUR	745.000,00 EUR
= Erfolg (Gewinn)	50.000,00 EUR	10.000,00 EUR

Erfolgsermittlung mithilfe der Bilanz

	02	03
EK am Ende des Geschäftsjahres	500.000,00 EUR	510.000,00 EUR
– EK am Anfang des Geschäftsjahres	450.000,00 EUR	500.000,00 EUR
= Erfolg (Gewinn)	50.000,00 EUR	10.000,00 EUR

b) Eigenkapitalrentabilität $= \frac{\text{Gewinn} \cdot 100}{\text{durchschn. EK}}$

Durchschn. EK = EK Periode 1 + EK Periode : 2
Alternativ: EK der Periode Anfang + Ende : 2

$$02 = \frac{50.000,00\ \text{EUR} \cdot 100}{475.000,00\ \text{EUR}} = 10,53\ \%$$

$$03 = \frac{10.000,00\ \text{EUR} \cdot 100}{505.000,00\ \text{EUR}} = 1,98\ \%$$

Die Eigenkapitalrentabilität war im Jahr 02 mit 10,53 % sehr gut und lag deutlich über dem Marktzins von 5 %. Im Jahr 03 hat sie sich verschlechtert und ist mit 1,98 % deutlich unter dem Marktzins.

$$\text{Wirtschaftlichkeit} = \frac{\text{betriebliche Erträge}}{\text{betriebliche Aufwendungen}}$$

$$02 = \frac{700.000{,}00\ \text{EUR}}{650.000{,}00\ \text{EUR}} = 1{,}077$$

$$03 = \frac{755.000{,}00\ \text{EUR}}{745.000{,}00\ \text{EUR}} = 1{,}013$$

Die Wirtschaftlichkeit ist grundsätzlich größer als 1. Das heißt, unsere Erträge sind höher als die Aufwendungen. Sie hat sich allerdings gegenüber dem Vorjahr verschlechtert. Der Branchenwert ist mit 1,5 deutlich höher. Das heißt, wir sollten die Kennzahl verbessern.

Lernfeld 7: Gesprächssituationen gestalten

1 Grundlagen der Kommunikation

1. **Kommunikationsmodelle**
   - **Sender-Empfänger-Modell:**
     Gesprächsablauf: Der Sender überlegt und denkt, was er dem Empfänger mitteilen oder ihn fragen möchte. Diese Gedanken werden in Worte codiert und an den Empfänger gesendet. Dieser nimmt die Nachricht auf, decodiert sie und versteht ihre Bedeutung. Wenn Sender und Empfänger dasselbe Codeschema verwenden, findet eine optimale Kommunikation statt. Ansonsten entsteht eine Störung, die zum Konflikt führt.
   - **Vier-Ohren-Modell bzw. Kommunikationsquadrat:**
     Friedemann Schulz von Thun teilt den Kommunikationsprozess in vier Ebenen ein. Er ist der Meinung, dass jede Äußerung vier verschiedene Botschaften enthält: Sachebene, Selbstkundgabe, Beziehungsebene, Appellebene. Der Sender spricht mit vier „Schnäbeln" und der Empfänger hört mit vier „Ohren". Dabei kann es bei der Kommunikation zu Missverständnissen kommen.
     - **Sachinformation – Sachinhalt**
       Informationen müssen vom Empfänger auf der Sachebene ohne eigene Interessen übermittelt werden, also durch Fakten und Daten. Der Empfänger wiederum sollte die Nachricht aktiv, konzentriert und analytisch aufnehmen.
     - **Selbstkundgabe – Selbstoffenbarung**
       Hier geht es um Bedürfnisse, Werte, Gefühle, Ansichten, Überzeugungen und allgemeine Erwartungen von Sender und Empfänger. Wie viel will ich davon dem anderen preisgeben?
     - **Beziehungshinweis – Beziehungsebene**
       Die Art der Nachrichtenübermittlung sagt aus, in welcher Beziehung die Gesprächsteilnehmer zueinander stehen. Durch Wortwahl, Mimik, Gestik und Tonfall fühlt sich der Empfänger wertgeschätzt oder erniedrigt, geachtet oder missachtet, respektiert oder abgelehnt.
     - **Appellebene**
       Auf der Appellebene will der Sender mit seiner Nachricht den Empfänger zu einer Aktion bewegen. Dieser hört mit dem Appellohr, dass von ihm eine Aussage oder eine Handlung erwartet wird.
   - **Eisberg-Modell:**
     Die Metapher des Eisbergs nach Sigmund Freud zeigt, dass nur etwa 20 % der Informationen direkt wahrnehmbar sind und sich auf die Sachebene beziehen. Der wesentlich größere Teil spielt sich auf der Beziehungsebene ab (etwa 80 %) und ist unter der Oberfläche verborgen. Dieser Teil beeinflusst jedoch den Inhalt einer Nachricht wesentlich.

Kommunikation findet immer auf zwei Ebenen statt: der kognitiven und der emotionalen Ebene. Wenn beide Ebenen eine Einheit bilden und in die gewünschte Richtung laufen, spricht man von einer gelungenen Kommunikation.

- **Sachebene → *Was*** wird kommuniziert?
  Auf der sichtbaren kleineren Ebene wird der Sachinhalt der Kommunikation in Form von Zahlen, Daten und Fakten übermittelt, die vom Verstand her gesteuert werden.
- **Beziehungsebene → *Wie*** wird kommuniziert?
  Der unsichtbare größere Teil, der sich beim Eisberg unterhalb der Wasseroberfläche befindet, stellt unser Unterbewusstsein dar, das stark von Gefühlen, Wertvorstellungen und Stimmungen geleitet wird. Dieser Teil ergänzt die Informationen der Sachebene.

2. **Gesprächsarten**
   - **Informationsgespräch:** Hier geht es um die Weitergabe von Informationen.
   - **Beratungsgespräch:** In diesem Falle werden Empfehlungen bzw. Ratschläge für bestimmte Situationen gegeben.
   - **Beschwerdegespräch:** Anstehende Beschwerden werden weitergegeben und nach einer Lösung gesucht.
   - **Reklamationsgespräch:** Bei Reklamationsgesprächen muss die juristische Seite berücksichtigt werden.

2 Techniken und Regeln der Gesprächsführung

1. **Regeln für aktives Zuhören:**
   - volle Aufmerksamkeit und Interesse am Gespräch zeigen
   - Blickkontakt mit dem Gesprächspartner halten
   - eine positive Körperhaltung einnehmen
   - versuchen, sich in den anderen hineinzuversetzen, um dessen Ansicht verstehen zu können
   - geduldig sein und den Sprechenden nicht unterbrechen, sondern grundsätzlich ausreden lassen
   - gedanklich dem Gespräch folgen und nicht abschweifen
   - keine Werturteile über die Äußerungen des Gegenübers abgeben
   - dem Gesprächspartner nicht wiedersprechen
   - sich mit eigenen Meinungen vorsichtig zurückhalten
   - keine Belehrungen, Vorhaltungen oder Warnungen aussprechen
   - die Ausführungen des Sprechenden zwischendurch mit eigenen Worten zusammenfassen
   - zwischendurch nicken bzw. durch Mimik zeigen, dass man aufmerksam zuhört
   - Pausen des Gesprächspartners ohne Äußerungen aushalten

2. **Verbale und nonverbale Signale des aktiven Zuhörens:**

Signale des aktiven Zuhörens	
verbal	**nonverbal**
• Durch Zustimmung: „Ja", „Ich verstehe" • Durch Nachfragen: „Habe ich das richtig verstanden, dass Sie ...?" • durch kurze Kommentare • durch eigene Interpretationen • durch Ansprechen von Gefühlen	• durch positive Körperhaltung • durch Halten des Blickkontakts • durch Mimik und Gestik • durch freundliches Zunicken • durch aufmunterndes Lächeln • durch Erstellen von Notizen

3. **Ich-Botschaften – Du-Botschaften:**
„Du-Botschaften" enthalten negative Assoziationen, die der Gesprächspartner als Wertung, Urteil oder Beschuldigung wahrnimmt. Keiner möchte gerne hören, wie er sich verhalten soll oder was er alles falsch gemacht hat. Das kann verletzend oder verallgemeinernd wirken und beim Gegenüber sogar Aggressionen auslösen.

Bei der Anwendung von **„Ich-Botschaften"** werden eigenen Gefühle offengelegt und dem Gegenüber aufgezeigt, wie sein Verhalten wirkt und welche Befindlichkeiten es auslöst. Richtige Formulierung von Ich-Botschaften vermeidet eine mögliche Eskalation. Das Gespräch wird persönlicher und verbindlicher, Probleme können sachlich korrekt besprochen werden ohne Widerstand des Gegenübers. Ich-Botschaften sind immer ohne Vorwürfe und zeigen eigene Empfindungen und Emotionen, die Vertrauen schaffen.

4. **Kernpunkte einer Ich-Botschaft:**
Ich-Botschaften werden so formuliert, dass der Gesprächspartner spürt, was er durch sein Verhalten ausgelöst hat und welche Gefühle dadurch entstanden sind oder welche Bedürfnisse bedroht sind.

Beispiel 1: *„Ich möchte einmal erleben, dass Sie pünktlich sind."*
Beispiel 2: *„Ich bin nicht glücklich darüber, dass Sie zu spät kommen."*

Beide Sätze enthalten das „ich", Beispiel 1 ist aber eine Du-Botschaft.
- eine konkrete Beschreibung des Verhaltens oder der Sachlage
- die Auswirkungen, die sich durch die Situation ergaben, beschreiben
- die eigenen Gefühle darlegen, die durch den Zustand ausgelöst wurden
- Wünsche oder Erwartungen für die Zukunft formulieren

5. **Fragetechniken:**
a) geschlossene Frage → kurze prägnante Antwort, z. B. mit „Ja" oder „Nein"
b) Suggestivfrage → Die Antwort wird suggeriert.
c) offene Frage → sog. W-Frage, die eine ausführliche Antwort zur Folge hat
d) Alternativfrage → Auswahl von zwei vorgegebenen Möglichkeiten
e) Kontrollfrage → zur Verständnissicherung oder zum Abschluss eines Gesprächs

6. **Aufbau einer Argumentation:**

Argumentationsaufbau: Fünf-Satz-Methode		
1.	**Einstieg/Einleitung**	Daten, Fakten
2.	**Argument 1**	starke Aussage bzw. Begründung
3.	**Argument 2**	weitere Aussage in abgeschwächter Form
4.	**Argument 3**	schlagkräftige Aussage
5.	**Zielsatz/These**	Appell, Zusammenfassung

7. **Gesprächsregeln:**
   - aktiv zuhören
   - Blickkontakt zum Gesprächspartner halten
   - verständlich reden ohne viele Fremdwörter und Fachbegriffe
   - kurze und einfache Sätze statt lange und verschachtelte Satzgebilde
   - den roten Faden erkennen lassen
   - nonverbale Ausdrucksmittel des Sprechenden wahrnehmen
   - weitschweifige Ausführungen vermeiden → Gespräch heißt Dialog und nicht Monolog
   - Gesprächspartner nicht unterbrechen, sondern ausreden lassen
   - Sprechpausen einlegen, aber auch Pausen des anderen bewusst akzeptieren
   - Verständnis signalisieren
   - sich wertschätzend und respektvoll dem anderen gegenüber verhalten
   - Ich-Botschaften statt Du-Botschaften verwenden
   - Provokation durch sachliche Freundlichkeit entschärfen und positiv bleiben

3 Vorbereitung von Gesprächen

1. **Gesprächsvorbereitung:**
   - Wann und wo soll das Gespräch stattfinden?
   - Welche Themen sollen angesprochen werden?
   - Wie viel Zeit muss dafür eingeplant werden?
   - Welches Ziel soll mit dem Gespräch erreicht werden?
   - Werden Hilfsmittel, Materialien oder Präsentationsmedien dazu benötigt?

2. **Gesprächsziele:**
   - **Idealziel:** Was muss auf jeden Fall erreicht werden?
   - **Kernziel:** Was sollte unbedingt erreicht werden?
   - **Minimalziel:** Was wäre generell wünschenswert?

3. **Gesprächsstrukturierung:**

So werden Gespräche strukturiert:	
Gesprächseröffnung	• stellt eine Beziehung her • wirkt gesprächsfördernd • verschafft Sicherheit • fördert ein gutes Gesprächsklima
Gesprächsinhalt	• Situation darstellen • Analyse der Ursachen • nach Lösungen bzw. Alternativen suchen • Zwischenergebnisse zusammenfassen
Gesprächsabschluss	• Ergebnisse zusammenfassen • weitere Schritte besprechen • Gespräch positiv abschließen • Feedback der Teilnehmer einholen

4. **Gesprächsumgebung:**
   - mögliche Störfaktoren beseitigen
   - Gesprächsraum vorher lüften für ein angenehmes Raumklima
   - dafür sorgen, dass keine Besucher unerwartet anklopfen
   - keine Telefonate vom Festnetz oder Handy empfangen
   - Lärm von außen durch geschlossene Fenster vermeiden
   - kalte oder warme Getränke bereitstellen
   - bei länger geplanten Gesprächen evtl. einen kleinen Imbiss vorsehen
   - Sitzposition beim Gespräch besser über Eck als nebeneinander oder gegenüber
   - je nach Gesprächssituation evtl. Präsentationsmedien bereitstellen
   - besser ein neutraler Besprechungstisch als ein vollgepackter Schreibtisch

4 Durchführung von Gesprächen

1. **Körpersprache:**
   Unter Körpersprache versteht man
   - die Körperhaltung und -bewegung,
   - die Gestik und Mimik,
   - den Blickkontakt,
   - die Stimme und die Distanz.

2. **Nonverbale Signale für sympathischen Eindruck:**
   - Blickkontakt mit offenem Blick
   - freundlicher Gesichtsausdruck
   - Hände und Arme offen
   - leichtes Lächeln

3. **Distanzzonen:**
   - **Intime Distanzzone → 0 m bis zu ca. 0,6 m**
     In dieser Zone kommunizieren Menschen, die sich besonders nahe stehen: Familie und engste Freunde.

- **Persönliche Distanzzone → ca. 0,6 m bis ca. 1,20 m**
  Dieser Abstand ist angemessen im Gespräch mit guten Freunden und Kollegen oder beim Small Talk oder auf einer Party.
- **Gesellschaftliche oder soziale Distanzzone → ca. 1,20 m bis ca. 3 m**
  Dieser Bereich ist für Kontakte zu Menschen, die man zwar kennt, aber keine persönliche Beziehung zu ihnen hat, z. B. Gespräch mit Handwerkern oder Geschäftsleuten.
- **Öffentliche Distanzzone → ab ca. 3 m**
  Diese Distanzzone ist für Einzelagierende wie z. B. ein Redner vor Publikum oder Lehrer vor einer Klasse.

4. **Ablauf eines Informations- und Beratungsgesprächs:**
   1. **Vorbereitung:** Rahmenbedingungen schaffen, Gesprächsziel festlegen
   2. **Eröffnung:** Begrüßung, persönliche Worte, Small Talk
   3. **Bedarfsermittlung:** Bedürfnisse klären, Fragetechniken anwenden, aktiv zuhören
   4. **Produktpräsentation:** Verkaufsargumentation, Einwände prüfen, Preis mitteilen
   5. **Abschluss:** Kaufsignale erkennen und bestätigen, Verabschiedung
   6. **Nachbereitung:** Gesprächsnotiz anfertigen, Reflexion

5 Nachbereitung von Gesprächen

1. **Checkliste Gesprächsnachbereitung:**

Checkliste zur Nachbereitung von Gesprächen			
Gesprächsverlauf	**zufrieden**	**verbessern**	**Anmerkungen**
War die Vorbereitung ausreichend?	❑	❑	
Wurde das Ziel erreicht?	❑	❑	
Wurden alle Themen behandelt?	❑	❑	
Wie war der Gesprächsablauf?	❑	❑	
Wie gut war das Zeitmanagement?	❑	❑	
War mein Verhalten angemessen?	❑	❑	
Waren meine Fragestellungen richtig?	❑	❑	
Konnten meine Argumente überzeugen?	❑	❑	
Wurde der Gesprächspartner zufriedengestellt?	❑	❑	
Bin ich mit dem Ergebnis zufrieden?	❑	❑	
Worauf muss künftig geachtet werden?	❑	❑	
Ergebnis mit Vereinbarungen protokollieren!	❑	❑	
Folgemaßnahmen bestimmen!	❑	❑	
Termin für Folgegespräch festlegen!	❑	❑	
Weitere Notizen:			

2. **Feedback:**
   Feedback bedeutet Rückmeldung über eine Aktion, Ausführung oder Leistung einer Person, wie sie von anderen Menschen wahrgenommen und verstanden wird, zum Zweck, das künftige Verhalten des Feedbacknehmers positiv zu beeinflussen.

3. **Feedbackregeln:**
   - anfragen, ob ein Feedback erwünscht ist
   - dem Feedback-Empfänger Zeit geben, die Situation aus seiner Sicht zu erläutern
   - ein Feedback grundsätzlich positiv beginnen
   - die gemachten Beobachtungen beschreiben und nicht bewerten
   - Ich-Botschaften formulieren
   - konkret bleiben, z. B. „heute haben Sie ...“, statt „immer“ oder „nie“
   - wenn nötig, Verbesserungsvorschläge unterbreiten
   - Feedback zeitnah zum Gespräch geben

6 Konfliktgespräche

1. **Konflikt:**
   Bei einem Konflikt treffen unterschiedliche Ansichten oder Interessen aufeinander. Meist entsteht ein Konflikt aus kleinen, nicht geklärten Meinungsverschiedenheiten. Die Folge sind Vorurteile und eine schlechte Stimmung. Wird ein Konflikt unter „den Teppich gekehrt“, schwelt er dort weiter, bis ein handfester Streit entsteht. Wichtig ist, Konflikte rechtzeitig zu erkennen und nach einer Lösung zu suchen.

2. **Konfliktgespräch:**
   - Wie kam es überhaupt zu diesem Konflikt?
   - Worum geht es bei diesem Konflikt?
   - Wer ist an dem Konflikt beteiligt?
   - Welchen Standpunkt vertreten die Konfliktparteien?

3. **Tipps im Umgang mit Kritik:**
   1. zuhören und nachfragen
   2. Kritik akzeptieren
   3. keine Rechtfertigungen
   4. Argumente überprüfen
   5. Selbstbild realistisch einschätzen
   6. nicht persönlich nehmen
   7. tolerant und respektvoll bleiben
   8. Kritikpunkte umsetzen

4. **Gewaltfreie Kommunikation:**
   Nach Rosenberg läuft die Konfliktbewältigung in vier Schritten ab: Beobachtung, Gefühle, Bedürfnisse, Bitte.
   1. den konkreten Konflikt beobachten und beschreiben – nicht bewerten
   2. die momentanen Gefühle äußern – nicht die Gedanken
   3. die betroffenen Bedürfnisse erkennen und benennen – keine Strategien
   4. um die Erfüllung der Bedürfnisse bitten – nicht fordern
5. **Unterschied Beschwerde und Reklamation:**
   Bei einer **Beschwerde** geht es um die Unzufriedenheit eines Kunden, der seinem Unmut Luft verschaffen will. Er hat keinen Rechtsanspruch gegenüber dem Beschwerdeempfänger.

   Eine **Reklamation** bezieht sich auf eine vom Kunden beanstandete ungenügende Leistung oder ein fehlerhaftes Produkt, wofür er einen konkreten Rechtsanspruch auf Abhilfe hat, z. B. in Form eines Umtauschs, einer Reparatur, Wandlung oder Minderung.

7 Technische Medien der Kommunikation

1. **Durchführung von Telefongesprächen:**
   - Hörer möglichst nach ein- oder zweimaligem Klingeln abnehmen
   - beim Melden deutlich den Namen der Firma, Abteilung und eigenen Namen angeben
   - den Gesprächspartner höflich begrüßen
   - nicht verstandenen Namen des Gesprächspartners erfragen
   - langsam, deutlich, mittellaut und lebendig sprechen, ohne starken Dialekt
   - sollten beim Weiterverbinden Wartezeiten entstehen, unbedingt Zwischenbescheid geben.
   - bei zu langen Wartezeiten fragen, ob erneut angerufen wird, oder Rückruf anbieten
   - das Anliegen des Gesprächspartners in den Vordergrund stellen
   - dem Gesprächspartner aktiv zuhören und keine anderen Arbeiten nebenher erledigen
   - das Gespräch nicht ständig unterbrechen, sondern den anderen ausreden lassen
   - bei Unklarheiten sofort nachfragen und Zahlen und Daten wiederholen
   - schwierige Namen buchstabieren nach der Amtlichen Buchstabiertafel
   - sich höflich und freundlich verabschieden, auch wenn das Gespräch nicht wunschgemäß ablief

2. **Telefonnotiz:**

Mouse & Co.

Telefonnotiz

Firma	Datum
Ort, Straße	Uhrzeit
Name, Abt.	Telefon-Nr.

Gesprächsinhalt

....

....

....

....

....

....

....

Besonderheiten: ....

....

ruft wieder an	❑	zur Erledigung	❑
bittet um Rückruf	❑	zur Kenntnisnahme	❑
hat zurückgerufen	❑	zur Prüfung	❑

Weitergeleitet an: ....

Unterschrift ....

3. **Vorteile Videokonferenz:**
   - Reduzierung der Reisekosten
   - schnelle und einfache Kommunikation
   - Personaloptimierung durch Wegfall der Reisezeit
   - direkte und persönliche Zusammenarbeit möglich
   - sofortiger Austausch von Daten und Unterlagen
   - Umweltverantwortung
   - Wettbewerbsvorteile gegenüber Mitbewerbern
   - Reaktionen des Gegenübers können besser eingeschätzt werden

4. **Webkonferenz**
   Für eine Webkonferenz benötigt man einen Computer oder ein Notebook, der/das an das Internet angeschlossen und mit einer entsprechenden Webkonferenz-Software ausgestattet ist. Die Teilnehmer treffen sich virtuell in einem Onlinemeeting. Sie können Daten austauschen und sie in Echtzeit bearbeiten. Die Software bzw. der Zugang zu einem Webkonferenz-Anbieter ist lediglich auf dem Rechner des Organisators installiert. Den Teilnehmern wird ein Weblink zugeschickt, über den sie an der Onlinekonferenz teilnehmen können.

Lernfeld 8: Personalwirtschaftliche Aufgaben wahrnehmen

2 Personalbedarfsplanung

1. Die Personalbedarfsplanung hat dafür zu sorgen, dass das richtige Personal (Qualifikation) zur richtigen Zeit (Einsatzplanung) in der richtigen Menge zur Verfügung steht.

   Der Personalbestand ist zu überwachen und der zukünftige Bedarf muss ermittelt werden.

2. Die **quantitative Personalbedarfsplanung** klärt lediglich die Frage nach der benötigten Personalmenge. Für gleichartige Tätigkeiten, wie z. B. Verkauf, Lagerarbeit etc., eignet sich diese Methode gut, da hier viele Mitarbeiter eine ähnliche Qualifikation benötigen. Anhand der Kennzahlenmethode lässt sich der Bedarf für einen großen Bereich der Mitarbeiter abschätzen (Voraussetzung: die Tätigkeiten sind ähnlich). Mit der Stellenplanmethode kann man den Bedarf sogar abteilungsgenau ermitteln.

   Die **qualitative Personalbedarfsplanung** schaut nach der geforderten Qualifikation und den geforderten Kompetenzen. Mithilfe einer Stellenbeschreibung wird dann genau festgelegt, welche Art von Personal benötigt wird.

   In der Praxis werden häufig beide Varianten angewendet.

3. Die Stellenbeschreibung soll festlegen, welche Aufgaben und Befugnisse eine Stelle hat. Zudem wird die benötigte Qualifikation für diese Stelle festgelegt. Eine Stellenbeschreibung wird unabhängig vom Stelleninhaber geschrieben und dient auch als Basis für spätere Stellenanzeigen.

   Übliche Inhalte: Stellenbezeichnung, Stelleneinordnung, Stellenvertretung, Tätigkeit, Stellenbefugnisse, Stellenanforderungen

4. a)
   - benötigte Anzahl an neuen Mitarbeitern festlegen (Quantität)
   - notwendige Qualifikationen (Anforderungsprofil) der neuen Mitarbeiter beschreiben (Qualität)
   - Zeitplan erstellen, wann die Mitarbeiter benötigt werden (Zeitpunkt)

   b) **Personalbedarf:**

Planstellenbestand	110
+ neue Planstellen	30
– abzubauende Planstellen	10
= Bruttopersonalbedarf	130
– aktueller Personalbestand	105
+ zu ersetzende Abgänge	10
– Zugänge	15
= Nettopersonalbedarf (Zusatzbedarf)	20

5. a) $\text{Fluktuationsquote} = \frac{\text{Abgänge}}{\text{aktueller Personalbestand}} \cdot 100 = \frac{90}{1.890} \cdot 100 = 4{,}76\ \%$

b)

Planstellenbestand (8 + 75 + 9 + 10)	102
– abzubauende Planstellen	0
= Bruttopersonalbedarf	102
– aktueller Personalbestand	0
+ zu ersetzende Abgänge [Fluktuation siehe a)]	5
– Zugänge (Übernahme aus Ausbildungsverhältnis)	10
= Nettopersonalbedarf (Zusatzbedarf)	97

3 Personalbeschaffung

1. **Varianten der Personalbeschaffung:**

   a) **Intern:**
   - Überstunden (ohne Neueinstellungen)
   - Beförderungen
   - Versetzungen aufgrund Reorganisation
   - Personalentwicklung (freiwilliger Stellenwechsel)
   - Anwerbung von Dritten durch Mitarbeiter

   b) **Extern:**
   - Leiharbeit
   - Stellenanzeigen

2. **Vorteile externer Personalbeschaffung:**
   - Vermeidung von Betriebsblindheit
   - neue Ideen für das Unternehmen
   - Wahrung des Betriebsfriedens, weil sich kein Mitarbeiter übergangen fühlt
   - wenig Umschulungsbedarf, da man den Mitarbeiter mit der passenden Qualifikation suchen kann

   Nachteile externer Personalbeschaffung:
   - sehr aufwendig und kostenintensiv
   - Prozess dauert i. d. R. lange
   - Risiko der Fehlbesetzung, da man den Bewerber nicht genau kennt

3. **Vorteile interner Personalbeschaffung:**
   - schnelle und kostengünstige Beschaffung
   - Motivation der Mitarbeiter, da diese Aufstiegschancen sehen
   - keine Einarbeitung in das Team notwendig
   - Risiko der Fehlbesetzung ist geringer

   Nachteile interner Personalbeschaffung:
   - Demotivation der übergangenen Mitarbeiter
   - Betriebsblindheit
   - Probleme beim Rollenwechsel vom Kollegen zum Vorgesetzten
   - Aufreißen neuer Personallücken, die die Versetzung auslöst

4. **Qualitative Bewerberauswahl:**
   (1) Wahl geeigneter Kriterien, z. B. Berufspraxis, Sprachkenntnisse, EDV-Kenntnisse, Referenzen ... (sollten üblicherweise bei allen Bewerbern gleich sein)
   (2) Bewertung der Bewerber, z. B. von 16, wobei 6 einer hundertprozentigen Eignung entspricht
   (3) Multiplikation der einzelnen Bewertungen je Bewerber mit der Gewichtung
   (4) Summierung der gewichteten Punkte
   (5) Die Bewerber mit den höchsten Punktsummen entsprechen am ehesten unseren Kriterien und sollten auf ein Bewerbungsgespräch bzw. zum Einstellungstest eingeladen werden.

5. **Unterlagen des Bewerbungsschreibens:**
   - Anschreiben → Bewerbungsschreiben, in dem man darlegt, weshalb man der geeignete Kandidat für diese Stelle ist
   - Lebenslauf (auf ein Lichtbild kann verzichtet werden)
   - Zeugnisse und Tätigkeitsnachweise
   - Referenzen

6. a) zulässig, kein Verstoß gegen AGG
   b) nicht zulässig → Altersdiskriminierung lt. AGG
   c) Zulässig! Forderung nach Berufserfahrung stellt keine Diskriminierung nach AGG dar.
   d) Nicht zulässig, da Gefahr der Diskriminierung nach Geschlecht, Herkunft und Alter möglich!

7. Ziel ist das umfassende Kennenlernen zwischen Bewerber und Unternehmen

   Ziele des Unternehmens:
   - Feststellung der Persönlichkeit und der Einsatzmöglichkeiten im Unternehmen
   - Überprüfung der Daten des Bewerbers und Ermittlung fehlender Angaben
   - Beurteilung der Kenntnisse des Bewerbers
   - Verschaffung eines persönlichen Eindrucks (z. B. Leistungsbereitschaft)
   - Ermittlung der Vorstellungen und Erwartungen des Bewerbers

   Ziele des Bewerbers:
   - Interesse bekunden und offene Fragen klären
   - Urlaub und Gehalt, insofern diese nicht schon in der Stellenanzeige ersichtlich sind

4 Arbeitsverträge schließen

4.1 Grundlagen der Arbeitsverhältnisse + 4.2 Arbeitnehmerschutzrechte

1. **Rangprinzip:**
   Bei widersprüchlichen gesetzlichen Regelungen wird das höherwerte Recht angewendet. Wird beispielsweise eine Regelung getroffen, die gegen das Grundgesetz verstößt, findet diese keine Anwendung.

2. **Günstigkeitsprinzip:**
Einzelvertragliche Regelungen dürfen den Arbeitnehmer nicht schlechter stellen, sondern nur besser. Sollte es zu Konflikten zwischen arbeitsvertraglichen Regelungen und den gesetzlichen bzw. tariflichen Regelungen kommen, gilt die für den Arbeitnehmer günstigere Regelung.

3. a) Da die Regelung des § 4 ArbZG nur den Mindestanspruch auf Pause definiert, ist diese Reglung zulässig. 20 Minuten Frühstückspause und 45 Minuten Mittagspause decken jede Arbeitszeit von sechs bis über neun Stunden ab. Voraussetzung ist, dass die Pausenregelung mit dem Betriebsrat vereinbart wurde.
   b) Diese Regelung verstößt gegen § 3 ArbZG. Das ArbZG ist auch als Schutzgesetz für den Arbeitnehmer gedacht und kann auch durch Freiwilligkeit nicht gebrochen werden.
   c) Sollte diese Frist nur für den Mitarbeiter gelten, so ist diese Vereinbarung ungültig. § 622 BGB Abs. 6 → Der Arbeitgeber darf keine kürzere Frist haben als der Arbeitnehmer.
   d) Auf den gesetzlich zugesicherten Anspruch kann der Mitarbeiter vertraglich nicht verzichten (Rangprinzip). Auf Wunsch kann der Mitarbeiter weiterhin Elternzeit nehmen, **aber** auch freiwillig darauf verzichten bzw. diesen Anspruch nicht wahrnehmen!

4.3 Tarifverträge und Betriebsvereinbarungen

1. **Lohntarifvertrag:**
Inhalt: Höhe der Vergütung in den einzelnen Vergütungsgruppen
Laufzeit: kürzer als Manteltarifvertrag, i. d. R. ein bis zwei Jahre

2. **Manteltarifvertrag:**
Inhalt: langfristige allgemeine Regelungen, wie Einstellung und Kündigungsbedingungen, Urlaubsanspruch und Regelungen zu Krankheit und Lohnfortzahlung etc.
Laufzeit: i. d. R. mehrere Jahre

3. **Neuer Tarifvertrag:**
(1) Der alte Tarifvertrag ist ausgelaufen oder wurde gekündigt. Die Tarifparteien (Arbeitgeber/Arbeitgeberverband und Gewerkschaft) verhandeln.
(2) Bei Scheitern der Verhandlungen versucht die Gewerkschaft ihrer Forderung mit einem Streik Nachdruck zu verleihen. Für den Streik muss eine Urabstimmung durchgeführt werden. Bei einer Zustimmung von 75 % plus einer Stimme wird gestreikt.
(3) Der Arbeitgeber kann mit Aussperrung reagieren (hier ist auf Verhältnismäßigkeit zu achten). In der Regel kommt es dann zu neuen Verhandlungen. Wenn diese erfolgreich sind, müssen die Verhandlungsparteien zustimmen.
(4) 25 % der Gewerkschaftsmitglieder müssen dem neuen Tarifvertrag zustimmen, dann tritt dieser in Kraft.

Hinweis: Alternative Antworten mit mehr Schritten oder mit Einschalten des Schlichters sind möglich.

4. **Öffnungsklausel:**
Da Tarifverträge i. d. R. für viele Arbeitgeber geschlossen werden, können nicht alle wirtschaftlichen Gegebenheiten der einzelnen Arbeitgeber berücksichtigt werden. In

wirtschaftlichen Schieflagen bieten Öffnungsklauseln die Möglichkeit, von den Regelungen des Tarifvertrages abzuweichen, z. B. Verschieben von Lohnsteigerungen oder Streichung von freiwilligen Zulagen.

5. **Friedenspflicht:**
   Um nicht permanent mit Streiks eingedeckt zu werden, besteht ein Streikverbot, während ein Tarifvertrag besteht.

6. **Warnstreik:**
   Mit diesem können Gewerkschaften zeigen, dass sie bereit sind, für einen neuen Tarifvertrag zu kämpfen.

7. **Voraussetzungen:**
   - Ablauf des alten Tarifvertrages
   - gewerkschaftlich organisiert
   - Urabstimmung mit 75 % Zustimmung aller betroffenen Gewerkschaftsmitglieder

8. In Deutschland herrscht Tarifautonomie. Diese garantiert die freie Verhandlung von Verträgen zwischen den Tarifparteien ohne Einmischung des Staates.

9. **Betriebsvereinbarung:**
   Vereinbarung zwischen dem Arbeitgeber und dem Betriebsrat zu Themen wie Urlaubsplanung, Pausenzeitregelung, Arbeitszeitmodelle ...
   Dinge, die in einem Tarifvertag geregelt sind, dürfen nicht Gegenstand einer Betriebsvereinbarung sein, außer der Tarifvertrag lässt dieses zu.

   Tarifvertrag:
   Vereinbarung zwischen einem Arbeitgeber oder einem Arbeitgeberverband und einer Gewerkschaft.

4.4 Arbeitsverträge

1. **Welche Inhalte werden in einem Arbeitsvertrag geregelt?** (Inhalte lt. § 2 Nachweisgesetz)
   - der Name und die Anschrift der Vertragsparteien
   - der Zeitpunkt des Beginns des Arbeitsverhältnisses
   - bei befristeten Arbeitsverhältnissen: die vorhersehbare Dauer des Arbeitsverhältnisses
   - der Arbeitsort oder, falls der Arbeitnehmer nicht nur an einem bestimmten Arbeitsort tätig sein soll, ein Hinweis darauf, dass der Arbeitnehmer an verschiedenen Orten beschäftigt werden kann
   - eine kurze Charakterisierung oder Beschreibung der vom Arbeitnehmer zu leistenden Tätigkeit
   - die Zusammensetzung und die Höhe des Arbeitsentgeltes einschließlich der Zuschläge, der Zulagen, Prämien und Sonderzahlungen sowie anderer Bestandteile des Arbeitsentgeltes und deren Fälligkeit
   - die vereinbarte Arbeitszeit
   - die Dauer des jährlichen Erholungsurlaubes
   - die Fristen für die Kündigung des Arbeitsverhältnisses
   - ein in allgemeiner Form gehaltener Hinweis auf die Tarifverträge, Betriebs- oder Dienstvereinbarungen, die auf das Arbeitsverhältnis anzuwenden sind

2. a) Es besteht keine Formvorschrift für einen Arbeitsvertrag. Solange zwei übereinstimmende Willenserklärungen vorliegen, kommt es zum Arbeitsverhältnis. In diesem Fall begründet die Aufnahme der Arbeit das Arbeitsverhältnis und es entsteht ein Anspruch auf Entlohnung.
   b) Es besteht ein Arbeitsverhältnis, siehe oben.
   c) Am 15.02. besteht kein Arbeitsverhältnis, dieses beginnt erst mit Aufnahme der Arbeit am 01.09.
   d) Auch bei frühzeitiger Beendigung der Probearbeit lag für den Zeitraum der Arbeit ein Arbeitsverhältnis mit allen Rechten und Pflichten vor.
   e) Ehrenamt ist i. d. R. kein Arbeitsverhältnis.
   f) Es besteht kein Arbeitsverhältnis im Sinne des Gesetzes, der Schüler hat kein einklagbares Recht auf Entlohnung. Zudem haben vermutlich die Eltern nicht schriftlich zugestimmt. Der Nachbar täte aber gut daran, das Geld zu zahlen. → Sonst droht ihm wohl ein Streich.

3. **Möglichkeiten der Befristung:**
   - kalendermäßige Befristung (ohne Zweck)
   - Zweckbefristung

4. Eine ungültige Befristung führt dazu, dass dieser Teil des Arbeitsvertrags ungültig wird. Somit wird aus dem befristeten Arbeitsverhältnis ein unbefristetes Arbeitsverhältnis.

5. a) Zulässig: § 14 Abs. 1 Nr. 5 TzBfG
   b) Zulässig: § 14 Abs. 1 Nr. 3 TzBfG
   c) Zulässig: § 14 Abs. 1 Nr. 3 TzBfG
   d) Zulässig: § 14 Abs. 2 TzBfG
   e) Zulässig: § 14 Abs. 2 TzBfG
   f) Nicht zulässig, da Ida B. bereits zweimal mit einer Gesamtdauer von zwei Jahren befristet wurde (§ 14 Abs. 2 TzBfG). Der Arbeitsvertrag wandelt sich in einen unbefristeten Arbeitsvertrag.
   g) Zulässig: § 14 Abs. 1 Nr. 7 TzBfG

5 Personalfreisetzung

1. - Aufhebungsvertrag
   - Kündigung durch den Arbeitnehmer
   - ordentliche Kündigung durch den Arbeitgeber
   - außerordentliche Kündigung
   - Tod des Arbeitnehmers
   - Liquidation des Arbeitgebers (Insolvenz beendet die Arbeitsverträge nicht!)

2. **Ordentliche Kündigung:**
   - betriebsbedingt
   - personenbedingt
   - verhaltensbedingt

3. Kündigungsschutz gilt nicht für außerordentliche (fristlose) Kündigungen.

Werdende und junge Mütter (§ 17 MuSchG)	ab Bekanntgabe der Schwangerschaft bis vier Monate nach der Entbindung
Betriebsratsmitglieder und Jugend- und Auszubildendenvertreter (§ 15 KSchG)	während der Dauer der Betriebsratstätigkeit und ein Jahr darauf
Schwerbehinderte (§ 168 SGB IX)	ohne Zustimmung des Integrationsamtes keine Kündigung
Arbeitnehmer, die Pflegezeit in Anspruch nehmen (§ 5 PflegeZG)	zwölf Wochen vor Antritt der kurzzeitigen Pflege bis zum Ende der Pflegezeit
Elternzeit (§ 18 BEEG)	• acht Wochen vor Beginn der Elternzeit bis zum Ende der Elternzeit, bei Kindern unter drei Jahren • 14 Wochen vor Beginn der Elternzeit bis zum Ende der Elternzeit bei Kindern zwischen dem dritten und dem achten Lebensjahr • Besteht bei Teilzeitarbeitnehmern Anspruch auf Elterngeld, (aber keine Elternzeit) gilt ebenfalls Kündigungsschutz.

4. a) Hans Dittrich:
   § 622 Abs. 1 BGB → vier Wochen Kündigungsfrist zum Ende des Monats
   Der 02.09.20.. ist der Tag, an dem der AN die Kündigung erhalten muss.

   b) Kristina Schreiber:
   § 622 Abs. 2 Nr. 3 BGB → drei Monate
   Ihr muss bis zum 30.06. gekündigt werden.

5. Gerhard Kunkel:
   § 622 Abs. 1 BGB → vier Wochen Kündigungsfrist zum 15. oder Ende des Monats
   Am 03.10.20.. muss er spätestens kündigen.

6. Fehlt die Beteiligung des Betriebsrates an der Kündigung, so ist die Kündigung ungültig (§ 102 Abs. 1 BetrVG).

7. **Gründe für den Widerspruch:**
   - Fehler in der Sozialauswahl
   - Arbeitnehmer könnte sofort an anderer Stelle im Unternehmen weiterbeschäftigt werden.
   - Durch Umschulung und Weiterbildung könnte der Arbeitnehmer an anderer Stelle weiterbeschäftigt werden.

8. **§ 102 Abs. 5 BetrVG:**
   Erhebt der Arbeitnehmer innerhalb von 14 Tagen Kündigungsschutzklage vor dem Arbeitsgericht, ist der Arbeitgeber verpflichtet, das Arbeitsverhältnis bestehen zu lassen, bis das Arbeitsgericht entschieden hat.

6 Personalbetreuung

6.1 Arbeitszeitmodelle + 6.2 Personalunterlagen + 6.3 Personaleinsatzplanung

1. Während die Gesamtarbeitsdauer festgelegt ist, können täglicher Beginn und Ende der Arbeitszeit variieren. Durch Bestimmung einer Kernzeit ist garantiert, dass in Zeiten mit hohem Arbeitsanfall Personal zur Verfügung steht.

   Der Mitarbeiter ist somit flexibler in seiner Zeiteinteilung und kann nach seinen Bedürfnissen den Beginn seines Arbeitstages festlegen. Der Arbeitgeber kann dadurch Fehlzeiten vermeiden, indem die Mitarbeiter Termine, die nur während der üblichen Arbeitszeiten möglich wären (Facharzt, Amtstermine ...), in die Gleitzeitzonen legen.

2. a) **Homeoffice:**
   Ein Teil der Arbeit wird von zu Hause erledigt, dabei werden i. d. R. moderne Techniken wie VPN-Verbindungen zum Arbeitgeber, E-Mail-Zugänge oder Dienstlaptops verwendet. Dadurch reduziert sich die Präsenzzeit am Arbeitsort.

   b) **Vorteile:**
   - Durch die freie Zeiteinteilung können die Mitarbeiter Arbeit und Privatleben besser vereinbaren. Somit können z. B. Mütter und Väter frühzeitig wieder arbeiten, ohne sich zwingend zwischen Familie und Beruf entscheiden zu müssen.
   - Der Vorteil für den Arbeitgeber besteht in motivierten Arbeitnehmern, welche eigenverantwortlich Dinge erledigen. Die strenge Bindung an die Arbeitszeit im Büro entfällt, es können auch Dinge zu für das Büro unüblichen Zeiten schnell erledigt werden.
   - Die Attraktivität des Betriebes als Arbeitgeber wird verbessert. Der Betrieb hat daher mehr Auswahlmöglichkeit unter den Bewerbern.
   - weniger Überstunden/Fehlzeiten
   - Pünktlichkeitskontrollen entfallen

   Nachteile:
   - Die Mitarbeiter müssen über ausreichend Disziplin verfügen und sich die Zeit einteilen. Die Gefahr, sich immer im Arbeitsstress zu fühlen, steigt. Sich trennen und von der Arbeit distanzieren fällt vielen schwer.
   - Der Arbeitgeber muss seinen Mitarbeitern vertrauen und ist auf deren Ehrlichkeit angewiesen. Der persönliche Kontakt zum Mitarbeiter kann u. U. leiden.

3. a) Industriebetriebe sind mit hohen Fixkosten belastet. Diese fallen in stets gleicher Höhe an – unabhängig von der produzierten Stückzahl. Ziel des Unternehmens ist es daher, diesen konstant hohen Block auf eine möglichst große Stückzahl an Erzeugnissen zu verteilen. Dieses erreicht er, indem er die vorhandenen Kapazitäten intensiv nutzt – im Mehrschichtbetrieb.

   In Dienstleistungsbetrieben wird häufig eine lange Kundenerreichbarkeit gefordert. Da viele Kunden selbst arbeiten, muss die Dienstleistungsbranche auch nach Feierabend (der Kunden) erreichbar sein.

   Beispiele:
   - *Geschäfte mit Öffnungszeiten von 06:00 Uhr bis 22:00 Uhr → Zweischichtbetrieb*
   - *Lieferdienste mit Lieferungen bis 22:00 Uhr*

   b) **Vorteile:**
   - bessere Auslastung teurer Fertigungskapazitäten, geringere Stückkosten
   - günstigere Angebotspreise und damit bessere Marktchancen
   - attraktiveres Einkommen (Industrie)
   - lange Öffnungszeiten können realisiert werden (Dienstleistung)

   Nachteile:
   - gesundheitliche Beeinträchtigung der Arbeitskraft
   - Verlust der sozialen Beziehungen zur Familie und zu Freunden

4. Geforderte Arbeitszeit läuft entgegen dem Tagesrhythmus, daher Risiko der Ermüdung/Unfallgefahr. Überstunden werden nicht mehr ausgezahlt, sondern angespart. So kann ein Unternehmen bei hoher Auftragslage ohne Extrakosten mit Überstunden arbeiten. Im Rahmen der gesetzlichen Möglichkeiten (vgl. ArbZG) arbeiten die Mitarbeiter mehr und in Zeiten mit weniger Aufträgen weniger. Branchen mit stark saisonalen Arbeitsanfall können dann in der Saison mehr arbeiten, z. B. am Bau oder in der Landwirtschaft.

5. a) **Gründe:**
   - Planung einer Auszeit
   - Verlängerung der Lebensarbeitszeit
   - Wiederherstellung der Gesundheit
   - beim Risiko Burnout frühzeitig gegensteuern
   - Wahrnehmung einer Weiterbildung oder Umschulung

   b) **Arbeitsmoral:**
   - erhöhte Leistungsfähigkeit nach dem Sabbatical
   - hohe Motivation mit dem Ziel, sich einen Traum zu erfüllen

6. - Auftragslage, geplanter Umsatz
   - Anzahl des Personals
   - Krankenstand
   - Urlaubsplanungen
   - zur Verfügung stehende Arbeitszeit
   - ...

7. • **Qualitative Personaleinsatzplanung:** Wer wird benötigt und was muss er können?
   • **Quantitative Personaleinsatzplanung:** Wie viel Personal/Arbeitszeit wird benötigt?
   • **Zeitliche Personaleinsatzplanung:** Wann wird das Personal benötigt?

8. **Digitale Personalakte:**
   • Zeitgewinn durch schnellen Zugriff auf die Daten
   • Kostensenkung durch weniger Arbeitsaufwand in der Personalabteilung
   • Reduzierung des Papierarchives
   • Basis für genauere Personalstatistik

6.4 Personalstatistik

a) **Männer- und Frauenanteil im Unternehmen:**

$$\text{Männeranteil} = \frac{90}{170} \cdot 100 = 52{,}94\ \%$$

$$\text{Frauenanteil} = \frac{80}{170} \cdot 100 = 47{,}06\ \%$$

b) $$\text{Ausbildungsquote} = \frac{10}{170} \cdot 100 = 5{,}88\ \%$$

c) **Altersstruktur:**

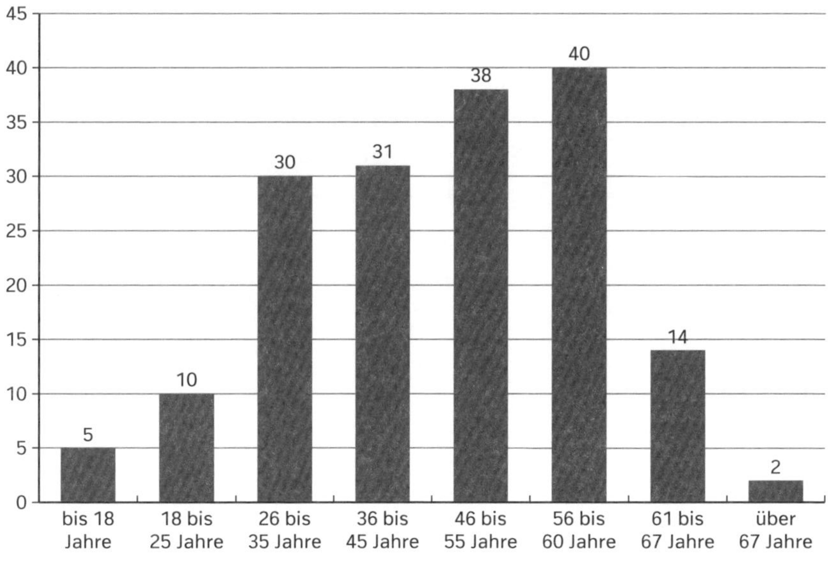

d) **Fehlzeitenquote:**

	Fehlzeitenquote						
Jahr	**2015**	**2016**	**2017**	**2018**	**2019**	**2020**	**2021**
Fehlstunden	1.600	2.240	2.560	2.560	2.720	2.480	2.360
: Soll-Arbeitsstunden	255.000	282.200	306.000	283.900	266.900	260.100	289.000
= Quote	0,627 %	0,794 %	0,837 %	0,902 %	1,019 %	0,953 %	0,817 %

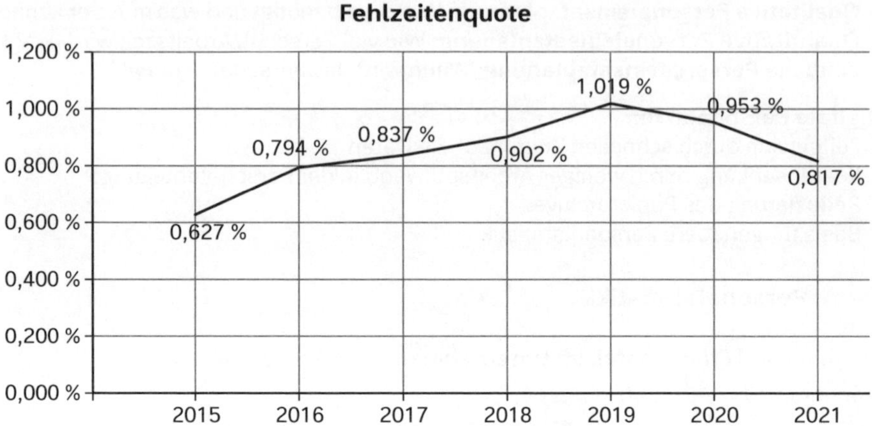

e) **Fluktuationsquote:**

	Fehlzeitenquote						
Jahr	**2015**	**2016**	**2017**	**2018**	**2019**	**2020**	**2021**
Kündigungen	3	9	4	4	3	9	8
: Anzahl der MA	150	166	180	167	157	153	170
= Quote	2,00 %	5,42 %	2,22 %	2,40 %	1,91 %	5,88 %	4,71 %

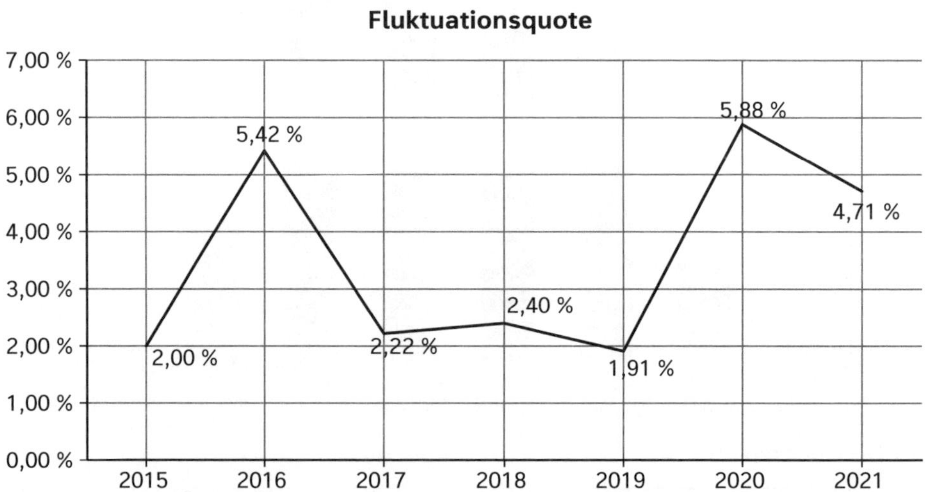

In den Jahren 2020 und 2021 hat die Fluktuationsquote wieder zugenommen, etwa jeder 20. Arbeitnehmer verlässt den Betrieb. Neben persönlichen Gründen muss hier auch auf das Betriebsklima geschaut werden. Unter Umständen besteht beim Betriebsklima ein Problem.

f) durchschnittlicher Personalbestand $= \frac{150_{15}+166_{16}+180_{17}+167_{18}+157_{19}+153_{20}+170_{21}}{7}$

$= 163{,}28$

g) **Umsatzentwicklung:**

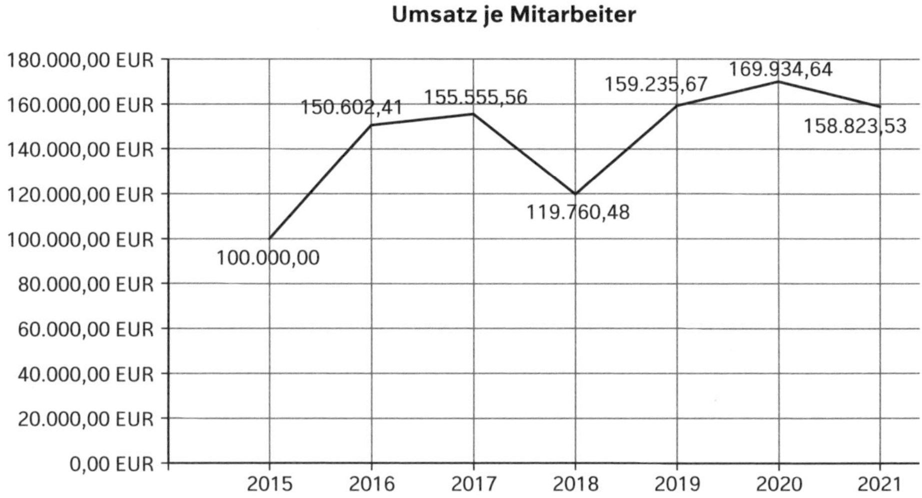

6.5 Personalentwicklung + 6.6 Personalbeurteilung

1. **Aus Sicht des Unternehmens:**
   - um Fachkräftemangel vorzubeugen
   - Einarbeitung neuer Mitarbeiter
   - Innovationskraft für die Zukunft
   - Zufriedenheit der Mitarbeiter und damit verbesserte Leistungsfähigkeit
   - Qualifizierungsbedarf durch Organisationsveränderung

   Aus Sicht des Mitarbeiters:
   - Chancen auf dem Arbeitsmarkt für die Zukunft verbessern
   - persönliche Entwicklung und Karrierechancen

2. **Weiterbildung:**
   - Die vorhandenen beruflichen Kenntnisse werden vertieft und erweitert, z. B. Erlernen einer Programmiersprache für die Arbeit.
   - Erwerb zusätzlicher Qualifikationen

   Fortbildung:
   - Das Berufsbildungsgesetz definiert in § 53 ff. die berufliche Fortbildung. Fortbildung schließt i. d. R. mit einer Prüfung und einem anerkannten Abschluss ab, z. B. Industriemeister oder Bilanzbuchhalter.
   - Erhaltung und Erweiterung beruflicher Kenntnisse und Fertigkeiten

3. • Jobrotation → regelmäßiger Aufgaben- und Arbeitsplatzwechsel
   • Jobenlargement → Einfache Tätigkeiten werden durch komplexere Tätigkeiten ergänzt.
   • Jobenrichment → Zusätzliche höherwertige Tätigkeiten werden übernommen.

4. • Verbesserung des Personaleinsatzes
   • Basis für die Personalentwicklung
   • Entgeltgestaltung nach Leistungskriterien
   • Verbesserung der Leistungsbereitschaft der Mitarbeiter
   • Grundlage für die Kommunikation zwischen Vorgesetzten und Mitarbeitern

5. **Summarische Beurteilung:**
   Der Mitarbeiter wird im Ganzen beurteilt, i. d. R. in freier Formulierung.

   Analytische Beurteilung:
   Der Beurteilende ist gezwungen, sich zu bestimmten vorgegebenen Beurteilungskriterien zu äußern, indem er vorgegebene Kriterien in Ziffern benotet, ankreuzt oder frei formulierte Antworten gibt.

6. • Beurteilung ist für beide Parteien eher nachvollziehbar.
   • objektiver
   • Beitrag zur Sicherung des sozialen Friedens
   • Zwang zu tieferem Nachdenken, da zu ganz bestimmten Kriterien ausdrücklich Stellung bezogen werden muss.
   • bessere Vergleichbarkeit von verschiedenen Beurteilungen

7. Das Mitbestimmungsrecht liegt nicht im Zustimmungsrecht, ob überhaupt Beurteilungsgrundsätze eingeführt werden, sondern darin
   • mit welchem Verfahren,
   • mit welchen Kriterien und
   • mit welcher Gewichtung
   die Beurteilungen durchgeführt werden.

7 Entlohnung

1. a) Thorsten bekommt lediglich sein Nettogehalt überwiesen.
   Vom Brutto werden abgezogen:
   • Lohnsteuer
   • Kirchensteuer
   • Beiträge zu Kranken-, Renten-, Arbeitslosen- und Pflegeversicherung

b) Mögliche Antworten:
- **Demografische Entwicklung:**
  Der Generationenvertrag basierte darauf, dass die künftigen Generationen die Rente der jetzigen Generation zahlen. Dieses ist für den Einzelnen keine große Belastung, wenn sich viele Zahler einen Rentner „teilen". Jedoch stehen bald die geburtenstarken Generationen vor der Rente und diesen stehen wenige Beitragszahler gegenüber. Dieser Effekt führte bereits und führt künftig zu steigenden Beitragssätzen in der Rentenversicherung.
- **Einführung der Pflegeversicherung:**
  1995 wurde die fünfte Säule der Sozialversicherungen, die Pflegeversicherung, eingeführt. Die Leistungen wurden aus der Krankenversicherung herausgenommen und der Pflegeversicherung zugeschlagen.
- **Gestiegene Kosten der Krankenkassen:**
  Generell ist ein starker Anstieg der Ausgaben in den Krankenversicherungen zu verzeichnen.

c) **Beitragsbemessungsgrenze:** Auch bei höherem Lohn/Gehalt wird der Beitrag maximal von diesem Betrag berechnet.

Versicherungspflichtgrenze: Ab diesem Bruttogehalt können sich Arbeitnehmer privat kranken- und pflegeversichern.

2.

Abrechnung Alexander Sommer			
Bruttogehalt			**4.094,00 EUR**
+ Zulagen (vermögenswirksame Leistungen, Fahrtkostenzuschuss ...)			10,00 EUR
= steuer- und sozialversicherungspflichtiges Gehalt[1]			**4.104,00 EUR**
– Lohnsteuern		374,83 EUR	
– Solidaritätszuschlag[2]			
– Kirchensteuer		3,76 EUR	
Summe Steuern			**378,59 EUR**
– Krankenversicherung	7,800 %	320,11 EUR	
– Pflegeversicherung	1,525 %	62,59 EUR	
– Arbeitslosenversicherung	1,200 %	49,25 EUR	
– Rentenversicherung	9,300 %	381,67 EUR	
Summe Sozialversicherungen			**813,62 EUR**
= Nettolohn			**2.911,79 EUR**
– vermögenswirksame Leistungen			40,00 EUR
= Überweisungsbetrag			**2.871,79 EUR**

[1] Eventuelle Steuerfreibeträge mindern das steuerpflichtige Gehalt und somit die Grundlage für die Besteuerung.

[2] Durch die weitestgehende Abschaffung des Solidaritätszuschlages müssen die meisten Arbeitnehmer keinen Soli mehr zahlen.

3. a) Herr Maier befindet sich in Steuerklasse III. → verheiratet, (Ehefrau nicht erwerbstätig), keine Kinder

b)

Abrechnung Herr Maier			
Bruttogehalt			**2.850,00 EUR**
+ Zulagen			36,00 EUR
= steuer- und sozialversicherungspflichtiges Gehalt			**2.886,00 EUR**
– Lohnsteuern		123,33 EUR	
– Solidaritätszuschlag	–	–	
– Kirchensteuer	8,0 %	9,86 EUR	
Summe Steuern			**133,19 EUR**
– Krankenversicherung	7,800 %	225,11 EUR	
– Pflegeversicherung	1,775 %	51,23 EUR	
– Arbeitslosenversicherung	1,200 %	34,63 EUR	
– Rentenversicherung	9,300 %	268,40 EUR	
Summe Sozialversicherungen			**579,36 EUR**
= Nettolohn			**2.137,45 EUR**
– vermögenswirksame Leistungen			55,00 EUR
= Überweisungsbetrag			**2.082,45 EUR**

4. a)

Abrechnung Thomas Müller, neuer Arbeitgeber			
Bruttogehalt			**3.820,00 EUR**
+ Zulagen			10,00 EUR
= steuer- und sozialversicherungspflichtiges Gehalt			**3.830,00 EUR**
– Lohnsteuern		315,96 EUR	
– Solidaritätszuschlag			
– Kirchensteuer		0,82 EUR	
Summe Steuern			**316,78 EUR**
– Krankenversicherung	7,800 %	298,74 EUR	
– Pflegeversicherung	1,525 %	58,41 EUR	
– Arbeitslosenversicherung	1,200 %	45,96 EUR	
– Rentenversicherung	9,300 %	356,19 EUR	
Summe Sozialversicherungen			**759,30 EUR**
= Nettolohn			**2.753,92 EUR**
– vermögenswirksame Leistungen			40,00 EUR
= Überweisungsbetrag			**2.713,92 EUR**

Herr Müller verdient ca. 160,00 EUR mehr bei seinem neuen Arbeitgeber.

b) • das Betriebsklima
- Entfernung der Arbeitsstelle von der Wohnung: Wenn Thomas Müllers neue Arbeitsstelle näher bei seiner Wohnung liegt, spart er für die An- und Rückfahrt Zeit und Kosten.
- Arbeitszeitenregelung: Die Gestaltungsmöglichkeiten der Arbeitszeit spielen eine Rolle. Günstig ist es, wenn ein Betrieb z. B. eine individuelle Gleitzeit ermöglicht.
- Tätigkeitsbereiche: Bei der Zaun AG wird Thomas Müller öfter Dienstreisen oder Messebesuche durchführen. Er wird nicht so oft bei seiner Familie sein können.

8 Kapitelübergreifende Aufgabe

a) Der Vertragsabschluss kann formfrei erfolgen. Das Nachweisgesetz schreibt jedoch vor, dass die Mindestinhalte spätestens einen Monat nach Beginn des Arbeitsverhältnisses dem Arbeitnehmer in Schriftform ausgehändigt werden (§ 2 NachwG).

b) Die Arbeitnehmer können innerhalb einer festgesetzten Zeitspanne den Arbeitsbeginn und das Arbeitsende selbst bestimmen (Gleitzeit). Sie sind lediglich an eine Kernzeit gebunden, während der sie im Betrieb anwesend sein müssen.

c) **Vorteile:**
- Anpassung der Arbeitszeit an den persönlichen Lebensrhythmus (z. B. Frühaufsteher), dadurch mehr Arbeitsfreude und Leistungsfähigkeit
- individueller Aufbau und Abbau von Überstunden

Nachteile:
- Abstimmung der Arbeitszeiten mit den Kollegen
- genaue Erfassung von Beginn und Ende der Arbeit

d) Eine Betriebsvereinbarung ist eine schriftliche Vereinbarung zwischen einem einzelnen Arbeitgeber und dem Betriebsrat über betriebsinterne Regelungen, die für alle Mitarbeiter des Betriebes verbindlich sind, z. B. Gestaltung der Pausenregelungen, Urlaubsplanung, Arbeitszeitmodelle.

e) Herr Sieger hat Anspruch auf 2.500,00 EUR. Betriebsvereinbarungen müssen zwingend eingehalten werden. Allgemein gilt im Arbeitsrecht bei unterschiedlichen Regelungen diejenige, die für den Arbeitnehmer günstiger ist (Günstigkeitsprinzip).

INFO:
§ 77 Abs. 4 BetrVG: Durchführung gemeinsamer Beschlüsse, Betriebsvereinbarungen
Betriebsvereinbarungen gelten unmittelbar und zwingend. Werden Arbeitnehmern durch die Betriebsvereinbarung Rechte eingeräumt, so ist ein Verzicht auf sie nur mit Zustimmung des Betriebsrats zulässig. Die Verwirkung dieser Rechte ist ausgeschlossen. Ausschlussfristen für ihre Geltendmachung sind nur insoweit zulässig, als sie in einem Tarifvertrag oder einer Betriebsvereinbarung vereinbart werden; dasselbe gilt für die Abkürzung der Verjährungsfristen.

f) Herr Lämmle hat gegen die Schweigepflicht verstoßen. Ihm droht die fristlose Kündigung aus wichtigem Grund (§ 626 Abs. 1 BGB) oder zumindest eine Abmahnung.

INFO:
§ 626 Abs. 1 BGB: Fristlose Kündigung aus wichtigem Grund
Das Dienstverhältnis kann von jedem Vertragsteil aus wichtigem Grund ohne Einhaltung einer Kündigungsfrist gekündigt werden, wenn Tatsachen vorliegen, auf Grund derer dem Kündigenden unter Berücksichtigung aller Umstände des Einzelfalles und unter Abwägung der Interessen beider Vertragsteile die Fortsetzung des Dienstverhältnisses bis zum Ablauf der Kündigungsfrist oder bis zu der vereinbarten Beendigung des Dienstverhältnisses nicht zugemutet werden kann.

g)
- Der Arbeitgeber muss die Vorschriften des Mutterschutzgesetzes beachten. Im Falle von Frau Steiner bedeutet dieses z. B., dass ihr kurze Unterbrechungen der Arbeit ermöglicht werden (§ 9 Abs. 3 MuSchG).
- Mehrarbeit, Nachtarbeit, Sonn- und Feiertagsarbeit ist für werdende Mütter verboten (§§ 4 Abs. 1, 5 Abs. 1, 6 Abs. 1 MuSchG).
- In den letzten sechs Wochen vor dem errechneten Geburtstermin besteht Beschäftigungsverbot (§ 3 Abs. 1 MuSchG).
- Absolutes Beschäftigungsverbot gilt für die ersten acht Wochen nach der Entbindung (§ 3 Abs. 2 MuSchG). Während der Schwangerschaft und innerhalb von vier Monaten nach der Entbindung kann Frau Steiner nicht gekündigt werden (§ 17 Abs. 1 MuSchG).

h) Frau Hurtig kann die GmbH zum 15.10.20.. (letzter Arbeitstag) verlassen. Die gesetzliche Kündigungsfrist beträgt vier Wochen zum 15. oder zum Ende des Kalendermonats (§ 622 Abs. 1 BGB).

Berechnung: Kündigungstermin 04.09. plus vier Wochen = 02.10., d. h., der nächste Termin zum Verlassen des Betriebs ist der 15.10.20.. .

Lernfeld 9: Liquidität sichern und Finanzierung vorbereiten

1 Liquidität sichern

- Es liegt grundsätzlich eine Überdeckung + 20.000,00 EUR vor.
- Werden die erwarteten Einnahmen (45.000,00 EUR) und die Ausgaben (56.500,00 EUR) betrachtet, ergibt sich ein Saldo von –11.500,00 EUR.
- Dauerhaft würde diese Situation zu einer Unterliquidität führen.
- Beim Kontokorrentkredit sind schon 20.000,00 EUR von 50.000,00 EUR ausgeschöpft.
- Dieses Geld muss über das teilweise Ausschöpfen des Kreditlimits des Kontokorrentkredits beschafft werden.
- Alternativ könnte auch die Privatentnahme verschoben bzw. nur teilweise in Anspruch genommen werden.

2 Liquidität planen

Die Liquidität im Unternehmen ist jederzeit zu gewährleisten. Ein Hilfsmittel hierzu ist die Aufstellung von Finanzplänen. Der Finanzplan stellt eine Einnahme-Ausgabe-Vorausrechnung dar. Er soll ein Gleichgewicht zwischen zukünftigen Einnahmen und Ausgaben über mehrere Perioden gewährleisten.

3 Liquidität bewerten

1. Liquidität = Zahlungsfähigkeit des Unternehmens. Kann das Unternehmen jederzeit seinen Zahlungsverpflichtungen nachkommen?

   Negative Auswirkungen einer zu niedrigen Liquidität:
   - Imageproblem
   - Zusammenarbeit mit Lieferanten
   - Zusammenarbeit mit dem Finanzamt
   - evtl. Lagerbestände zu hoch (Kapitalbindung)
   - Bestände Fertigerzeugnissen allgemein zu hoch (Kapitalbindung)
   - Evtl. droht bei dauernder Zahlungsunfähigkeit die Insolvenz.

2. **Liquidität 1. Grades** (Barliquidität) $= \frac{(200.000{,}00 + 10.000{,}00) \cdot 100}{(300.000{,}00 + 900.000{,}00)} = 17{,}50\ \%$

   Liquidität 2. Grades (einzugsbedingte Liquidität) $= \frac{(200.000{,}00 + 10.000{,}00 + 1.000.000{,}00 + 20.000{,}00) \cdot 100}{(300.000{,}00 + 900.000{,}00)}$

   $= 102{,}5\ \%$

3. **Liquidität 1. Grades:** Hier gilt der Mindestwert von 20 % (1 : 5-Rate). Diese ist nicht erreicht. Sie sollte verbesset werden. Durch ein besseres Forderungsmanagement (hohe ausstehende Forderungen: 1.000.000,00 EUR) könnte sie verbessert werden.

   Liquidität 2. Grades: Hier gilt ein Mindestwert von 100 % (1 : 1-Rate). Diese ist erreicht. Sie könnte aber noch durch den Abbau/die Umwandlung der kurzfristigen Verbindlichkeiten verbessert werden.

4 Zahlungseingänge sichern

1. **Gründe:**
   - Zahlen Kunden teilweise/nicht, schlägt sich dies direkt auf den Gewinn des Unternehmens nieder.
   - Zahlen Kunden verspätet, hat dies Auswirkungen auf unsere Liquidität (Zahlungsfähigkeit).
   - Es entstehen zusätzliche Kosten – evtl. Kreditaufnahme nötig, um unseren Zahlungsverpflichtungen nachzukommen.
2. - Bonitätsprüfung des Kunden vor Abschuss des Vertrags
   - Eigentumsvorbehalt

5 Zahlungseingänge überwachen

1. **Lieferung verlangen und evtl. Schadenersatz (§ 286 BGB)**

   Voraussetzungen:
   - Fälligkeit
   - Verschulden
   - Mahnung → entbehrlich, wenn:
     - Verkäufer verweigert Lieferung.
     - Liefertermin kalendermäßig bestimmt
     - besondere Gründe (§ 286 Abs. 2 Nr. 4 BGB)

   Schadenersatz statt Leistung (§ 281 BGB)

   Voraussetzungen:
   - Fälligkeit
   - Verschulden
   - Nachfrist → entbehrlich, wenn:
     - Verkäufer verweigert Lieferung.
     - besondere Umstände (§ 281 Abs. 2 BGB)

   Ersatz vergeblicher Aufwendungen anstelle Schadenersatz statt Leistung (§ 284 BGB)

   Voraussetzungen: vgl. Schadenersatz statt Leistung

Rücktritt vom Vertrag (§ 323 BGB)

Voraussetzungen:
- Fälligkeit
- Nachfrist → entbehrlich, wenn:
  - Verkäufer verweigert Lieferung.
  - Liefertermin kalendermäßig bestimmt
  - besondere Umstände (§ 323 Abs. 2 Nr. 3 BGB)

2. Basiszinssatz + 5 %

3. Basiszinssatz + 5 %

4. Basiszinssatz + 9 %

5. a) Verzug spätestens 30 Tage nach Zugang der Rechnung, also ab 10.02.
   b) Verzug tritt durch Mahnung ein, also ab 20.01.
   c) Ab 25.01. Zahlungsverzug; Mahnung hier entbehrlich, da kalendermäßig bestimmt.

6.–8. Vgl. Stofftelegramm.

9.
   - Regelmäßige Verjährungsfrist: drei Jahre
   - Beginn der Verjährungsfrist: Schluss des Jahres, in dem der Anspruch entstanden ist
   - Verjährung: 31.12.2021 + 3 Jahre = 31.12.2024

10.
   - Verhandlungen über den Anspruch führen zur Hemmung der Verjährung.
   - Ursprüngliche Verjährung: 31.12.2021 + 3 Jahre = 31.12.2024
   - Hemmung: 20.12.2024 bis 20.03.2025 = 90 Tage
   - Neue Verjährung: 20.03.2025 + 90 Tage = 20.06.2025

11. Hemmung der Verjährung ab Einreichung des Antrags auf Mahnbescheid

12. a) Neubeginn c) Neubeginn e) Hemmung g) Neubeginn
    b) Hemmung d) Neubeginn f) Hemmung h) Hemmung

6 Beteiligungs- und Selbstfinanzierung rechtsformabhängig planen

6.2.2 Einzelunternehmen

1. Knut Säusel e. K., Säusel e. K. ...

2. unbeschränkt (mit Privat- und Geschäftsvermögen), unmittelbar

3. **Vorteile:**
   - schnelle Entscheidungen (keine Abstimmungen)
   - keine Streitigkeiten in Unternehmensführung
   - keine Gewinnaufteilung

Nachteile:

- keine Risiko-(Haftungs-)Teilung
- begrenzte Kapitalbeschaffungsmöglichkeiten (Kredite, Aufnahme neuer Gesellschafter)
- einseitige Unternehmenspolitik/Sichtweisen
- Arbeitsüberlastung

6.2.3 Kommanditgesellschaft (KG)

1. **Innenverhältnis:**
   Außergewöhnliches Geschäft. Stoll muss folglich zustimmen (§ 116 Abs. 2 HGB).
   Filz und Milz können widersprechen (§ 164 HGB).

   Außenverhältnis:
   Kaufvertrag rechtsgültig, da Komplementär auch bei außergewöhnlichen Rechtsgeschäften Einzelvertretungsmacht hat (§ 126 HGB).
2. Kommanditist haftet wie Vollhafter bis HR-Eintrag (§ 176 Abs. 2 HGB).
3. Bei Neubeginn der KG, solange der HR-Eintrag noch nicht erfolgt ist (§ 176 Abs. 1 HGB).
4. Nein. Kommanditisten haben kein Vertretungsrecht (§ 170 HGB).
5. **Innenverhältnis:**
   Frei gestaltbar. Somit kann ein Kommanditist durch vertragliche Vereinbarung Geschäftsführungsrechte erhalten.

   Außenverhältnis:
   Vertretungsrecht für den Kommanditisten nicht möglich (§ 170 HGB). Er könnte jedoch im Rahmen eines Angestelltenverhältnisses zum Prokuristen oder Handlungsbevollmächtigten ernannt werden, wodurch er mehr oder weniger weitgehende Vertretungsmacht erhält.
6. Der Kommanditist haftet in Höhe seiner noch nicht eingezahlten Einlage unmittelbar. K. muss daher 30.000,00 EUR an G. zahlen.
7. **Bei voll eingezahlter Kommanditeinlage:** Gewinnanteil wird bis zur Auszahlung als sonstige Verbindlichkeit behandelt. Der Kapitalanteil bleibt somit unverändert.

   Bei noch nicht voll eingezahlter Kommanditeinlage: Gewinnanteil erhöht den Kapitalanteil insofern, als die Position „Nicht eingezahltes Kommanditkapital" allmählich aufgelöst wird.
8. Ja. Unmittelbare Haftung in Höhe der noch nicht eingezahlten Einlage auch für alte Schulden der KG.
9. - **Rechte Komplementäre:** Geschäftsführung, Vertretung, Gewinnanteil, Privatentnahmen ...
   - **Pflichten Komplementäre:** Leistung, Kapitaleinlage, Geschäftsführung, Wettbewerbsenthaltung, Verlustbeteiligung ...

- **Rechte Kommanditisten:** Widerspruchsrecht bei außergew. Geschäften, Kündigung
- **Pflichten Kommanditisten:** Kapitaleinlage, Haftung bis Höhe der Einlage, Verlustbeteiligung

6.2.4 Gesellschaft mit beschränkter Haftung (GmbH)

1. Haftung vor HR-Eintrag: unbeschränkt, unmittelbar, solidarisch (Vollhafter)
   Haftung nach HR-Eintrag: nur Gesellschaftsvermögen haftet (Haftung beschränkt)

2. a) Ja. Geschäftsführer können Gesellschafter oder andere Personen sein (§ 6 GmbHG).
   b) Ja. Geschäftsführer hat Vertretungsmacht für alle gewöhnlichen und außergewöhnlichen Rechtsgeschäfte. Innenverhältnis: Geschäftsführungsbefugnis laut Satzung (§ 45 GmbHG)
   c) Gesamtvertretungsbefugnis; A und B müssen also unterzeichnen (§ 35 Abs. 2 GmbHG).
   d) Nein. Dies ist Aufgabe der Gesellschafter (§ 46 Abs. 7 GmbHG).

3. a) **Gesamtvertretung:** Beide Gesellschafter sind nur gemeinsam zur Vertretung der Gesellschaft ermächtigt.
   Vorteile:
   - gegenseitige Kontrolle der Geschäftsführer
   - Entscheidungen gut durchdacht, da zweiseitige Zustimmung notwendig.

   Nachteile:
   - Meinungsverschiedenheiten verhindern evtl. positive Entscheidungen.
   - Flexibilität bei schnell zu treffenden Entscheidungen begrenzt.

   b) Argumente **für** eine Umwandlung der GmbH in eine KG:
   - Publizitäts- und Prüfungspflichten entfallen.
   - steigende Kreditwürdigkeit
   - Die Bildung eines Aufsichtsrates entfällt.

   Argumente **gegen** eine Umwandlung der GmbH in eine KG:
   - mindestens ein Vollhafter notwendig
   - aufwendige Umwandlungsmaßnahmen notwendig (neuer Gesellschaftsvertrag, Handelsregistereintrag, Umstellungen in der Buchhaltung ...)

6.3 Finanzierungsarten

6.3.1 Selbstfinanzierung an den Beispielen Einzelunternehmung (e. K.), Kommanditgesellschaft (KG), Gesellschaft mit beschränkter Haftung (GmbH)

1. a) Offene Selbstfinanzierung = Nichtausschüttung von Gewinnen
   b) Eigenkapital
   c) Vgl. Stofftelegramm.

2. **KG:** Gutschrift nicht ausgeschütteter Gewinne der Komplementäre auf Kapitalkonten

   GmbH: Einstellung nicht ausgeschütteter Gewinne in Rücklagen (Erhöhung Eigenkapital)

3. a) **Geschäftsführer:** Interesse an hoher Rücklagenbildung (geringer Ausschüttung), um der GmbH möglichst wenig liquide Mittel zu entziehen.

   Gesellschafter: Interesse an hoher Ausschüttung (geringer Rücklagenbildung), da zumeist „Geldbedarf". Weiteres vgl. Stofftelegramm.

   b) Vgl. Stofftelegramm.

4. Tätigkeitsvergütung = monatliche Vergütung · 12
   12.000,00 EUR = 1.000,00 EUR · 12
   Zinsen = Anfangskapital · Zinssatz
   12.000,00 EUR = 300.000,00 EUR · 4 %

	Gesellschafter	Komplementär A	Komplementär B	Kommanditist C	Summe
	Anfangskapital	300.000,00 EUR	350.000,00 EUR	450.000,00 EUR	**1.100.000,00 EUR**
	Tätigkeits-vergütung	12.000,00 EUR	12.000,00 EUR		**24.000,00 EUR**
	Zinsen	12.000,00 EUR	14.000,00 EUR	18.000,00 EUR	**44.000,00 EUR**
	Restgewinn-verteilung	56.571,43 EUR	56.571,43 EUR	18.857,14 EUR	**132.000,00 EUR**
a)	**gesamter Gewinnanteil**	80.571,43 EUR	82.571,43 EUR	36.857,14 EUR	**200.000,00 EUR**
	Entnahmen/ Einlagen	10.000,00 EUR	15.000,00 EUR		**25.000,00 EUR**
	Gewinnanteil zur Finanzierung	58.571,43 EUR	55.571,43 EUR		**114.142,86 EUR**
b)	**Endkapital**	358.571,43 EUR	405.571,43 EUR	450.000,00 EUR	**1.214.142,86 EUR**

Jahresgewinn – Tätigkeitsvergütung – Zinsen = Restgewinn

→ 200.000,00 EUR – 24.000,00 EUR – 44.000,00 EUR = 132.000,00 EUR

Restgewinn : Summe der Anteile · Einzelanteil = Restanteil Komplementär A

→ 132.000,00 EUR : 7 · 3 = 55.571,43 EUR

gesamter Gewinnanteil = Tätigkeitsvergütung + Zinsen + Restverteilung

→ 80.571,43 EUR = 12.000,00 EUR + 12.000,00 EUR + 56.571,43 EUR

Gewinnanteil zur Finanzierung = gesamter Gewinnanteil – Tätigkeitsvergütung – Entnahmen

→ 58.571,43 EUR = 80.571,43 EUR – 12.000,00 EUR – 10.000,00 EUR

c) Selbstfinanzierung = Gesamtgewinn – Tätigkeitsvergütung – Gewinnanteil Kommanditist – Entnahmen Komplementäre
→ 114.142,86 EUR = 200.000,00 EUR – 24.000,00 EUR – 36.857,14 EUR – 25.000,00 EUR
Selbstfinanzierung = Endkapital – Anfangskapital
→ 114.142,86 EUR = 1.214.142,86 EUR – 1.100.000,00 EUR
Der Gewinnanteil des Kommanditisten (36.857,14 EUR) stellt eine Verbindlichkeit der KG dar und dient nicht der Selbstfinanzierung.

5. Zinsen = Anfangskapital · Zinssatz
36.000,00 EUR = 600.000,00 EUR · 6 %

Gesellschafter	Komplementär Bruckmüller	Komplementär Neuer	Kommanditist Mager	Summe
Anfangskapital	600.000,00 EUR	600.000,00 EUR	250.000,00 EUR	**1.450.000,00 EUR**
Tätigkeits-vergütung				
Zinsen	36.000,00 EUR	36.000,00 EUR	15.000,00 EUR	**87.000,00 EUR**
Restgewinn-verteilung	133.200,00 EUR	133.200,00 EUR	66.600,00 EUR	**333.000,00 EUR**
gesamter Gewinnanteil	169.200,00 EUR	169.200,00 EUR	81.600,00 EUR	**420.000,00 EUR**
Entnahmen/ Einlagen	34.000,00 EUR	28.000,00 EUR		**62.000,00 EUR**
Gewinnanteil zur Finanzierung	135.200,00 EUR	141.200,00 EUR		**276.400,00 EUR**
Endkapital	735.200,00 EUR	741.200,00 EUR	250.000,00 EUR	**1.726.400,00 EUR**

Jahresgewinn – Tätigkeitsvergütung – Zinsen = Restgewinn : Summe der Anteile · Einzelanteil = Restanteil Komplementär Bruckmüller

→ 420.000,00 EUR – 0,00 EUR – 87.000,00 EUR = 333.000,00 EUR : 5 · 2 = 133.200,00 EUR

gesamter Gewinnanteil = Tätigkeitsvergütung + Zinsen + Restverteilung

→ 169.200,00 EUR = 0,00 EUR + 36.000,00 EUR + 133.200,00 EUR

Gewinnanteil zur Finanzierung = gesamter Gewinnanteil – Tätigkeitsvergütung – Entnahmen

→ 135.200,00 EUR = 169.200,00 EUR – 0,00 EUR – 34.000,00 EUR

Selbstfinanzierung = Gesamtgewinn – Tätigkeitsvergütung – Gewinnanteil Kommanditist – Entnahmen Komplementäre

→ 276.400,00 EUR = 420.000,00 EUR – 0,00 EUR – 81.600,00 EUR – 62.000,00 EUR

Selbstfinanzierung = Endkapital – Anfangskapital

→ 276.400,00 EUR = 1.726.400,00 EUR – 1.450.000,00 EUR

Der Gewinnanteil des Kommanditisten (81.600,00 EUR) stellt eine Verbindlichkeit der KG dar und dient nicht der Selbstfinanzierung.

6. a) **Für die Umwandlung in eine KG sprechen:**
   - Vertretung und Geschäftsführung: Herr Harrenberg verfügt als Kommanditist über das benötigte Eigenkapital, Frau Schneider kann das Unternehmen jedoch weiterhin alleine führen. Herr Harrenberg hat aufgrund seiner Ausbildung und bisherigen Tätigkeit nicht die benötigte Fachkompetenz zur Führung eines Großhandelsunternehmens.
   - Gewinnverteilung: Anteil am Gewinn für Komplementärin i. d. R. höher als beim Kommanditist.

   Für die Umwandlung in eine GmbH sprechen:
   - Haftung: Die Gesellschafter haften nicht mehr persönlich und unmittelbar.
   - Geschäftsführung: Frau Schneider könnte als Geschäftsführerin weiterhin die alleinige Geschäftsführung übernehmen.
   - Stimmrechte: Aufgrund der jeweiligen Geschäftsanteile Frau Schneiders und Herrn Harrenbergs verfügt Frau Schneider bei Gesellschafterbeschlüssen über mehr Stimmen (1,00 EUR = 1 Stimme) als Herr Harrenberg. Da Gesellschafterbeschlüsse i. d. R. lediglich der einfachen Mehrheit bedürfen, hat Frau Schneider Entscheidungsmacht. Frau Schneider erhält ein Gehalt als Geschäftsführerin.

   b) Gewinn 2015 + 25 % = Gewinn 2016 → 79.486,00 EUR + 19.871,50 EUR = 99.357,50 EUR

Gesellschafter	Kapitaleinlage (in Euro)	Verzinsung 4 % (in Euro)	Restgewinn (4 : 1) (in Euro)	Gesamtgewinn (in Euro)
Petra Schneider	708.482,00	28.339,28	37.614,58	65.953,86
Hans Harrenberg	600.000,00	24.000,00	9.403,64	33.403,64
Summe		52.339,28	47.018,22	99.357,50

   c) Als Komplementärin ist Frau Schneider zum Abschluss von allen gewöhnlichen und außergewöhnlichen Rechtsgeschäften berechtigt. Bei außergewöhnlichen Rechtsgeschäften hat Herr Harrenberg als Kommanditist ein Widerspruchsrecht.

   Der Kauf einer Kommissionieranlage im Wert von ca. 10.000,00 EUR stellt jedoch eine gewöhnliche Handlung in einem Großhandelsunternehmen dar. Frau Schneider als Komplementärin darf die Anlage somit kaufen und Herr Harrenberg hat keine Möglichkeit, dem Kauf zu widersprechen.

6.3.2 Beteiligungsfinanzierung (Einlagenfinanzierung)

1. **Einzelunternehmung:** Einbringung von Kapital durch Einzelunternehmer; aus Privatvermögen wird Eigenkapital

   KG: Kapitalerhöhung durch bisherige Gesellschafter oder neue Gesellschafter

   GmbH: Kapitalerhöhung (Erhöhung des gezeichneten Kapitals) durch **bisherige** Gesellschafter oder Aufnahme **neuer** Gesellschafter

2. Vgl. Stofftelegramm.

7 Kurzfristige Finanzierungsmöglichkeit einschätzen

7.1 Lieferantenkredit und Kontokorrentkredit

b) z = 256,00 EUR
k = 12.544,00 EUR
t = 46

$$p = \frac{z \cdot 100 \cdot 360}{k \cdot t} = \frac{256{,}00\ \text{EUR} \cdot 100 \cdot 360}{12.544{,}00\ \text{EUR} \cdot 46} = \mathbf{15{,}97\ \%}$$

Alternative Berechnungsmöglichkeit (zur Vereinfachung wird ein Rechnungsbetrag von 100,00 EUR angenommen):

z = 2,00 EUR
k = 98,00 EUR
t = 46

$$p = \frac{z \cdot 100 \cdot 360}{k \cdot t} = \frac{2{,}00\ \text{EUR} \cdot 100 \cdot 360}{98{,}00\ \text{EUR} \cdot 46} = \mathbf{15{,}97\ \%}$$

→ Skontoabzug mit Kredit **sinnvoll**

7.2 Factoring

Lösungswort: ZAHLUNGSPROBLEM

1. Zinsen
2. Factor
3. Kreditversicherungs
4. Dienstleistungs
5. Forderungen
6. Arbeitsentlastung
7. Vertrag
8. Ausfallrisiko
9. Provision
10. Finanzierungs
11. Bonität
12. Skontoabzug
13. Fälligkeit
14. Kundenverärgerung
15. Mangel

8 Investition langfristig finanzieren

1. Leasing = mittel- und langfristige Vermietung oder Verpachtung von Anlagegütern durch Hersteller oder Leasinggesellschaft

2. **Direktes Leasing:** Hersteller ist zugleich Leasinggeber.

   Indirektes Leasing: Rechtlich selbstständiges Unternehmen (nicht Hersteller) ist Leasinggeber.

3. a)

Abzahlungsdarlehen				
Jahr	**Kreditsumme am Jahresanfang**	**Tilgung**	**Zinsen**	**Mittelabfluss/ Liquiditätsbelastung**
1	369.000,00 EUR	92.250,00 EUR	23.985,00 EUR	116.235,00 EUR
2	276.750,00 EUR	92.250,00 EUR	17.988,75 EUR	110.238,75 EUR
3	184.500,00 EUR	92.250,00 EUR	11.992,50 EUR	104.242,50 EUR
4	92.250,00 EUR	92.250,00 EUR	5.996,25 EUR	98.246,25 EUR
	Summe	**369.000,00 EUR**	**59.962,50 EUR**	**428.962,50 EUR**

Annuitätendarlehen				
Jahr	**Kreditsumme am Jahresanfang**	**Tilgung**	**Zinsen**	**Mittelabfluss/ Liquiditätsbelastung**
1	369.000,00 EUR	83.109,17 EUR	25.830,00 EUR	108.939,17 EUR
2	285.890,82 EUR	88.926,81 EUR	20.012,36 EUR	108.939,17 EUR
3	196.964,00 EUR	95.151,70 EUR	13.787,48 EUR	108.939,18 EUR
4	101.812,30 EUR	101.812,32 EUR	7.126,86 EUR	108.939,18 EUR
	Summe	**369.000,00 EUR**	**66.756,70 EUR**	**435.756,70 EUR**

Fälligkeitsdarlehen				
Jahr	**Kreditsumme am Jahresanfang**	**Tilgung**	**Zinsen**	**Mittelabfluss/ Liquiditätsbelastung**
1	384.375,00 EUR	0,00 EUR	25.368,75 EUR	25.368,75 EUR
2	384.375,00 EUR	0,00 EUR	25.368,75 EUR	25.368,75 EUR
3	384.375,00 EUR	0,00 EUR	25.368,75 EUR	25.368,75 EUR
4	384.375,00 EUR	384.375,00 EUR	25.368,75 EUR	409.743,75 EUR
	Summe	**384.375,00 EUR**	**101.475,00 EUR**	**485.850,00 EUR**

Die Kreditsumme, die benötigt wird für den Kauf der Maschine, beträgt 369.000,00 EUR. Das Fälligkeitsdarlehen wird aber nur zu 96 % ausgezahlt. → Die Kreditsumme, die aufgenommen werden muss für das Fälligkeitsdarlehen, muss höher sein:

369.000,00 · 100 96 = 384.375,00 EUR

b) Das Fälligkeitsdarlehen hat in den ersten drei Jahren den geringsten Mittelabfluss. In der momentan angespannten Lage wäre es die erste Wahl.
Das Abzahlungsdarlehen hat insgesamt den geringsten Mittelabfluss.
Leasing 36 · 10.500,00 EUR + 12 · 2.500,00 EUR = 408.000,00 EUR
In den ersten drei Jahren ist der Liquiditätsbedarf beim Leasing höher, in vier Jahren insgesamt geringer.

c) Beim Leasing sind zur Anschaffung keine Kreditsicherheiten erforderlich. Es ist kein großer Geldkapitalbedarf notwendig. Keine Fremdkapitalausweisung in der Bilanz. Rasche Anpassung an den technischen Fortschritt möglich. Flexible Ausgestaltung der Leasingverträge, z. B. Fullservice.

4. a) • Annuitätendarlehen
   • Ratendarlehen

b) **Annuitätendarlehen Südbank**

Jahr	Darlehensschuld am Jahresanfang	Zinsen	Tilgung	Liquiditätsbelastung
2020	210.000,00 EUR	12.600,00 EUR	37.253,24 EUR	49.853,24 EUR
2021	172.746,76 EUR	10.364,81 EUR	39.488,43 EUR	49.853,24 EUR
2022	133.258,33 EUR	7.995,50 EUR	41.857,74 EUR	49.853,24 EUR
2023	91.400,59 EUR	5.484,04 EUR	44.369,20 EUR	49.853,24 EUR
2024	47.031,38 EUR	2.821,88 EUR	47.031,36 EUR	49.853,24 EUR
Summe		39.266,23 EUR	209.999,97 EUR	249.266,20 EUR

Annuität (Liquiditätsbelastung) – Zinsen 1. Jahr = Tilgung 1. Jahr
49.853,24 EUR – 210.000,00 EUR · 6 % = ?
49.853,24 EUR – 12.600,00 EUR = 37.253,24 EUR

Ratendarlehen Südbank

Jahr	Darlehensschuld am Jahresanfang	Zinsen	Tilgung	Liquiditätsbelastung
2020	210.000,00 EUR	12.600,00 EUR	21.000,00 EUR	33.600,00 EUR
2021	189.000,00 EUR	11.340,00 EUR	21.000,00 EUR	32.340,00 EUR
2022	168.000,00 EUR	10.080,00 EUR	21.000,00 EUR	31.080,00 EUR
2023	147.000,00 EUR	8.820,00 EUR	21.000,00 EUR	29.820,00 EUR
2024	126.000,00 EUR	7.560,00 EUR	126.000,00 EUR	133.560,00 EUR
Summe		50.400,00 EUR	210.000,00 EUR	260.400,00 EUR

Jahre	Liquiditätsbelastung Leasing
2020	108.000,00 EUR
2021	90.000,00 EUR
2022	60.000,00 EUR
2023	60.000,00 EUR
2024	60.000,00 EUR
Summe	**378.000,00 EUR**

c) **Vorteile:**

- keine hohen Anschaffungskosten zu finanzieren
- laufende Anpassung an neuesten Stand der Technik
- keine Fremdfinanzierung notwendig, somit keine Verschlechterung der Kreditwürdigkeit
- evtl. laufende Betreuung, Beratung, Wartungsleistungen durch Leasinggeber
- Leasingraten gelten als Aufwand und sind steuerlich zu berücksichtigen und mindern somit die Gewinnsteuern.

Nachteile:

- hohe Dauerbelastung mit Fixkosten (Leasingraten)
- Leasinggegenstände nicht frei verfügbar
- Bindung während der Grundmietzeit
- Leasinggegenstände können z. B. nicht sicherungsübereignet werden.

d) Mögliche Schülerlösung:

Qualitativer Vergleich Ratendarlehen und Leasing					
Kriterien	**Gewichtung (G)**	**Ratendarlehen**		**Leasing**	
		Bewertung (B)	**Gewichtete Punkte (G · B)**	**Bewertung (B)**	**Gewichtete Punkte (G · B)**
Liquiditätsbelastung erste Jahre	50	5	250	2	100
Liquiditätsbelastung gesamt	30	4	120	2	60
Wartungs- und Serviceleistungen	10	0	0	5	50
Freihalten des Kreditspielraums	10	0	0	5	50
Summe	**100**		**370**		**260**

Aufgrund der Branchen- und Unternehmenssituation (Aufschwung erst im 3. Jahr, schlechte Liquiditätslage) ist das Ratendarlehen zu empfehlen.

9 Kreditaufnahme vorbereiten

9.1 Kreditprüfung

1. **Forderungsausfälle des Gläubigers:** nicht vollständige/gar keine Zahlung von Zins und Tilgung durch den Schuldner

   Schutzmöglichkeiten des Gläubigers:

   - Kreditprüfung = Vor der Vergabe des Kredits wird der Schuldner durch den Gläubiger auf seine persönlichen und sachlichen finanziellen Verhältnisse geprüft.
   - ausreichende Sicherheiten verlangen

2. **Kreditprüfung:**
   - notwendige Informationen/Dokumente beschaffen/vorlegen lassen
   - Kreditfähigkeit prüfen
   - Kreditwürdigkeit prüfen
     - persönliche Faktoren
     - sachliche Faktoren
   - Bewertung des Gesamtfalls
   - Entscheidung über Kreditvergabe

9.2 Kreditsicherheiten

1. a)

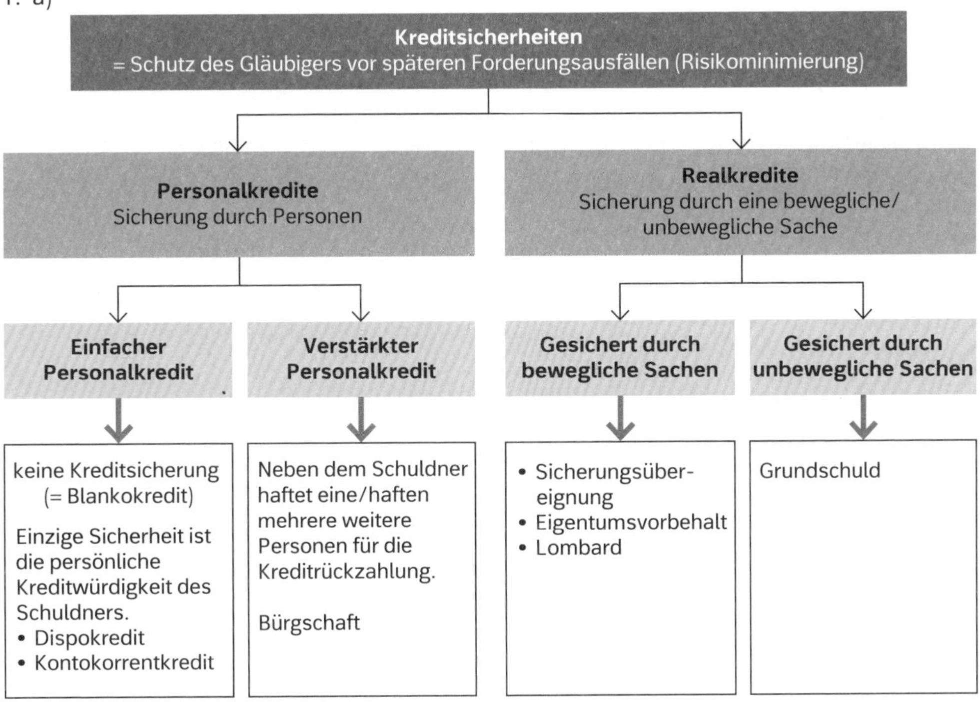

   b) **Personalkredite**: Kreditsicherung durch eine (mehrere) Person(en)
   Realkredite: Kreditsicherung durch eine bewegliche oder unbewegliche Sache

2. **Kreditvertrag** zwischen Schuldner und Gläubiger (formfrei, i. d. R. schriftlich)
   Bürgschaftsvertrag zwischen Bürgen und Gläubiger (Schriftform; formfrei, wenn Kaufmann i. S. des HGB die Bürgschaft im Rahmen seines Handelsgeschäfts abgibt)

3. - Bürgschaft kann auch mündlich abgeschlossen werden.
   - stets selbstschuldnerische Bürgschaften

4. Gläubiger wird Eigentümer, Schuldner bleibt Besitzer (Besitzkonstitut).

5.

	Schuldner	Gläubiger
Vorteile:	• Weiterverwendung möglich • Übereignung für Außenstehende nicht erkennbar	• Aufbewahrung der Sache entfällt • Verwertung/Verkauf relativ einfach

6. **Risiken/Gläubiger:**
   - Sache evtl. bereits anderweitig übereignet
   - Sache evtl. an gutgläubigen Dritten veräußert; Folge: kein Herausgabeanspruch
   - Sache wird beschädigt oder zerstört.
   - evtl. Kontrolle der Sache beim Schuldner nötig

7. **Grundschuld:**
   - im Grundbuch eingetragene Belastung eines Grundstücks mit einer bestimmten Geldsumme zugunsten des Berechtigten (z. B. Kreditgeber)
   - Bei Nichtzahlung kann der Gläubiger die Zwangsversteigerung bewirken und sich hieraus befriedigen.

8. • Rangsicherung
   • schnelle Kreditaufnahme möglich (kein Zeitverlust durch Eintragung)

9. Bei einer Zwangsversteigerung des Grundstücks werden die Forderungen in der Reihenfolge 1., 2., 3., ... Rang befriedigt. Je niedriger der Rang, umso größer ist also die Sicherheit.

10. 1. Sparkasse Goggelshausen: volle Befriedigung in Höhe von 200.000,00 EUR
    2. Voba Hasenbüttel: Erstattung von 130.000,00 EUR (Defizit: 20.000,00 EUR)
    3. Firma Teufel & Co.: geht leer aus

11. Grundstücke, Gebäude: **Grundschuld**
    Maschinen, Betriebs- und Geschäftsausstattung, Fuhrpark: **Sicherungsübereignung**
    Wertpapiere: **Lombard**

12. a) **Sicherungsübereignung:** Bedingtes Eigentum an beweglicher Sache wird durch Einigung auf Gläubiger übertragen. Übergabe wird durch Besitzkonstitut ersetzt.
    b) Gefahren bei Sicherungsübereignung:
       - Sache anderweitig bereits übereignet
       - Sache evtl. an gutgläubigen Dritten veräußert
       - Beschädigung/Zerstörung der Sache
       - Sache evtl. schwer verwertbar
    c) Sicherungsübereignung:

Anschaffungswert	600.000,00 EUR
– Abschreibung 3 · 25 %	450.000,00 EUR
Restwert	150.000,00 EUR

nominal ausreichend, jedoch bei Berücksichtigung einer Sicherheitsmarge zu niedrig

13. a) **Berechnung der Kreditsicherungsmöglichkeiten**

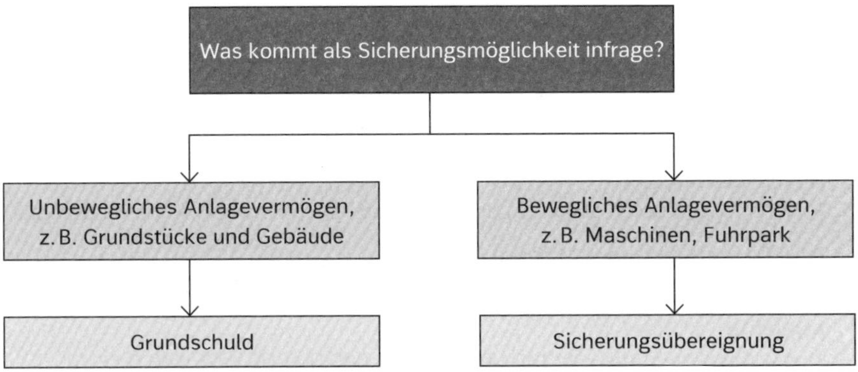

b) **1. Sicherheit: das Grundstück**

Wert des Grundstücks	120.000,00 EUR	
Beleihungssatz für unbewegliches AV	75 %	
= Beleihungswert des Grundstücks	= 90.000,00 EUR	
– evtl. schon beliehene Anteile (bestehende Grundschuld)	40.000,00 EUR	
tatsächlich zur Kreditsicherung zur Verfügung stehende Anteile		50.000,00 EUR

2. Sicherheit: die neue Werkzeugmaschine

Wert der Maschine	100.000,00 EUR	
Beleihungssatz für bewegliches AV	60 %	
= Beleihungswert für die Werkzeugmaschine	= 60.000,00 EUR	
– evtl. schon beliehene Anteile	0,00 EUR	
tatsächlich zur Kreditsicherung zur Verfügung stehende Anteile		60.000,00 EUR
	Gesamt:	**110.000,00 EUR**

Summe der Kreditsicherungsmöglichkeiten ≥ Kreditbetrag = Kreditaufnahme möglich 110.000,00 EUR ≥ 100.000,00 EUR, Kreditaufnahme und somit Kauf der Werkzeugmaschine möglich

14. a) **Tilgung:** Rückzahlung des Darlehensbetrags
Zins: Kosten für die Überlassung des Darlehensbetrags
Liquiditätsbelastung/Mittelabfluss: Geldfluss, der das Unternehmen verlässt
Aufwand: Kosten aus Sicht des Unternehmens

Leasingrate: Geldfluss, den der Leasinggeber bekommt. Aus Sicht des Unternehmens stellt die Leasingrate sowohl die Liquiditätsbelastung als auch den Aufwand dar.

b) **Darlehen am Jahresende:**
Darlehen am Jahresbeginn – Tilgung = 156.000,00 EUR – 31.200,00 EUR = 124.800,00 EUR

Zins:
Darlehen am Jahresbeginn · Zinssatz = 156.000,00 · 6,5 % = 10.140,00 EUR

Abschreibung:
Anschaffungskosten : Nutzungsdauer = 156.000,00 EUR : 6 Jahre = 26.000,00 EUR

Liquiditätsbelastung/Mittelabfluss:
Tilgung + Zins = 31.200,00 EUR + 10.140,00 EUR = 41.340,00 EUR

Aufwand:
Zins + Abschreibung = 10.140,00 EUR + 26.000,00 EUR = 36.140,00 EUR

Darlehen:

Jahre	Darlehen am Jahresbeginn	Darlehen am Jahresende	Tilgung	Zins	Abschreibung	Liquiditäts-belastung	Aufwand
1	156.000,00 EUR	124.800,00 EUR	31.200,00 EUR	10.140,00 EUR	26.000,00 EUR	41.340,00 EUR	36.140,00 EUR
2	124.800,00 EUR	93.600,00 EUR	31.200,00 EUR	8.112,00 EUR	26.000,00 EUR	39.312,00 EUR	34.112,00 EUR
3	93.600,00 EUR	62.400,00 EUR	31.200,00 EUR	6.084,00 EUR	26.000,00 EUR	37.284,00 EUR	32.084,00 EUR
4	62.400,00 EUR	31.200,00 EUR	31.200,00 EUR	4.056,00 EUR	26.000,00 EUR	35.256,00 EUR	30.056,00 EUR
5	31.200,00 EUR	0,00 EUR	31.200,00 EUR	2.028,00 EUR	26.000,00 EUR	33.228,00 EUR	28.028,00 EUR
6	– EUR	– EUR	– EUR	– EUR	26.000,00 EUR	– EUR	26.000,00 EUR
Summe			**156.000,00 EUR**	**30.420,00 EUR**	**156.000,00 EUR**	**186.420,00 EUR**	**186.420,00 EUR**

Leasing:

Jahre	Leasingrate
1	42.500,00 EUR
2	42.500,00 EUR
3	42.500,00 EUR
4	42.500,00 EUR
5	15.000,00 EUR
6	15.000,00 EUR
Summe	**200.000,00 EUR**

Vergleich: Leasing – Darlehen

Jahre	Liquiditäts-differenz	Aufwands-differenz
1	1.160,00 EUR	6.360,00 EUR
2	3.188,00 EUR	8.388,00 EUR
3	5.216,00 EUR	10.416,00 EUR
4	7.244,00 EUR	12.444,00 EUR
5	−18.228,00 EUR	−13.028,00 EUR
6	15.000,00 EUR	−11.000,00 EUR
Summe	**13.580,00 EUR**	**13.580,00 EUR**

c) **Mögliche Kriterien:**
- Durch Leasing wird das Kreditlimit nicht beansprucht, die Kreditwürdigkeit bleibt erhalten.
- Der Leasingeber übernimmt die Wartung/Instandhaltung.
- Nach Ablauf der Grundmietzeit muss der Vertrag nicht verlängert werden. Eine Anpassung an den technischen Fortschritt ist möglich.
- Der Kreditkauf ist insgesamt günstiger.
- Die Maschine ist nicht Eigentum der Firma und kann somit nicht als Kreditsicherheit oder zum Verkauf benutzt werden.

d)

	Kaufpreis in Euro	**Aktueller Beleihungswert in Euro**	**Beleihungssatz in Prozent**	**Max. Beleihungswert in Euro**	**Differenz in Euro**
Neue Maschine B	156.000,00	156.000,00	60	93.600,00	93.600,00
Bebaute Grundstücke	2.345.000,00	1.756.000,00	80	1.876.000,00	120.000,00
Maschinen/ Anlagen	1.113.000,00	603.000,00	60	667.800,00	64.800,00
Fuhrpark	57.000,00	25.650,00	45	25.650,00	0,00
Summe der freien Beleihungswerte:					**278.400,00**

Es stehen für die Kreditsicherung noch 278.400,00 EUR zur Verfügung. Der Kredit würde sich auf 156.000,00 EUR belaufen, d. h., die Kreditsicherheiten reichen aus.

Lernfeld 10: Wertschöpfungsprozesse erfolgsorientiert steuern

2 Abgrenzungsrechnung

2.1 Rechnungskreise und deren Aufgaben

1. | | | |
   |---|---|---|
   | Erträge | – Aufwendungen | = Unternehmensergebnis |
   | neutrale Erträge | – neutrale Aufwendungen | = neutrales Ergebnis |
   | Leistungen | – Kosten | = Betriebsergebnis |
   | Unternehmensergebnis | – neutrales Ergebnis | = Betriebsergebnis |

2. a) Aufwendungen b) Ausgaben und Aufwendungen c) Ausgaben
   d) -- e) Aufwendungen

3.

		Neutrale Aufwendungen			Betriebliche Aufwendungen
Nr.	Geschäftsvorfall	betriebsfremd	periodenfremd	außerord.	
1	Lohnzahlungen				X
2	Verlust WP-Verkauf	X			
3	Abschreibungen auf Anlagevermögen				X
4	Brandschaden im Lager			X	
5	Sozialaufwendungen				X
6	Nachzahlung der Gewerbesteuer für vorletztes Geschäftsjahr		X		

4. Abgrenzung der Kosten und Leistungen (= Größen der KLR) von den Aufwendungen und Erträgen (= Größen der GuV-Rechnung). Neutrale Aufwendungen und Erträge werden herausgefiltert, um die für die KLR notwendigen betrieblich bedingten Kosten und Leistungen zu erhalten.

5. Neutrale Aufwendungen haben grundsätzlich nichts mit dem eigentlichen Betriebszweck zu tun.

2.2 Kalkulatorische Kosten

1. Vgl. Stofftelegramm.

2. Begründungen für den unterschiedlichen Ansatz kalkulatorischer Abschreibungen:
   - **Abschreibung nur des betriebsnotwendigen Vermögens:** Nur dieses dient dem ordnungsgemäßen Betriebsablauf. Darüber hinausgehendes Vermögen darf kalkulatorisch nicht berücksichtigt werden.

- **Lineare Abschreibungsmethode:** Kostenrechnerisch wird eine gleichmäßige Belastung erreicht. Dies ist erwünscht.
- **Abschreibungsgrundlage Wiederbeschaffungskosten:** Bei Preissteigerungen kann die neue Maschine aus den Abschreibungsrückflüssen beschafft werden. Hierdurch wird eine substantielle Kapitalerhaltung erreicht.

3. a) **Bilanzielle Abschreibung:** $\frac{650.000{,}00 \text{ EUR}}{8 \text{ Jahre}} = 81.250{,}00 \text{ EUR}$

   Kalkulatorische Abschreibung: $\frac{780.000{,}00 \text{ EUR}}{9 \text{ Jahre}} = 86.666{,}67 \text{ EUR}$

   b) **Zweckaufwand:** 81.250,00 EUR
   Grundkosten: 81.250,00 EUR
   Zusatzkosten: 5.416,67 EUR

   c) **Finanzierung aus Abschreibungsgegenwerten:** Angefallene Kosten müssen mindestens durch den Verkaufspreis gedeckt sein. Die über die Umsatzerlöse zurückgeflossenen Beträge dürfen nicht an die Gesellschafter ausgeschüttet werden.

4. **Zweckaufwand:** 100.000,00 EUR
   Grundkosten: 100.000,00 EUR
   Neutraler Aufwand: 20.000,00 EUR
   Zusatzkosten: 0,00 EUR

5. Vgl. Stofftelegramm.

2.3 Ergebnistabelle

1.

Kosten	3.850.000,00 EUR
+ Betriebsergebnis	320.000,00 EUR
Leistungen/Erträge	4.170.000,00 EUR
Erträge	4.170.000,00 EUR
– Aufwendungen	3.200.000,00 EUR
Unternehmensergebnis	970.000,00 EUR
Unternehmensergebnis	970.000,00 EUR
– neutrales Ergebnis	– (–)200.000,00 EUR
– Betriebsergebnis	320.000,00 EUR
kostenrechnerische Korrekturen	850.000,00 EUR

2. a) **Gesamtergebnis:** 80.000,00 EUR – 150.000,00 EUR = –70.000,00 EUR
   b) **Neutrales Ergebnis:**
   (Erträge – Leistungen = neutrale Erträge) = 15.000,00 EUR
   15.000,00 EUR – 70.000,00 EUR = –55.000,00 EUR
   c) **Betriebsergebnis:**
   Gesamtergebnis – neutrales Ergebnis
   –70.000,00 EUR – (–55.000,00 EUR) = –15.000,00 EUR
   d) Betriebsergebnis = Leistungen – Kosten
   –15.000,00 EUR = 65.000,00 EUR – Kosten
   → Kosten = –80.000,00 EUR

3.

Rechnungskreis I			Rechnungskreis II					
Geschäftsbuchführung			Abgrenzungsbereich				Betriebsbuchführung	
GuV			Unternehmensbezogene Abgrenzung		Kostenrechnerische Korrekturen		KLR	
Kontenbezeichnung	*Aufwendungen*	*Erträge*	*Aufwendungen*	*Erträge*	*Aufwand (GuV)*	*Kosten (KLR)*	*Kosten*	*Leistungen*
Umsatzerlöse FE		8.300.000,00						8.300.000,00
Zinserträge		140.000,00		140.000,00				
Aufwendungen RS	3.120.000,00						3.120.000,00	
Aufwendungen HS	241.000,00						241.000,00	
Aufwendungen BS	90.000,00						90.000,00	
Fertigungslöhne	1.527.500,00						1.527.500,00	
Gehälter	650.000,00						650.000,00	
soziale Abgaben	410.000,00						410.000,00	
Abschreiben SA	570.000,00				570.000,00	490.000,00	490.000,00	
Verlust Abgang AV	70.000,00		70.000,00					
Zinsaufwendungen	150.000,00						150.000,00	
betriebliche Steuern	120.000,00						120.000,00	
Fremdinstandhaltung	280.000,00						280.000,00	
sonstige Aufwend.	70.000,00						70.000,00	
kalk. U'lohn						500.000,00	500.000,00	
Summen	**7.298.500,00**	**8.440.000,00**	**70.000,00**	**140.000,00**	**570.000,00**	**990.000,00**	**7.648.500,00**	**8.300.000,00**
Gewinn/Verlust	**1.141.500,00**							
neutrales Ergebnis			**70.000,00**		**420.000,00**			
Betriebsergebnis							**651.500,00**	
	8.440.000,00	**8.440.000,00**	**140.000,00**	**140.000,00**	**990.000,00**	**990.000,00**	**8.300.000,00**	**8.300.000,00**
Gesamtergebnis **1.141.500,00**	= =		**neutrales Ergebnis** **490.000,00**			+ +	**Betriebsergebnis** **651.500,00**	

3 Vollkostenrechnung

3.6 Aufgaben zu den Kapiteln 3.1–3.5

1. Verursachungsgerechte Zuordnung (Verteilung) der Gemeinkosten nach Belegen oder Verteilungsschlüsseln auf die einzelnen Kostenstellen. Die Verteilung erfolgt im BAB.
   - Ermittlung von Zuschlagsätzen für die Kostenträgerrechnung (Kalkulation)
   - Ermöglichung der Kostenkontrolle
2. Vgl. Stofftelegramm.
3. Vgl. Stofftelegramm.
4. verursachungsgerechte Verteilung der Gemeinkosten
5. $\text{MGK-ZS} = \frac{\text{MGK} \cdot 100}{\text{MEK}} = \frac{4.000{,}00 \text{ EUR} \cdot 100}{9.000{,}00 \text{ EUR}} = 44{,}44\ \%$

   $\text{FGK-ZS} = \frac{\text{FGK} \cdot 100}{\text{FEK}} = \frac{10.000{,}00 \text{ EUR} \cdot 100}{6.000{,}00 \text{ EUR}} = 166{,}67\ \%$

Fertigungsmaterial	9.000,00 EUR
+ MGK	4.000,00 EUR
+ Fertigungslöhne	6.000,00 EUR
+ FGK	10.000,00 EUR
Herstellkosten	29.000,00 EUR

   $\text{VwGK-ZS} = \frac{\text{VwGK} \cdot 100}{\text{HK}} = \frac{3.500{,}00 \text{ EUR} \cdot 100}{29.000{,}00 \text{ EUR}} = 12{,}07\ \%$

   $\text{VtGK-ZS} = \frac{\text{VtGK} \cdot 100}{\text{HK}} = \frac{1.500{,}00 \text{ EUR} \cdot 100}{29.000{,}00 \text{ EUR}} = 5{,}17\ \%$
6. 600.000,00 EUR = 100 %
   200.000,00 EUR = x % → Handlungskostenzuschlagsatz = 33,33 %
7. a)

Gemeinkosten	Verteilungs-grundlage	S I in Euro	S II in Euro	S III in Euro	S IV in Euro	S V in Euro
Personalkosten	Gehaltsliste	2.700,00	4.500,00	4.800,00	6.000,00	3.000,00
allgemeine Verwaltung	Verteilungsschlüssel	300,00	900,00	250,00	350,00	200,00
Mietkosten	m^2	3.000,00	500,00	1.000,00	1.000,00	500,00
Werbung	Verteilungsschlüssel	0,00	1.500,00	1.000,00	1.200,00	800,00
kalkulatorische Abschreibung	Verteilungsschlüssel	750,00	250,00	500,00	750,00	250,00
Summe		**6.750,00**	**7.650,00**	**7.550,00**	**9.300,00**	**4.750,00**

b) Handlungskosten-ZS: $\frac{\text{Gemeinkosten SB I} \cdot 100}{\text{Wareneinsatz Rechnungsperiode}} = \frac{6.750{,}00 \text{ EUR} \cdot 100}{30.400{,}00 \text{ EUR}} = 22{,}2\ \%$

8.

	Kostenträger/ Kostenarten	Bad	Küche	Sauna	Summen
	Wareneinsatz in Euro	60.000,00	90.000,00	10.000,00	160.000,00
	Ist-Handlungskosten in Euro	18.000,00	37.800,00	2.800,00	58.600,00
a)	Ist-Handlungskostenzuschlagsatz	**30,00 %**	**42,00 %**	**28,00 %**	--
	Normalhandlungskostenzuschlagsatz	33,00 %	41,00 %	30,00 %	--
b)	Normalhandlungskosten in Euro	**19.800,00**	**36.900,00**	**3.000,00**	**59.700,00**
c)	**Kostenüber-/-unterdeckung in Euro**	**1.800,00**	**–900,00**	**200,00**	**1.100,00**

9.

Listeneinkaufspreis	90,00 EUR
– Liefererrabatt 15 %	13,50 EUR
Zieleinkaufspreis	76,50 EUR
– Liefererskonto 3 %	2,30 EUR
Bareinkaufspreis	74,20 EUR
+ Bezugskosten	10,00 EUR
Bezugspreis/Einstandspreis	84,20 EUR
+ Handlungskosten 25 %	21,05 EUR
Selbstkosten	105,25 EUR
+ Gewinnzuschlag 11 %	11,58 EUR
Barverkaufspreis	116,83 EUR
+ Kundenskonto 3 %	3,61 EUR
Zielverkaufspreis	120,44 EUR
+ Kundenrabatt 10 %	13,38 EUR
Listenverkaufspreis netto	133,82 EUR

10.

Bezugspreis/Einstandspreis	310,00 EUR
+ Handlungskosten 20 %	62,00 EUR
Selbstkosten	372,00 EUR
+ Gewinn **55,15** %	205,15 EUR
Barverkaufspreis	577,15 EUR
+ Kundenskonto 3 %	17,85 EUR
Zielverkaufspreis	595,00 EUR
+ Kundenrabatt 15 %	105,00 EUR
Listenverkaufspreis netto	700,00 EUR

Differenz Barverkaufspreis	577,15
– Selbstkosten	372,00
Gewinn	**205,15**

Selbstkosten: 372,00 EUR = 100 %

Gewinn: 205,15 EUR = x %

$$\rightarrow x = \frac{205{,}15\ \text{EUR} \cdot 100\ \%}{372{,}00\ \text{EUR}} = \mathbf{55{,}15\ \%}$$

11.

Listeneinkaufspreis	1.440,00 EUR
– Liefererrabatt 10 %	144,00 EUR
Zieleinkaufspreis	1.296,00 EUR
– Liefererskonto 2 %	25,92 EUR
Bareinkaufspreis	1.270,08 EUR
+ Bezugskosten	65,00 EUR
Bezugspreis/Einstandspreis	1.335,08 EUR
+ Handlungskosten 25 %	333,77 EUR
Selbstkosten	1.668,85 EUR
+ Gewinnzuschlag **9,37** %	156,35 EUR

Barverkaufspreis	1.825,20 EUR
+ Kundenskonto 2,5 %	46,80 EUR
Zielverkaufspreis	1.872,00 EUR
+ Kundenrabatt 20 %	468,00 EUR
Listenverkaufspreis netto	**2.340,00** EUR

12.

Handlungs-kostenart	Gemeinkosten	Dübeltechnik	Verbindungs-technik	Werkzeuge
Personalkosten in Euro	72.000,00	15.000,00	38.000,00	19.000,00
gesetzliche Sozialabgaben in Euro	18.600,00	4.300,00	9.500,00	4.800,00
freiwillige Sozialleistungen in Euro	7.800,00	2.080,00	4.160,00	1.560,00
Mieten in Euro	9.700,00	1.385,71	5.542,86	2.771,43
Bürobedarf in Euro	5.800,00	1.202,43	2.546,34	2.051,22
kalkulatorische Abschreibungen in Euro	12.000,00	1.500,00	6.000,00	4.500,00
Summe der Handlungskosten in Euro	125.900,00	25.468,14	65.749,20	34.682,65
Einstandspreis der Kostenträger in Euro		204.000,00	468.000,00	294.000,00
HK-Zuschlagsätze in %		12,48	14,05	11,80

4 Deckungsbeitragsrechnung (Teilkostenrechnung)

4.4 Aufbau der Deckungsbeitragsrechnung

1. a)

	A	B	C	Summe
Erlöse in Euro	900.000,00	1.700.000,00	1.250.000,00	3.850.000,00
Gesamtkosten in Euro	850.000,00	1.350.000,00	1.360.000,00	3.560.000,00
Betriebsergebnis in Euro	50.000,00	350.000,00	–110.000,00	**290.000,00**

ba)

	A	B	C	Summe
Erlöse in Euro	900.000,00	1.700.000,00	1.250.000,00	3.850.000,00
variable Kosten in Euro	650.000,00	1.200.000,00	860.000,00	2.710.000,00
Deckungsbeitrag in Euro	250.000,00	500.000,00	390.000,00	1.140.000,00
Fixkosten in Euro				850.000,00
Betriebsergebnis insgesamt (vgl. a) in Euro				**290.000,00**

bb)

	A	B	Summe
Erlöse in Euro	900.000,00	1.700.000,00	2.600.000,00
variable Kosten in Euro	650.000,00	1.200.000,00	1.850.000,00
Deckungsbeitrag in Euro	250.000,00	500.000,00	750.000,00
Fixkosten in Euro			850.000,00
Betriebsergebnis insgesamt (vgl. a) in Euro			**–100.000,00**

→ Fehlender Deckungsbeitrag C (390.000,00 EUR) vermindert das Betriebsergebnis in dieser Höhe.

bc) Arbeitsplatzerhaltung, Sortimentsvielfalt, negativer DB eventuell nur vorübergehend, Komplementärartikel, „Vorzeigeartikel“

2. Vgl. Stofftelegramm.

4.5 Gewinnschwelle

1. Grenzwert für die Leistungsfähigkeit eines Unternehmens innerhalb einer Abrechnungsperiode, ausgedrückt in Leistungseinheiten, wie z. B. Stück, kg, m², t usw. Zu unterscheiden ist die technische Kapazität (maximale Leistungsfähigkeit der Betriebsmittel) von der wirtschaftlichen Kapazität (normale, wirtschaftlich sinnvolle Beanspruchung der Betriebsmittel).

2. Januar: 62.500 · 100 : 80.000 = 78,13 %
   Februar: 74.000 · 100 : 80.000 = 92,5 %
   März: 76.000 · 100 : 80.000 = 95,0 %

3.

Kostenart	Fixe Kosten	Variable Kosten	Mischkosten
Kosten für die Gebäudereinigung	x		
Kfz-Steuer der Firmenfahrzeuge	x		
Stromkosten in den Fertigungsgebäuden			x
Verbrauch an Fertigungsmaterial		x	
Ausbildungsvergütung für die Auszubildenden	x		
Miete für die Halle eines Auslieferungslagers	x		
monatliche Leasinggebühr für die Montageautomaten	x		
Zinsen für ein Bankdarlehen	x		
Fertigungslöhne und zugehörige Beiträge zur Sozialversicherung		x	

4. a)

Gasverbrauch in kWh	Fixer Grundpreis (in Euro)		Variabler Arbeitspreis (in Euro)		Gesamtkosten (in Euro)	
	gesamt	je kWh	gesamt	je kWh	gesamt	je kWh
100	35,00	0,35	4,80	0,048	39,80	0,398
150	35,00	0,23	7,20	0,048	42,20	0,281
200	35,00	0,18	9,60	0,048	44,60	0,223
250	35,00	0,14	12,00	0,048	47,00	0,188
300	35,00	0,12	14,40	0,048	49,40	0,165

b) **Kostenverläufe bei Gesamtbetrachtung:**

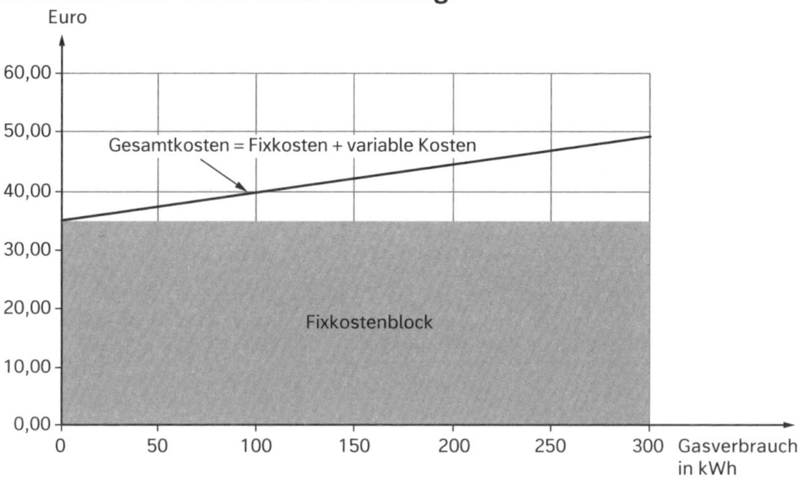

Kostenverläufe bei Stückbetrachtung:

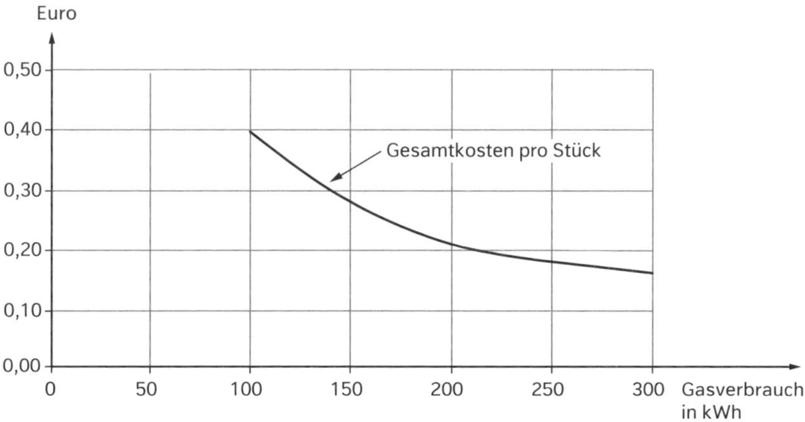

5. a) **Gesamtbetrachtung:**

Produzierte + verkaufte Menge	Fixkosten gesamt (in Euro)	Variable Kosten gesamt (in Euro)	Gesamtkosten (in Euro)	Gesamterlös (in Euro)	Gewinn/ Verlust (in Euro)
20	45.000,00	17.600,00	62.600,00	25.000,00	–37.600,00
40	45.000,00	35.200,00	80.200,00	50.000,00	–30.200,00
60	45.000,00	52.800,00	97.800,00	75.000,00	–22.800,00
80	45.000,00	70.400,00	115.400,00	100.000,00	–15.400,00
100	45.000,00	88.000,00	133.000,00	125.000,00	–8.000,00
120	45.000,00	105.600,00	150.600,00	150.000,00	–600,00
140	45.000,00	123.200,00	168.200,00	175.000,00	6.800,00
160	45.000,00	140.800,00	185.800,00	200.000,00	14.200,00
180	45.000,00	158.400,00	203.400,00	225.000,00	21.600,00
200	45.000,00	176.000,00	221.000,00	250.000,00	29.000,00

Stückbetrachtung:

Produzierte + verkaufte Menge	Fixkosten pro Stück (in Euro)	Variable Kosten pro Stück (in Euro)	Gesamtkosten pro Stück (in Euro)	Erlös pro Stück (in Euro)	Gewinn/ Verlust (in Euro)
20	2.250,00	880,00	3.130,00	1.250,00	–1.880,00
40	1.125,00	880,00	2.005,00	1.250,00	–755,00
60	750,00	880,00	1.630,00	1.250,00	–380,00
80	562,50	880,00	1.442,50	1.250,00	–192,50
100	450,00	880,00	1.330,00	1.250,00	–80,00
120	375,00	880,00	1.255,00	1.250,00	–5,00
140	321,43	880,00	1.201,43	1.250,00	48,57
160	281,25	880,00	1.161,25	1.250,00	88,75
180	250,00	880,00	1.130,00	1.250,00	120,00
200	225,00	880,00	1.105,00	1.250,00	145,00

b) In der Tabelle Stückbetrachtung, Spalte 4 (Gesamtkosten pro Stück). Bei einer Produktionssteigerung von 20 auf 40 sinken die Gesamtkosten pro Stück um 1.125,00 EUR. Mit jeder weiteren Produktionserhöhung allerdings verringert sich diese Absenkung. Bei der letzten Erhöhung von 180 auf 200 Stück sinken die Kosten nur noch um 25,00 EUR. Die Gesamtkosten verlaufen also degressiv (mit immer kleineren Beträgen) fallend. Die Degression ist umso ausgeprägter, je höher der Fixkostenblock.

c) Mit zunehmender Ausbringungsmenge ergibt sich für den Verlauf der gesamten Stückkosten eine Kostendegression. Der Kostenverlauf nähert sich asymptotisch den variablen Stückkosten an. Die Degression ist umso größer, je höher der Fixkostenanteil ist.

d) Gewinnschwelle ist dort, wo gilt:

Erlös	=	Kosten
$p \cdot x$	=	$k_v \cdot x + K_f$
1.250,00 EUR · x	=	880,00 EUR · x + 45.000,00 EUR
1.250,00 EUR · x – 880,00 EUR · x	=	45.000,00 EUR
370,00 EUR · x	=	45.000,00 EUR
x	=	45.000,00 EUR : 370,00 EUR
x	=	121,6 → **122 Stück**

e) **Gesamtbetrachtung:**

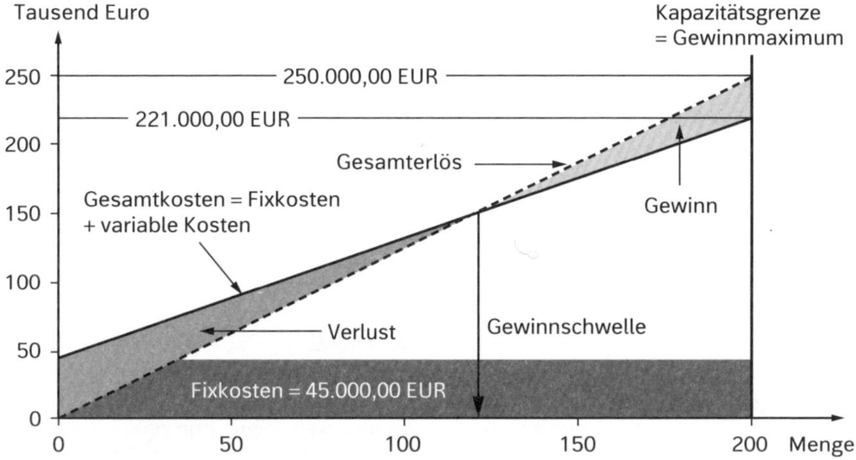

Stückbetrachtung:

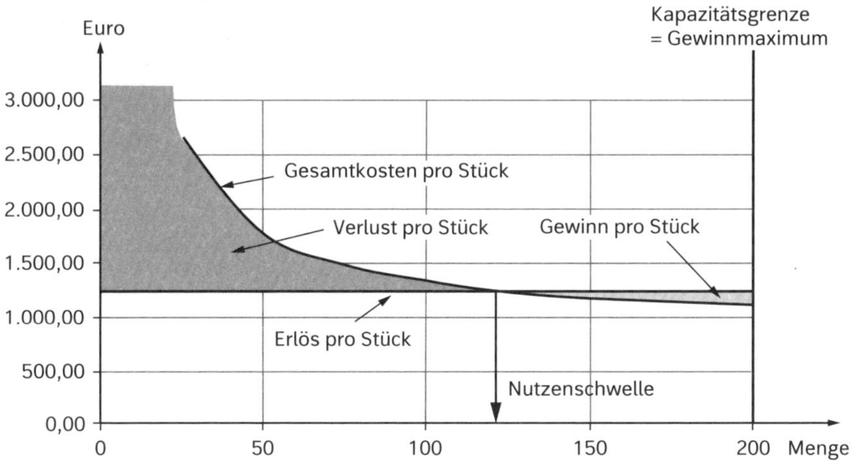

fa) Zusammenschlüsse oder Zukäufe haben das Ziel, technisch vollkommenere Verfahren einzusetzen, um größere Stückzahlen kostengünstiger zu erzeugen. Die variablen Kosten und die Stückkosten sinken aufgrund günstigerer Einkaufskonditionen und kostengünstigerer Produktionstechniken.

fb) Größere Stückzahlen können häufig nur durch größere Verkaufsanstrengungen und günstigere Verkaufspreise am Markt abgesetzt werden.

fc) Die Fixkosten bleiben unverändert auf hohem Niveau, die Einkaufskonditionen verschlechtern sich, die Stückzahlen sinken, die Marktpreise müssen unter Umständen zurückgenommen werden. Fazit: Die Gewinnschwelle verschiebt sich nach rechts, der Betrieb gerät sehr rasch in die Verlustzone.

4.8 Aufgaben zu den Kapiteln 4.1–4.7

1. a)

	A	**B**	**C**	**Insgesamt**
Erlös in Euro	900.000,00	1.700.000,00	1.250.000,00	3.850.000,00
Gesamtkosten in Euro	850.000,00	1.350.000,00	1.360.000,00	3.560.000,00
Betriebsergebnis in Euro	**50.000,00**	**350.000,00**	**–110.000,00**	**290.000,00**
Betriebsergebnis/St.	**1,67**	**11,67**	**–3,14**	

b)

	A	**B**	**C**	**Insgesamt**
Erlös in Euro	900.000,00	1.700.000,00	1.250.000,00	3.850.000,00
variable Kosten in Euro	650.000,00	1.200.000,00	860.000,00	2.710.000,00
Deckungsbeitrag in Euro	**250.000,00**	**500.000,00**	**390.000,00**	**1.140.000,00**
Fixkosten in Euro				850.000,00
Betriebsergebnis in Euro insgesamt (vgl. a)				290.000,00

c)

	A	**B**	**Insgesamt**
Erlös in Euro	900.000,00	1.700.000,00	2.600.000,00
variable Kosten in Euro	650.000,00	1.200.000,00	1.850.000,00
Deckungsbeitrag in Euro	250.000,00	500.000,00	750.000,00
Fixkosten in Euro			850.000,00
Betriebsergebnis in Euro insgesamt			–100.000,00

Der jetzt fehlende Deckungsbeitrag von C (390.000,00 EUR) vermindert das Betriebsergebnis in dieser Höhe und führt trotz erfolgreicher Produkte (A und B) zu einem Verlust von 100.000,00 EUR. Dabei wird allerdings unterstellt, dass die durch den Entfall von C frei werdenden Kapazitäten anderweitig **nicht** genutzt werden können (z. B. Verkauf oder Mehrproduktion von A bzw. B).

d) „Vorzeigeartikel", Sortimentsvielfalt, negativer Deckungsbeitrag evtl. nur vorübergehend, Komplementärartikel ...

e) Preisuntergrenze = variable Stückkosten:
A: 650.000,00 EUR : 30.000 = **21,67 EUR** B: **40,00 EUR** C: **24,57 EUR**

2. a)

	Modell AB 100	Modell AB 200	Modell AB 500	Summe
Nettoverkaufserlöse (in Euro)	96.000,00	203.000,00	720.000,00	1.019.000,00
– variable Einzelkosten (in Euro)	64.000,00	122.500,00	416.000,00	602.500,00
– variable Gemeinkosten (in Euro)	6.000,00	12.600,00	40.000,00	58.600,00
Deckungsbeitrag (in Euro)	26.000,00	67.900,00	264.000,00	357.900,00
– Fixkosten (in Euro)				185.000,00
= Betriebsergebnis (in Euro)				**172.900,00**

b) Das Sondermodell beansprucht die Lackieranlage für je 10 Minuten. Die niedrigste Priorität hat AB 100. Wenn wir also das Sondermodell produzieren, dann vorrangig zulasten von AB 100. Da die Kapazitäten voll ausgelastet sind, müssten wir, um je einen AB 450 herzustellen, auf zwei AB 100 verzichten, insgesamt also auf 1.000 Stück. 1.000 Stück AB 100 erbringen einen Deckungsbeitrag von 6.500,00 EUR. Dieser müsste ersatzweise von den 500 Stück AB 450 erbracht werden, also jeweils 13,00 EUR. Berücksichtigt man die variablen Stückkosten des AB 450 von je 11,00 EUR, dann lohnt sich die Herstellung des Sondermodells nur, wenn wir einen Nettoverkaufserlös jenseits von 24,00 EUR erzielen.

3. **Vollkostenrechnung**:

Bezugspreis	40,00 EUR
+ Handlungskosten 50 %	20,00 EUR
= Selbstkosten	60,00 EUR
Barverkaufspreis	50,00 EUR
– Selbstkosten	60,00 EUR
= Verlust	**10,00 EUR**

Deckungsbeitragsrechnung:

Bezugspreis	40,00 EUR
+ variable Handlungsk. 10 %	4,00 EUR
= variable Selbstkosten	44,00 EUR
Barverkaufspreis	50,00 EUR
– variable Selbstkosten	44,00 EUR
= positiver Deckungsbeitrag	**6,00 EUR**

Gemäß der Vollkostenrechnung müsste der Auftrag abgelehnt werden.
Gemäß der Deckungsbeitragsrechnung würde der Auftrag einen zusätzlichen Deckungsbeitrag in Höhe von 6.000,00 EUR erbringen.

Lernfeld 11: Geschäftsprozesse darstellen und optimieren

1 Geschäftsprozesse des Betriebs bestimmen

1. Geschäftsprozess = logische Folge
   - zusammenhängender,
   - abgeschlossener,
   - wiederholbarer Tätigkeiten,

   die zur Erfüllung einer betrieblichen Aufgabe (z. B. Auftragsabwicklung) notwendig sind.
2. - **Unterstützungsprozesse**:
     - Managementprozesse, z. B. Unternehmensstrategie entwickeln, Ziele definieren
     - Serviceprozesse, z. B. Personalbeschaffung, Finanzmittel beschaffen
   - **Kernprozesse**:
     - wertschöpfungsintensive Kernprozesse, z. B. Auto entwickeln
     - kundennahe Kernprozesse, z. B. Bestellung bearbeiten

2 Schnittstellen erkennen

1. Schnittstellen sind Brüche im Informations-, Material-, Dienstleistungs-, Geldfluss und treten bei der Vorgangsbearbeitung bzw. im Rahmen der Informationsweitergabe auf.
2. **Interne Schnittstellen:** Schnittstellen **innerhalb** des Unternehmens bitte prüfen
   - zwischen Mitarbeitern
   - zwischen Abteilungen
   - zwischen aufeinanderfolgenden Tätigkeiten

   Externe Schnittstellen: Schnittstellen mit Beteiligten **außerhalb** des Unternehmens
   - Kunden
   - Lieferanten
   - Finanzamt
   - Rechtsanwälte
   - Kreditinstitute
   - Versicherungen usw.

6 Aufgaben zu den Kapiteln 3–5

1. a) Ereignisgesteuerte Prozessketten zeigen die logische Folge von betrieblichen Abläufen in einer grafisch eindeutigen Weise. Sie dienen dazu, die Abläufe zu standardisieren und so die Prozessqualität zu steigern. Sie dienen ebenfalls als Grundlage für die Anpassung der Unternehmenssoftware und für die Dokumentation.

Auftrags-bearbeitung	Organisationseinheit: die für die Durchführung einer Tätigkeit verantwortliche Abteilung oder Stelle
Kunden-anfrage ist eingegangen	Ereignis: Auslöser einer Tätigkeit oder Abschluss einer Tätigkeit
Stammdaten prüfen und aktualisieren	Tätigkeit/Funktion: Aufgabe bzw. Aktivität, die nach einem Ereignis anfällt bzw. erledigt werden muss
Kunden-anfrage	Informationsobjekt: Welche Daten werden benötigt, um die Aufgaben zu erfüllen, bzw. welche Daten werden erzeugt?
Prozess-wegweiser	Teilprozess/Unterprozess Prozesswegweiser: Verbindung von einzelnen Geschäftsprozessen möglich
Kontrollfluss ↓	Zeigt die möglichen Durchgänge der EPK. Sollte i. d. R. so angeordnet sein, dass er von oben nach unten verläuft.
Informationsfluss ← → ↔	Wie verläuft der Datenfluss zwischen Informationsobjekt und Funktion?
Logische Operatoren XOR AND OR	ENTWEDER ... ODER → Nur eine Möglichkeit ist gegeben. UND → Beide Möglichkeiten müssen zutreffen. ODER → Die eine Möglichkeit schließt nicht automatisch die andere aus.

b)

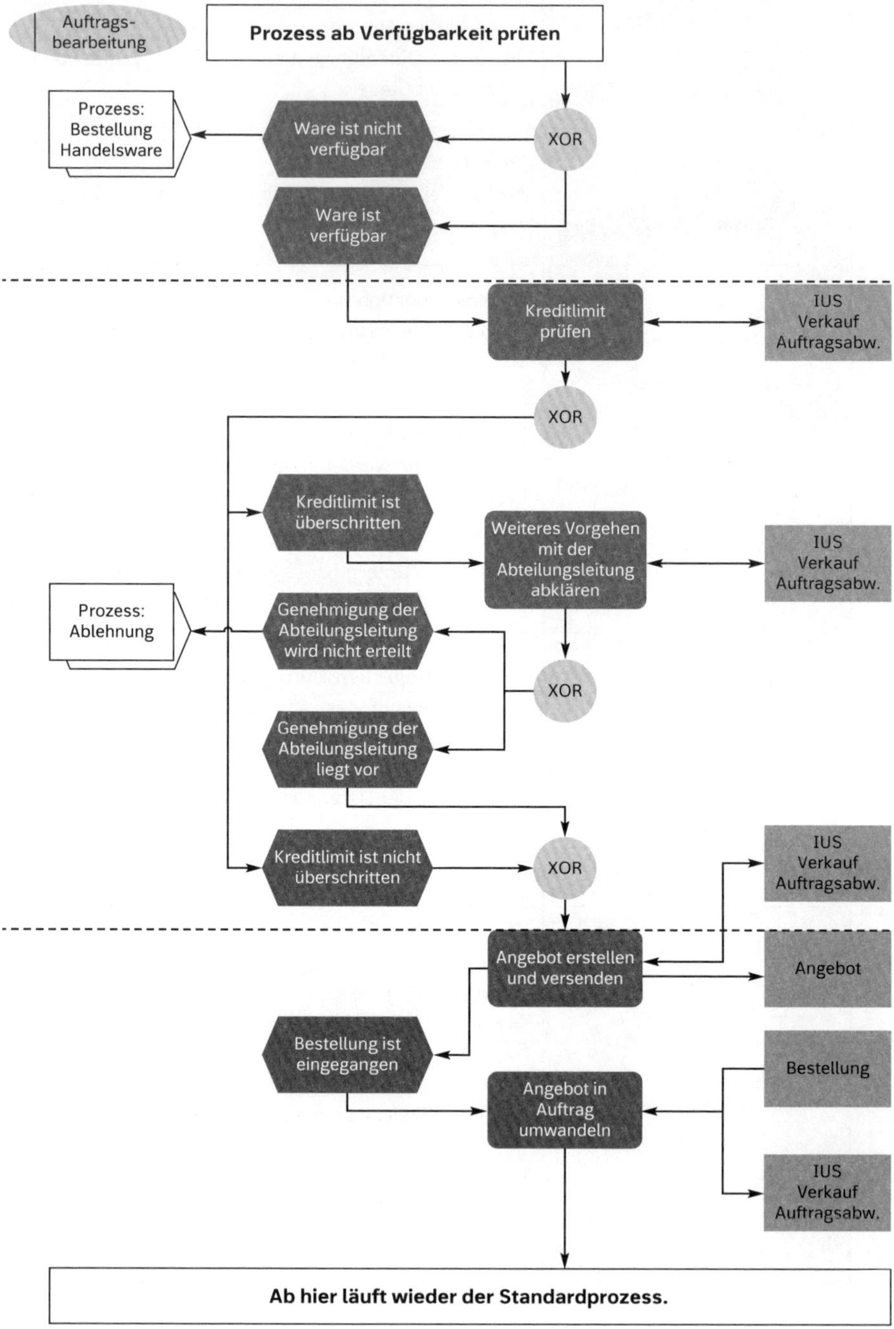
Auftrags-
bearbeitung
Prozess ab Verfügbarkeit prüfen
Prozess:
Bestellung
Handelsware
Ware ist nicht
verfügbar
XOR
Ware ist
verfügbar
Kreditlimit
prüfen
IUS
Verkauf
Auftragsabw.
XOR
Kreditlimit ist
überschritten
Weiteres Vorgehen
mit der
Abteilungsleitung
abklären
IUS
Verkauf
Auftragsabw.
Prozess:
Ablehnung
Genehmigung der
Abteilungsleitung
wird nicht erteilt
XOR
Genehmigung der
Abteilungsleitung
liegt vor
Kreditlimit ist nicht
überschritten
XOR
IUS
Verkauf
Auftragsabw.
Angebot erstellen
und versenden
Angebot
Bestellung ist
eingegangen
Bestellung
Angebot in
Auftrag
umwandeln
IUS
Verkauf
Auftragsabw.
Ab hier läuft wieder der Standardprozess.

2. a)

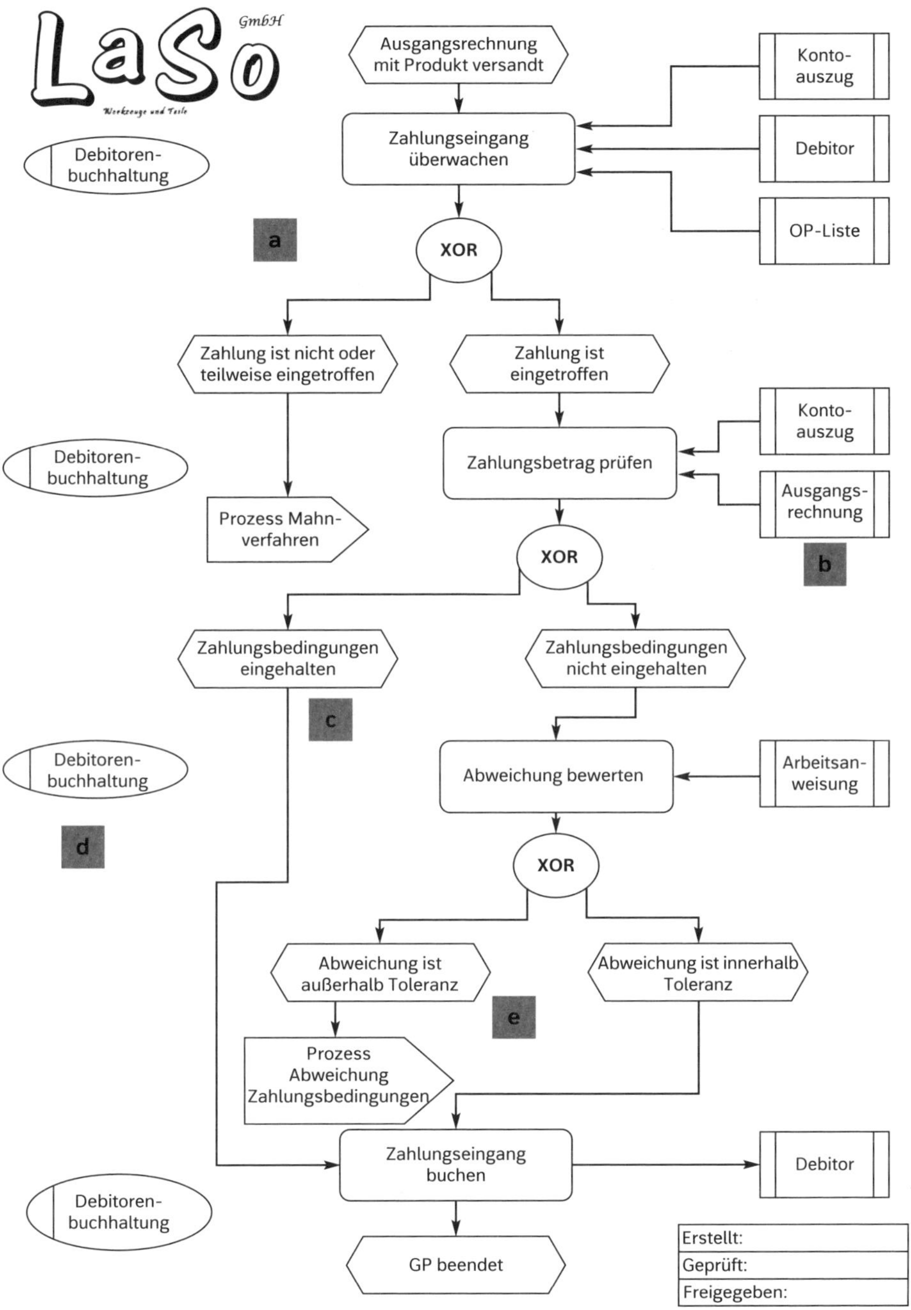
LaSo GmbH
Werkzeuge und Teile
Debitoren-buchhaltung
Ausgangsrechnung mit Produkt versandt
Konto-auszug
Zahlungseingang überwachen
Debitor
OP-Liste
a
XOR
Zahlung ist nicht oder teilweise eingetroffen
Zahlung ist eingetroffen
Konto-auszug
Debitoren-buchhaltung
Zahlungsbetrag prüfen
Ausgangs-rechnung
Prozess Mahn-verfahren
XOR
b
Zahlungsbedingungen eingehalten
Zahlungsbedingungen nicht eingehalten
c
Debitoren-buchhaltung
Abweichung bewerten
Arbeitsan-weisung
d
XOR
Abweichung ist außerhalb Toleranz
Abweichung ist innerhalb Toleranz
e
Prozess Abweichung Zahlungsbedingungen
Zahlungseingang buchen
Debitor
Debitoren-buchhaltung
GP beendet
Erstellt:
Geprüft:
Freigegeben:

b) Schülerabhängige Antworten, z. B.:
Wirtschaftlich würde es aber Sinn machen, Differenzbeträge erst ab 96,00 EUR zu beanstanden, da die Teilprozesskosten bei 96,00 EUR liegen. Normalerweise sollte jede Abweichung beanstandet werden, aus Kulanzgründen kann beispielsweise erst ab einer Differenz von 20,00 EUR nachgefordert werden.

3. a)

ARBEITSABLAUFDIAGRAMM							
ABTEILUNG:	**V-V**				DATUM:		**13.04.20..**
ARBEITSFOLGE:	**Aufträge kommissionieren**	START:	**Kommissionierauftrag geht ein**				
		ENDE:	**Auftrag ist verschickt**				
		Symbole					
Nr.	Ablaufschritt	○	⇨	▭	D	▽	Zeit in Min.
1.	Kommissionierliste über integrierte Unternehmenssoftware (IUS) ausdrucken	X					5
2.	Lagerhaltigkeit der Artikel an IUS prüfen			X			7
3.	Rollbehälter aus Ladezone holen		X				2
4.	Artikel gemäß Kommissionierliste von Lagerplätzen holen und in Rollbehälter legen	X					20 (Durchschnittswert)
5.	Rollbehälter zu Versandleiter bringen		X				2
6.	Versandleiter prüft Inhalt			X			10
7.	Rollbehälter zurück an Sammelplatz stellen		X				2
8.	Rollbehälter zu Packstation bringen		X				2
9.	Auftrag verpacken	X					6
10.	Lieferschein über IUS ausdrucken und in Paket einlegen	X					1
11.	Paket verschließen, Transportetiketten ausdrucken und aufkleben	X					3
12.	Rollbehälter in Ladezone		X				2
13.	E-Mail-Nachricht an Buchhaltung: Erfassung der Lagerabgänge und Rechnungsstellung	X					2
14.	Ablage Kommissionierliste					X	1

b) **Analysetabelle**

Ablaufart	Bearbeitung ○	Transport ⇨	Kontrolle ▭	Warten D	Ablage ▽	**Summe**
Zeit in Min.	37	10	17	0	1	65

Beurteilung des Vorschlags des Lagerarbeiters:
Vorschlag ist sinnvoll, Schritt 13 wird dadurch entbehrlich.

c) **Verzichtbare Arbeitsschritte:**

- Die Lagerhaltigkeit der Artikel braucht nicht geprüft zu werden, da dies bereits bei der Auftragserfassung bzw. der Freigabe der Kommissionieraufträge erfolgt.
- Die Prüfung von jedem Kommissionierauftrag durch den Versandleiter ist entbehrlich. Gegebenenfalls kann die jeweilige Arbeitskraft diese Prüfung durchführen.
- Die Rollbehälter an den Sammelplatz zu stellen kann evtl. eingespart werden, wenn die Behälter direkt zur Packstation gehen.

4.

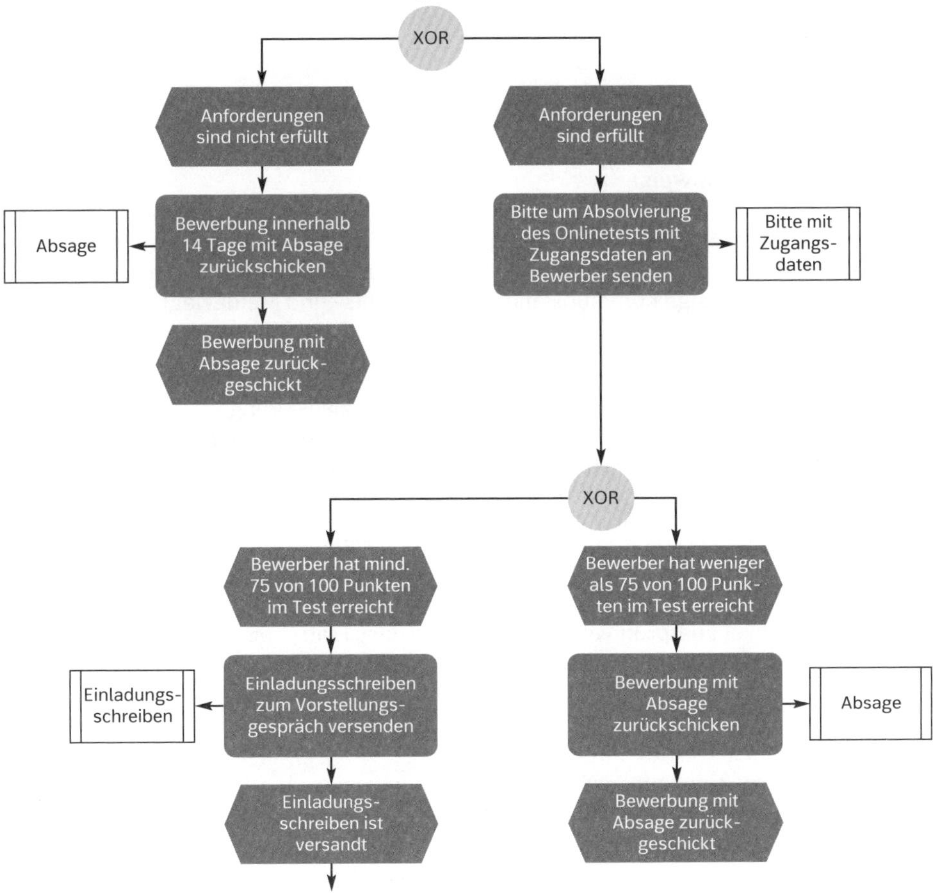

5. a)

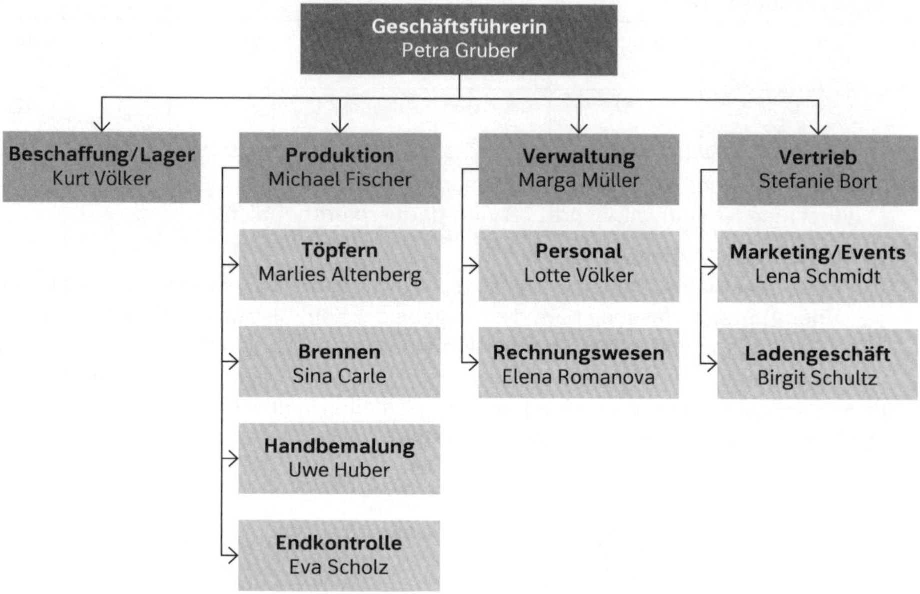

b) **Allgemeiner Hinweis:**
Die Keramikmanufaktur e. K. ist nach dem Einliniensystem aufgebaut. Wie aus dem Organigramm ersichtlich wird, erhält eine Stelle nur von einer einzigen übergeordneten Stelle (Instanz) Anweisungen und ist nur dieser verantwortlich. Die vertikale Linie ist der einzig zulässige Kommunikationsweg (Befehls- und Meldeweg).

Schwachstellen des Einliniensystems bei der Keramikmanufaktur e. K.:
- Überlastung der Geschäftsführerin Frau Gruber; ggf. Gefahr von Fehlentscheidungen aufgrund fehlender Detailkenntnisse/Spezialisierung
- Informationsverluste aufgrund langer Kommunikationswege/Instanzenwege
- Gefahr der Bürokratisierung, bspw. Betonung des hierarchischen Denkens

Optimierungsvorschlag:
Einführung verkürzter Kommunikationswege, zumindest in einigen Bereichen des Unternehmens. Sinnvoll wäre bspw. die Abteilung Vertrieb direkt mit der Abteilung Beschaffung/Lager zu verbinden, damit bei einem Auftragseingang direkt die Verfügbarkeit der Artikel überprüft werden kann, ohne dass Frau Gruber informiert werden muss. Dies erhöht die Flexibilität bei Entscheidungen und entlastet Frau Gruber.

Weitere sinnvolle Verknüpfungen: Vertrieb – Produktion, Vertrieb – Rechnungswesen

Alternativ:
Übergang zu einer prozessorientierten Organisation. Hierbei orientiert sich das Leitungssystem an den Geschäftsabläufen, die Grenzen zwischen Abteilungen werden aufgehoben und die Verantwortung geteilt. Beispielsweise könnte ein Team für den Prozess Abwicklung eines Auftrags gebildet werden.

Lernfeld 12: Veranstaltungen und Geschäftsreisen organisieren

1 Organisation von Veranstaltungen

1.

Veranstaltungsarten		
Veranstaltung	**Teilnehmer**	**Kennzeichen**
Sitzung	2 – 10	Treffen von Mitarbeitern eines Unternehmens nach vorgegebenen Regeln (Sitzungsleiter, Tagesordnung, Protokoll). Abklärung eines Termins mittels internem elektronischen Terminkalender. Schriftliche Einladung an die Teilnehmer per E-Mail.
Konferenz	20 – 50	Teilnehmerkreis tauscht Informationen und Erfahrungen zu bestimmten Themen aus, diskutiert, sucht nach Lösungen und fasst Beschlüsse. Einladung erfolgt schriftlich mit Tagesordnung und Angabe der geplanten Dauer. Kann von mehreren Stunden bis zu einem Tag dauern. Die Konferenz unterliegt formalen Regelungen.
Videokonferenz	5 – 50	Teilnehmer kommunizieren in einem speziellen Video-Konferenzraum mit Bild und Ton live über eine audiovisuelle Telekommunikationstechnologie. Externe Gesprächsteilnehmer können weltweit zugeschaltet werden. Ein Projektleiter kann z. B. mit seinem Team, das in China, Japan oder anderen Ländern agiert, direkt und unmittelbar Informationen austauschen, Probleme klären und abstimmen. Der Termin muss vorher abgestimmt sein.
Kongress	ab 100	Ein Kongress besteht aus einem großen nationalen und internationalen Personenkreis mit gemeinsamen Interessen. Er findet meist regelmäßig statt und dauert mehrere Tage. Teilnehmer können an Fachvorträgen oder Workshops zu wirtschaftlichen, wissenschaftlichen, kulturellen oder technischen Bereichen teilnehmen (z. B. Ärztekongress). Einladungen mit Tagesordnung und Antwortkarte werden mehrere Monate vorher an den Teilnehmerkreis verschickt. Vorbereitung ist sehr umfangreich und wird von einem Fachpersonal geplant.
Messe	unbegrenzt	Messen sind regelmäßig wiederkehrende und zeitlich begrenzte Veranstaltungen von Ausstellern einer oder verschiedener Wirtschaftszweige (Frankfurter Buchmesse, Hannover Messe). Sie kann speziell für Fachleute ausgerichtet sein oder für ein öffentliches Publikum. Einladungen gehen an bevorzugte Teilnehmer als Kundenbindung. Ansonsten wird die Öffentlichkeit über Medien wie Inserate, Flyer, Newsletter oder Internet informiert. Messen werden oft durch professionelle Messeunternehmen geplant.

Veranstaltungsarten		
Veranstaltung	**Teilnehmer**	**Kennzeichen**
Seminar	5 – 20	Seminare basieren immer auf Wissensvermittlung und sind i. d. R. betriebliche Fortbildungsveranstaltungen, um Mitarbeiter zu schulen. Seminarleiter oder Trainer stehen zur Verfügung. Diese Veranstaltungen können mehrere Tage dauern.
Webinar	ab 20 bis unendlich	Begriff Webinar setzt sich aus „Web“ (World Wide Web) und „Seminar“ zusammen. Es sind Onlineseminare z. B. für Software- und Produktschulungen, Projektmeetings oder Pressekonferenzen. Kommunikation erfolgt über Internet mittels PC oder Tablet, Headset und Mikrofon. Zur Teilnahme an einem Webinar wird durch den Zugangslink des Webinar-Anbieters automatisch eine Software installiert und ausgeführt.
Tagung	25 – 200	Tagungen sind Zusammenkünfte von Personen zu bestimmten Themen oder Anlässen. Dauer: ein oder mehrere Tage. Teilnehmer werden durch Fachvorträge und Vermittlung von Innovationen zu gemeinsamen Interessensbereichen informiert und können darüber diskutieren. Einladung zur Tagung erfolgt schriftlich mit Tagesordnung.

2. **Schematischer Ablauf von Veranstaltungen:**
   - Rahmenbedingungen berücksichtigen
   - Planung und Aufgabenverteilung
   - Vorbereitung der Veranstaltung
   - Durchführung der Veranstaltung
   - Nachbereitung der Veranstaltung

3. **Rechtliche Vorschriften:**
   - **Versammlungsstättenverordnung (VStättVO):**
     Länderspezifische Rechtsordnung, die die Sicherheitsaspekte des Veranstaltungsortes wie maximale Besucherzahl, Bestuhlung, Rettungswege und Brandschutz regelt.
   - **Lärmschutzverordnung:**
     Die Lärmschutzverordnung der jeweils zuständigen Behörde muss berücksichtigt werden, da Lärm eine Belastung für den Menschen darstellt und zu gesundheitlichen Schäden führen kann.
   - **Verwertungsrechte, Urheberrechte:**
     Verwertungsrechte sprechen dem Urheber eines Werkes das ausschließliche Recht zu, sein Werk allein in jeglicher Art und Weise zu verwerten. Sie sind im Urheberrechtsgesetz (UrhG) geregelt. Bezieht sich bei Veranstaltungen auf veröffentlichte oder vervielfältigte Texte und Abbildungen.

     Gebühren und Abgaben an die **GEMA** (Gesellschaft für musikalische Aufführungs- und mechanische Vervielfältigungsrechte) sind zu entrichten, wenn Musik gespielt wird und die Werke einem urheberrechtlichen Schutz unterstellt sind.

2 Vorbereitung von Veranstaltungen

1. **Unterschied Tagesordnung und Tagungsprogramm:**
   In der **Tagesordnung** werden die Besprechungspunkte aufgeführt, mit denen sich die Teilnehmer einer Sitzung befassen werden. Sie wird i. d. R. mit dem Einladungsschreiben zugesandt oder erst bei der Besprechung auf den Tisch gelegt.

   Das **Tagungsprogramm** wird bei größeren Veranstaltungen wie z. B. bei Tagungen angewandt und ist vom Inhalt her wesentlich umfangreicher als die Tagesordnung. Es enthält den genauen Ablauf der Veranstaltung mit Uhrzeitangabe, Beginn, Ende, Pausenregelung, Mittagessen, Dauer der Referate und Workshops, Hinweisen auf Diskussionsmöglichkeiten, Rahmenprogramm.

2. **Auswahl und Ausstattung eines Tagungsraums**

   Auswahl:
   - Soll die Tagung im Unternehmen selbst oder außerhalb stattfinden?
   - Sind die betriebseigenen Räumlichkeiten angemessen?
   - Hat der Tagungsort ein repräsentatives Umfeld?
   - Besteht eine gute Anreisemöglichkeit auch mit öffentlichen Verkehrsmitteln?
   - Sind genügend Parkmöglichkeiten vorhanden?
   - Kann über das benötigte Equipment verfügt werden?
   - Ist der Veranstaltungsraum barrierefrei zu erreichen?
   - Ist eine Bewirtung im Haus gewährleistet?

   Ausstattung:
   - Alle notwendigen technischen Geräte auf Funktionsfähigkeit prüfen (Laptop, Beamer, interaktives Whiteboard, Visualizer, Mikrofonanlage, Headset)
   - Arbeitsmittel wie Flipchart, Metaplantafel, Moderationskoffer, Laserpointer bereitstellen
   - Möglichkeit einer Verdunkelung prüfen
   - Tisch- und Sitzordnung festlegen
   - Arbeitsplatz der Teilnehmer vorbereiten (Namensschilder, Tagungsunterlagen, Schreibmaterial, Programm mit Teilnehmerliste, Getränke)
   - Raumdekoration besorgen
   - für Ordnung und Sauberkeit sorgen
   - Heizung und Belüftung überprüfen

3. a) **Teamsitzung:** Blocktafel oder Bankettbestuhlung, ideal für Diskussionen im kleinen Teilnehmerkreis. Teilnehmer haben Blickkontakt und es ist Platz für Unterlagen.
   b) **Seminar:** Parlamentarische Sitzordnung oder Fischgrätenform, ideal für Vorträge und Präsentationen. Teilnehmer haben Platz zum Mitschreiben.

4. - Anlass bzw. Thema der Veranstaltung
   - Zeitplan für die Tagung (Datum, Beginn, Ende)
   - Tagungsort mit genauer Anschrift, Straße, Stockwerk, Raum
   - Stadtplan bzw. Skizze über Zufahrtsmöglichkeiten für Pkw-Fahrer
   - Parkmöglichkeiten

- Erreichbarkeit mit öffentlichen Verkehrsmitteln für Bahnreisende
- Tagesordnung (Programmablaufplan)
- Namen der Referenten
- Hinweis auf Unterlagen, die mitzubringen sind
- Hinweis auf Kleidung bei festlichen Anlässen
- Teilnehmergebühren (Zahlungsart, Bankverbindung)
- Anmeldeschluss (Antwortkarte beilegen)
- Klärung von Kostenübernahmen
- Unterkunftsregelung
- Rahmenprogramm (Abendveranstaltung, Stadtführung, Ausflüge)

3 Durchführung von Veranstaltungen

1. Ein **Ablaufplan** dient dem Zweck, die einzelnen Schritte des geplanten Ablaufs einer Veranstaltung zu verfolgen. Er beschreibt die
   - Aufgabenbereiche,
   - Zuständigkeiten,
   - Verantwortlichkeiten,
   - Zeit für Beginn und Ende,
   - Pufferzeiten.

   Ein **Arbeitsplan** wird bei größeren Veranstaltungen erstellt. Er enthält alle Tätigkeiten der jeweiligen Mitarbeiter, sodass diese eindeutig erkennen können, zu welcher Zeit sie welche Aufgaben übernehmen müssen.

2. **Gästebetreuung:**
   Auf äußeres Erscheinungsbild achten: angemessene Bekleidung, dezentes Make-up, gepflegte Haare, ordentliche Frisur, frischer Körpergeruch mit einem Hauch Parfüm und gepflegte Hände.

   Durch einladende freundliche Körpersprache und persönliche Ausstrahlung eine angenehme Atmosphäre schaffen. Gestik, Mimik und offener Blickkontakt, um die Gäste willkommen zu heißen. Den Teilnehmern aktiv zuhören.

3. **Rahmenprogramm:**
   Bei mehrtägigen Veranstaltungen wird häufig ein Rahmenprogramm für die Teilnehmer und eventuelle Begleitpersonen geplant. Damit werden der Austausch und das Kennenlernen der Besucher gefördert. Die Teilnehmer können dabei auch nichtfachliche Gespräche führen, die Atmosphäre ist zwangloser und die Gäste sind motivierter. Allerdings müssen Wünsche, Besonderheiten und kulturelle Gegebenheiten berücksichtigt werden. Zu beachten ist ein Hinweis bei der Einladung auf entsprechende Garderobe.

4 Nachbereitung von Veranstaltungen

1. **Abschlussarbeiten:**
   - Protokoll schreiben, vervielfältigen und den Teilnehmern zusenden
   - Informationsmaterial zusammenstellen und verteilen
   - Dankschreiben an die Referenten und Gesprächsleiter
   - Abrechnung mit Hotel, Referenten und sonstigen Beteiligten
   - Ermittlung der Gesamtkosten
   - Erledigen von Konferenzbeschlüssen bzw. kontrollieren
   - Aufräumen der Tagungsräume
   - Versorgen der technischen Geräte, Hilfsmittel, Materialien
   - Treffen aller Beteiligten zur Absprache für Verbesserungen

2. **Erfolgsmessung:**
   - Wurden alle Ziele erreicht?
   - Gibt es große Abweichungen?
   - Welche Gründe gibt es für die Abweichungen?
   - Was kann in Zukunft besser gemacht werden?

5 Planung von Geschäftsreisen

1. **Zweck der Reiserichtlinien:**
   - wichtige Grundlage für das Controlling zu Buchungsabläufen
   - Kostenreduzierung durch festgelegte Vorschriften
   - Maximierung der zeitlichen Effektivität durch gezielte Anweisungen
   - einheitliche Standards bei der Planung, Durchführung und Nachbereitung von Geschäftsreisen
   - Kosteneinsparungen durch jährliche Kontrolle der Obergrenzen bei Leistungsträgern

2. **Inhalt der Reiserichtlinien:**
   - Prüfung zur Notwendigkeit der Reise
   - Zuständigkeitsregelung für die Reisegenehmigung
   - Festlegung auf externes Reisebüro oder internes Reisemanagement
   - Regeln für die Bewirtung von Geschäftspartnern
   - Anordnungen zur Wahl der Verkehrsmittel
   - vorrangige Leistungsanbieter für Hotels, Autovermietungen, Verkehrsmittel
   - Regelung der Vertretung des Reisenden
   - Verantwortlichkeit für die Reisekostenabrechnung
   - Fristen zur Abrechnung der Reisekosten

3. **Wichtige Informationen zur Planung:**
   - Anzahl der reisenden Personen
   - Vorlieben und Wünsche des Reisenden
   - Dauer der Geschäftsreise
   - Ziele der Geschäftsreise
   - Grund der Geschäftsreise
   - Verkehrsmittel

4. Kriterien bei Auslandsreisen:

Visapflicht	• Informationen für Einreisebestimmungen beim Auswärtigen Amt einholen • Zeit und Kosten einplanen
Zollbestimmungen	• länderspezifische Vorschriften beachten • Einfuhrbestimmungen z. B. für Produktmuster prüfen
Versicherungen	• Reiserücktrittsversicherung • Gepäckversicherung • Krankenversicherung • Kfz-Haftpflichtversicherung und Kasko
Zahlungsmittel	• Devisen besorgen • Bank- oder Kreditkarten → Gültigkeit prüfen • alternative Zahlungsmittel erfragen
Laptop, Handy	• Roaminggebühren des Anbieters prüfen • Prepaid-Karte im Zielland erwerben
Impfpass	• Impfvorschriften und -empfehlungen abklären • Schutzzeiten für Impfungen einplanen
Reiseapotheke	• Abklärung mit Hausarzt oder Apotheke • Insektenschutzmittel, Desinfektionsmittel, Sonnenschutz
Zeitverschiebung	• Zeitzonen bei Planung berücksichtigen • Sommerzeit in europäischen Ländern unterschiedlich
Reisewarnungen	• Länder mit Reiserisiko beachten • aktuelle Reisewarnungen abklären • Informationen beim Auswärtigen Amt einholen
Kulturelle Unterschiede	• Sitten und Gebräuche je nach Zielland kennen • kulturelle Gegebenheiten respektieren
Sprachbarrieren	• Wörterbuch der Landessprache mitnehmen • bei Bedarf einen Dolmetscher buchen
Botschaft/Konsulat	Kontaktdaten der deutschen konsularischen Vertretung im Zielland notieren
Reisepapiere	• Internationaler Führerschein • Auslandsschutzbrief von Automobilclubs

5. **Onlinedienste für Informationsquellen:**
   - allgemeine Informationen durch das Internet
   - Angebote von Online-Travel-Managements
   - Routenplaner
   - Fluggesellschaften weltweit
   - Bahnauskünfte der Deutschen Bahn AG
   - Industrie- und Handelskammer der jeweiligen Region
   - Botschaften, Konsulate des zu bereisenden Landes
   - Auswärtiges Amt
   - Versicherungen verschiedenster Arten
   - Autovermietungen
   - Buchungsportale zur Hotelauswahl

6 Vorbereitung von Geschäftsreisen

1. **Wahl des Verkehrsmittels:**
   - wohin die Geschäftsreise geht → Erreichbarkeit, Entfernung
   - in welcher Jahreszeit die Geschäftsreise stattfindet → Witterung, Straßenzustand
   - wie viele Personen diese Geschäftsreise antreten → Preis
   - wie dringend die Reise ist → ausreichende Vorlaufzeit
   - wie hoch die Kosten dafür sind → Kosten der Verkehrsmittel gegenüberstellen
   - wie zuverlässig das Verkehrsmittel ist → Pünktlichkeit, Schnelligkeit
   - welches Verkehrsmittel von dem Reisenden bevorzugt wird → Wünsche, Vorlieben
   - wie viel Gepäck diese Reise erfordert → Produktmuster, Kataloge, Aktenmaterial

2.

Vor- und Nachteile bei Geschäftsreisen mit dem Auto	
Vorteile	**Nachteile**
• flexible Fahrzeiten für An- und Abfahrt • komfortable Gepäckmitnahme • kostengünstig bei mehreren Personen • schnell auf kurzen Strecken	• keine Arbeiten möglich während der Fahrt • Unpünktlichkeit durch Stau • höheres Unfallrisiko • ökologischer Aspekt

Vor- und Nachteile bei Geschäftsreisen mit der Bahn	
Vorteile	**Nachteile**
• entspanntes Reisen auf langen Strecken • Arbeiten während der Fahrt möglich • Essen und Trinken möglich (Bistro) • Telefonieren mit Handy in speziellem Wagen möglich	• an Abfahrtszeiten gebunden • am Zielort andere Verkehrsmittel nötig • wenig Flexibilität • bei Verspätungen evtl. Anschlusszüge verpassen

Vor- und Nachteile bei Geschäftsreisen mit dem Flugzeug	
Vorteile	**Nachteile**
• auf langen Strecken sehr schnell • komfortables Reisen in höheren Klassen • eingeschränkte Arbeitsmöglichkeit • sicherstes Reisen	• lange Anfahrtswege zum Flughafen • begrenzte Gepäckmitnahme • hohe Kosten • ökologische Belastung sehr hoch

3. **Kriterien für Hotelbuchungen:**
   - Hotel in unmittelbarer Nähe zum Zielort auswählen → spart Zeit und Kosten
   - nach Business-Tarifen fragen, die nicht auf der Website des Hotels stehen
   - Geschäftsreise-Portale nutzen → sinnvoll bei häufigen Geschäftsreisen
   - überlegen, ob alternativ ein Privatzimmer infrage kommt, z. B. Airbnb
   - Qualität des Hotels prüfen → im Ausland anderer Standard
   - bei späterer Anreise das Hotel rechtzeitig informieren → oft nur bis 18:00 Uhr geöffnet
   - unbedingt eine Buchungsbestätigung anfordern

4. **Reiseplan:**
   - Name des Reisenden
   - Ziel und Zweck der Reise
   - Reisetermin
   - Abfahrts- und Ankunftszeiten des jeweiligen Verkehrsmittels mit näheren Angaben wie Flug- und Zugnummer
   - wahrzunehmende Termine, z. B. Besprechungen, Tagungen, Messebesuch usw.
   - Adressen der Geschäftspartner, Tagungsstätten, Hotels, möglichst mit Telefonnummer
   - Vermerke zu Unterlagen und Anlagen

5. Welche Unterlagen eine Reisemappe enthält, ist abhängig von
   - der Art der Reise,
   - dem Reiseziel,
   - den genutzten Verkehrsmitteln.

6. **Inhalt einer Reisemappe:**
   - übersichtlicher Reiseplan mit allen notwendigen Daten und Adressen
   - Besprechungs- und Präsentationsunterlagen für die zu besuchenden Geschäftspartner
   - Tagungsprogramme
   - Terminkalender
   - Fahrkarten, Flugtickets, Platzreservierungen
   - Hotelbestätigungen
   - Unterlagen für Mietwagenreservierung
   - Straßenpläne, Stadtpläne
   - Persönliche Unterlagen: Reisepass bzw. Personalausweis, Führerschein, Kreditkarten, Krankenversicherungskarte, Visitenkarten etc.
   - Schreibutensilien: Schreibpapier, Briefkuverts, Briefmarken, Sichthüllen, Schreibgerät
   - Informationsblätter für Besonderheiten z. B. über landestypische Eigenheiten

7 Nachbereitung von Geschäftsreisen

1. **Checkliste Abschlussarbeiten:**
   - Reiseunterlagen wie Verträge, Bestellungen, Angebote, Reklamationen, Prospekte, Aktennotizen überprüfen und bearbeiten
   - Termine festhalten und überwachen
   - Anweisungen und Vereinbarungen umsetzen
   - Unterlagen überarbeiten
   - interne Reisemappe ergänzen und aktualisieren
   - Informationen an betroffene Mitarbeiter weitergeben
   - Dankschreiben an besuchte Firmen bzw. Geschäftspartner versenden
   - Reisebericht verfassen und an betroffene Mitarbeiter weiterleiten
   - Reisekosten abrechnen
2. **Kostenarten für Reisekostenabrechnung:**
   - Fahrtkosten
   - Übernachtungskosten
   - Verpflegungsmehraufwendungen
   - Nebenkosten
3. **Nebenkosten:**
   - Beförderung und Aufbewahrung von Gepäck
   - Kosten für Taxi, Mietwagen, Straßenbahn usw.
   - Parkgebühren, Garagenmiete
   - geschäftliche Telefongespräche und Schriftverkehr
   - Eintrittsgelder für berufliche Veranstaltungen
   - Trinkgelder
4. **Angaben für Reisekostenabrechnung:**
   - Name des Reisenden
   - Abteilung
   - Kostenstelle
   - Reiseziel
   - Reisezweck
   - Beginn und Ende der Reise
   - Belege für die Fahrtkosten (Fahrkarten, Flugticket, Tankbelege, Mietwagenrechnung, Fahrtenbuch)
   - Belege für die Übernachtungen (Hotelrechnungen)
   - Belege für Verpflegungsmehraufwendungen (Rechnung über Essen und Getränke)
   - Belege für die Reisenebenkosten (Gepäckaufbewahrung, Telefonkosten, Garage, Präsent für Geschäftspartner)

Lernfeld 13: Ein Projekt planen und durchführen

4 Aufgaben zu den Kapiteln 1–3

1. einmalig, komplex, interdisziplinär, ressourcenbegrenzend
2. Auftraggeber, Projektleiter, eventuell bei großen Projekten Projektcontroller, Projektteam, Steuerungsgruppe
3. **Ideengewinnung**
   - **passive Ideenfindung**
     - **interne Quellen**
       - Mitarbeiter
       - Forschungs-/Entwicklungsabteilung
       - Unternehmensführung
     - **externe Quellen**
       - Kunden
       - Gesetze
       - Konkurrenz
   - **aktive Ideenfindung**
     - Brainstorming
     - Brainwriting
     - Methode 6-3-5
     - Mindmapping
     - ABC-Liste
     - Kartenabfrage
     - Pinnwandmoderation
4.

S	simpel	Senkung des Stromverbrauchs im Unternehmen um 5 %
M	messbar	Kilowattstundenvergleich
A	akzeptiert	Schonung der Umwelt
R	realistisch	Einsparungspotenziale sind vorhanden, z. B. keine Energiesparlampen, keine Bewegungsmelder in den Fluren
T	terminiert	ein Jahr, z. B. 01.01–31.12.20..

5.
   - Projekttitel
   - Antragsteller
   - Ziele/Ergebnis
   - Nutzen des Projekts
   - Realisierung/Vorgehensweise
   - Zeitplan
   - Ressourcen (sachlich, personell, finanziell)

6. - **Projektstrukturplan:** vollständige, hierarchische Darstellung aller Bestandteile (Teilprojekte, Arbeitspakete) der Projektstruktur als Diagramm oder Liste
   - **Projektablaufplan:** logische/zeitliche Reihenfolge der Arbeitspakete, Abhängigkeiten zu anderen Arbeitspaketen

7. Arbeitspakete bilden die kleinsten Einheiten im Projektstrukturplan und sollten beschrieben werden.

   Mögliche Inhalte:
   - Informationen zum Projekt, Arbeitspaket
   - erwartetes Ergebnis
   - verantwortliche Mitarbeiter
   - Zeitrahmen (Anfang – Ende)
   - Kosten für Personal und Sachmittel
   - Beziehungen zu anderen Arbeitspaketen

8. - Einbindung Teammitglieder in andere Projekte
   - Urlaub
   - Wochenende, Feiertage, Fortbildungen
   - Krankheit
   - Arbeitszeiten der Teammitglieder in ihren Abteilungen

9. - Personal (Anzahl, Qualifikation)
   - Sachmittel (welche, Anzahl)
   - sonstige Ressourcen, z. B. externe Berater, Gutachter, Rechtsanwälte usw.

10. - Überstunden
    - Fremdvergabe von Leistungen
    - zusätzliche Mitarbeiter
    - eventuell nicht so wichtige Projektziele streichen/verschieben

11. - Abschlussbesprechung (u. U. Projektevaluation)
    - Abschlussbericht
    - Abschlusspräsentation
    - Abschlussfeier
    - Projektteilnehmer aus Verantwortung entlassen

12. a) **Sachziel:** Festlegen des Projektinhaltes, z. B. Erhöhung des Bekanntheitsgrades der Dekorationsprodukte bei Privatkunden
    Qualitätsziel: Optimierung des Werbeplans, z. B. Minimierung der Streuverluste bei der Werbung
    Kostenziel: Festlegen des Budgets, z. B. 5 % des bisherigen Werbeetats
    Terminziel: Festlegen des Projektzeitraumes, z. B. dreimonatige Pilotphase
    b) Mögliche Aspekte bei der Zielformulierung, z. B. SMART-Methode:
    S = spezifisch; eindeutige Zielformulierung
    M = messbar; überprüfbare Zielerreichung anhand von Kriterien
    A = akzeptiert; sinnvolles Projektziel
    R = realistisch; Rahmenbedingungen berücksichtigen
    T = terminiert; Zeitpunkt (auch für Zwischenziele) für Zielerreichung festlegen

c) **Intuitive Methoden:** in kurzer Zeit viele Ideen, fördern Gedankenassoziationen, helfen neue Ideen zu finden, aktivieren die ganze Gruppe, z. B. Brainstorming, ABC-Liste
Diskursive Methoden: in kurzer Zeit einige Ideen, Hilfe bei der Suche nach Lösungen, fördern systematische Denkweise, Aufgabe/Problem kann in kleine Einheiten aufgeteilt werden, z. B. Relevanzbaumanalyse, morphologischer Kasten
Kombimethoden: verbinden intuitive und diskursive Vorgehensweisen, z. B. Zukunftswerkstatt, World-Café

oder:

Ruhige Techniken: z. B. 6-3-5-Methode, ABC-Liste
Laute Techniken: z. B. Brainstorming, Kopfstandtechnik
Bewegte Techniken: z. B. Kartenabfrage, Pinnwandmoderation

13. a) Andere Phasenmodelle mit mindestens vier Phasen sind möglich.

1. Projekt-Initialisierung
Diese Projektphase ist bereits abgeschlossen: Das Projektziel mit der Einführung eines neuen digitalen Zeiterfassungssystems ist bereits festgelegt und das Projektteam mit Projektleiter wurde bereits gebildet.

2. Projekt-Definition
Das Projektziel ist bereits konkretisiert: Die Anforderungen an die Hard- und Software sind festgelegt, hier die Wahl für acht Lesegräte mit Fingerprint-Erkennung für alle Mitarbeiter und Mitarbeiterinnen im Unternehmen zum Ein- und Auschecken.

3. Projekt-Planung
Das Projekt befindet sich am Ende der Planungsphase: Laut Protokoll wurden die einzelnen Teilaufgaben bereits zugeordnet. Der Leiter der IT holte bereits Angebote für die neue Software ein und die Entscheidung für einen Anbieter ist terminlich fixiert. Weitere einzelne Aufgaben werden konkretisiert: Planung der Installation der Hard- und Software, Planung der Schulungen der Mitarbeiter, Festlegung der Einführungsphasen in den einzelnen Abteilungen. Zuordnung der weiteren Aufgaben und Tätigkeiten während des Projektablaufs. Geschäftsführung und Betriebsrat: Planung des Abschlusses der neuen Betriebsvereinbarung zur Nutzung des neuen Arbeitszeiterfassungssystems. Einbindung des Datenschutzbeauftragten durch Information.

4. Projekt-Steuerung

Alle geplanten Tätigkeiten werden in den folgenden Wochen durchgeführt: Installation der Hard- und Software, Durchführung der Schulungen in zwei Phasen, Erfassung der Arbeitszeiten mit Fingerprint in der Verwaltung im Monat Januar und Abrechnung am Ende des Monats. Erfassung der Arbeitszeiten der übrigen Abteilungen im Februar und Abrechnung am Ende des Monats.

5. Projekt-Abschluss
Für diese Phase ist bisher lediglich eine abschließende Sitzung Ende Februar geplant.

b) Alternative Darstellungen wie z. B. Netzplan, Vorgangsliste sind möglich.

	Kalenderwoche (KW)																
	Jahr 2021								Jahr 2022								
Vorgangsbezeichnung (Arbeitspaketbezeichnung)	**45**	**46**	**47**	**48**	**49**	**50**	**51**	**52**	**1**	**2**	**3**	**4**	**5**	**6**	**7**	**8**	**9**
Angebote vergleichen und Anbieter auswählen																	
Installation der Hardware: Kabel und Lesegeräte																	
Installation der Software																	
Fingerprint erstellen																	
erste Schulung Verwaltung																	
zweite Schulung Verwaltung																	
Puffer zur Lösung von Problemen																	
Abteilung Verwaltung, Daten erfassen																	
Abteilung Verwaltung, Abrechnung Januar																	
weitere Abteilungen, Daten erfassen																	
weitere Abteilungen, Abrechnung Februar																	
Verhandlungen Betriebsvereinbarung																	
Information und Kontrolle durch Datenschutzbeauftragten																	
Abschlusssitzung																	

Kompetenzbereich I: In Ausbildung und Beruf orientieren

1 Duales Ausbildungssystem

1.1 Grundlagen: Beteiligte, Lernorte, Ausbildungsordnung

1. • Berufsbildungsgesetz
   • Ausbildungsordnung
   • Jugendarbeitsschutzgesetz
   • Berufsausbildungsvertrag

2. **Duales Ausbildungssystem:** Kombination zwischen praktischer und theoretischer schulischer Ausbildung

   Lernort Betrieb: Auszubildender erhält praktische Berufsgrundbildung. Basis der Ausbildung:
   - Berufsausbildungsvertrag
   - **Berufsbildungsgesetz**: enthält u. a. Bestimmungen über Rechte und Pflichten des Auszubildenden sowie über die Ausbildungsordnung (s. u.)

   Lernort Berufsschule: Auszubildender erhält theoretische Ausbildung. Basis der Ausbildung:
   - Schulpflicht
   - Lehrpläne
   - Schulgesetze der Länder

3. **Inhalte der Ausbildungsordnung (§ 5 Berufsbildungsgesetz):**
   - Bezeichnung des Ausbildungsberufes
   - Ausbildungsdauer (zwei bis drei Jahre)
   - Ausbildungsberufsbild: Fertigkeiten und Kenntnisse, die Gegenstand der Ausbildung sind
   - Ausbildungsrahmenplan: Anleitung zur sachlichen und zeitlichen Gliederung der Fertigkeiten und Kenntnisse
   - Prüfungsanforderungen

4. **Ausbildungsberufsbild:** Beschreibung der Fertigkeiten und Kenntnisse, die Gegenstand der Ausbildung sind

5. **Ausbildungsrahmenplan:** schriftliche Anleitung zur sachlichen und zeitlichen Gliederung der Vermittlung der notwendigen Fertigkeiten und Kenntnisse des jeweiligen Ausbildungsberufes

1.2 Das Ausbildungsverhältnis

1. mindestens ein Monat, maximal vier Monate

2. während Probezeit jederzeit ohne Angabe von Gründen fristlos kündbar

Nach Probezeit: unkündbar

Ausnahmen:
- fristlose Kündigung bei wichtigem Grund
- Aufgabe Berufsausbildung (Frist vier Wochen)
- andere Berufsausbildung (Frist vier Wochen)

3. **Rechte:**
   - Vergütung
   - Fürsorge
   - Ausbildung
   - Bereitstellung der Ausbildungsmittel ...
   - Urlaub
   - Freistellung zur Berufsschule
   - Zeugnis

   Pflichten:
   - Dienstleistung
   - Berufsschulbesuch
   - Berichtsheft führen
   - Lernpflicht
   - Schweigepflicht
   - Weisungen befolgen ...

4. Berufsbildungsgesetz, Jugendarbeitsschutzgesetz

5. Schriftform

6. mit Bestehen der Abschlussprüfung bei der IHK

7.
   - Selbstständigkeit
   - Teamfähigkeit
   - Verantwortungsbereitschaft
   - Fähigkeit zur Problemlösung
   - Kommunikationsfähigkeit
   - Denken in Zusammenhängen
   - Eigeninitiative
   - Kreativität

8. a) **Vereinbarung I:** Vorrang des Betriebes gesetzeswidrig, weil
   - Berufsschulpflicht besteht für den Auszubildenden und Pflicht zur Freistellung zum Besuch der Berufsschule für den Ausbilder.
   - Ein Entgeltausfall darf durch den Besuch der Berufsschule nicht eintreten.

   Vereinbarung II: Probezeit
   - ist zu lang; maximal vier Monate, Probezeit endet am 31.12.2021.
   - Beendigung des Ausbildungsverhältnisses fristlos und ohne Angabe von Gründen ist während der Probezeit möglich.

   Vereinbarung III: Tätigkeiten
   Diese Vereinbarung ist ungültig, denn Auszubildenden dürfen nur Aufgaben übertragen werden, die dem Ausbildungszweck dienen. Hausmeisterarbeiten gehören nicht dazu.

   Vereinbarung IV: Urlaubsregelung
   - Die Mindesturlaubsdauer beträgt 24 Werktage; dies gilt auch für volljährige Auszubildende.
   - Für Auszubildende unter 18 J. gelten längere Regelungen, abhängig vom Alter.
     15-jährige = 30 Werktage, 16-jährige = 27 Werktage,
     17-jährige = 25 Werktage.

ba) Die Kündigung ist rechtens; in der Probezeit kann fristlos gekündigt werden.

bb) Die Kündigung ist nicht rechtens. Für eine fristlose Kündigung nach der Probezeit muss ein wichtiger Grund vorliegen. Das ist hier nicht der Fall. Eine fristgerechte (vier Wochen) Kündigung wäre möglich, wenn Jan die Berufsausbildung ganz aufgeben möchte bzw. eine andere Berufsausbildung absolvieren möchte.

bc) Wenn Erdan die Abschlussprüfung insgesamt besteht, endet die Ausbildung mit der Bekanntgabe des Ergebnisses. Dies ist am Tag der mündlichen Abschlussprüfung der Fall. Das Ausbildungsverhältnis endet am 15.07.2021.

bd) **Einfaches Zeugnis:**
Angaben über Art, Dauer und Ziel der Berufsausbildung sowie erworbene Kenntnisse und Fertigkeiten
Qualifiziertes Zeugnis:
zusätzliche Angaben über Verhalten (Führung) und Leistung

9. a) Hallo Ursel, grundsätzlich können laut § 20 BBiG Probezeiten von 1–4 Monaten vereinbart werden, und damit können auch Unterschiede bei Auszubildenden entstehen. Deine Probezeit von 6 Monaten ist jedoch aufgrund des Gesetzes nicht zulässig.

b) Hallo Kevin, da du noch nicht volljährig bist, gilt für dich das Jugendarbeitsschutzgesetz. Hier ist in § 8 Abs. 1 klar geregelt, dass Jugendliche maximal acht Stunden täglich und 40 Stunden wöchentlich arbeiten dürfen. In Ausnahmefällen auch 8,5 Stunden, sofern die 40 Stunden in der Woche nicht überschritten werden. Damit sind die Überstunden nicht rechtmäßig.

c) Hallo Sabrina, die getroffene Vereinbarung verstößt gegen das Gesetz. Laut § 17 Abs. 1 BBiG muss die Vergütung jährlich ansteigen.

d) Hallo Armin, laut § 13 Nr. 6 BBiG bist du während deiner Ausbildung verpflichtet, Stillschweigen über betriebsinterne Geheimnisse zu wahren. Eine fristlose Kündigung ist laut § 22 Abs. 2 Nr. 1 BBiG nur aus einem wichtigen Grund zulässig. Hierzu können die Weitergabe interner Informationen gezählt werden. Damit ist die Kündigung rechtmäßig.

e) Hallo Nina, laut § 15 BBiG und § 9 JArbSchG muss dein Chef dich für die Berufsschule freistellen.

Test → Ausbildungsvertrag I – Lösungen

1., 2., 3. Versuch | Erzielte Punkte

1

An der beruflichen Ausbildung sind **zwei Partner** beteiligt:
Berufsschule (1) und **Ausbildungsbetrieb.** (1)

1.	2	
2.	2	
3.	2	

2

Vorteile des dualen Systems	Nachteile des dualen Systems
• Die Ausbildung wird **abwechslungsreicher.** (0,5) • Die Ausbildung erfolgt **praxisbezogen,** da sie sich überwiegend im Betrieb abspielt. (0,5)	• Die **Abstimmung** der Ausbildungsinhalte zwischen **Betrieb** und **Schule** ist häufig **schwierig** (0,5) umzusetzen. • **Ausbildungsplatzangebot** der Betriebe ist **unzureichend.** (0,5)

1.	2	
2.	2	
3.	2	

3

- **Berufsbildungsgesetz** (BBIG) → (1)
- **Jugendarbeitsschutzgesetz** (JArbSchG) → (1)

1.	2	
2.	2	
3.	2	

4

- **Ausbildende** → (1)
- **Auszubildende** → (0,5)
- Bei Minderjährigen ist die **Unterschrift** des **gesetzlichen Vertreters** notwendig. (0,5)

1.	2	
2.	2	
3.	2	

5

- **Schriftform** → (1) Ausfüllen eines bundeseinheitlichen Vordruckes
- Bei der **IHK** (1) (ist für die kaufmännische Ausbildung zuständig) erfolgt die Eintragung in das Verzeichnis der Ausbildungsverhältnisse („Lehrlingsrolle").

1.	2	
2.	2	
3.	2	

6

- **Beginn** und **Dauer** der **Ausbildung** → (1)
- **Dauer** der **Probezeit** → (1)
- Höhe der Ausbildungsvergütung usw.
  Siehe § 11 BBiG.

1.	2	
2.	2	
3.	2	

Tragen Sie Ihre Punktesumme ein und ermitteln Sie auf dem Aufgabenblatt Ihre Note.

Punktesumme			Punktesumme			Punktesumme		
1.	12		2.	12		3.	12	

Test → Ausbildungsvertrag II – Lösungen

1., 2., 3. Versuch	Erzielte Punkte

1

Pflichten des Auszubildenden § 13 BBiG	Pflichten des Ausbildenden § 14 ff. BBiG
• **Lern**pflicht → 0,5	• **Ausbildungs**pflicht → 0,5
• **Schweige**pflicht → 0,5	• **Freistellung** zum **Berufsschulbesuch** → 0,5

1. 2 | 2. 2 | 3. 2

2

mindestens **1 Monat**, → 0,5 maximal **4 Monate** → 0,5 (§ 20 BBiG)

1. 1 | 2. 1 | 3. 1

3

Beide Partner sollen sich **kennenlernen** → 0,5
und
die **Berufseignung und -neigung** überprüfen können. → 0,5

1. 1 | 2. 1 | 3. 1

4

a) Während der Probezeit kann jeder Vertragspartner, also auch der Arbeitgeber, **fristlos** kündigen (§ 22 Abs. 1 BBiG). → 1
Da Deborahs Arbeitgeber die **Schriftform** → 0,5 nicht beachtete, ist die Kündigung **unwirksam** → 0,5 (§ 22 Abs. 3 BBiG).

b) Eine **fristlose Kündigung** → 0,5 ist **nach Ablauf der Probezeit nicht möglich.** → 0,5 Da bei Kim ein **Berufswechsel** 0,5 vorliegt, beträgt die Kündigungsfrist **vier Wochen** 0,5 (§ 22 Abs. 2 BBiG).

1. 4 | 2. 4 | 3. 4

5

a) Der Ausbildungsbetrieb muss ein **einfaches Zeugnis** → 1 ausstellen. (§ 16 Abs. 2 BBiG)

b) Das Zeugnis enthält Angaben über **Art, Dauer** → 1 und Ziel der Berufsausbildung sowie über die erworbenen Fertigkeiten und Kenntnisse des Auszubildenden (§ 16 Abs. 2 BBiG).

c) Auf Verlangen des Auszubildenden sind Angaben über **Führung, Leistung** → 1 und besondere fachliche Fähigkeiten aufzunehmen (§ 16 Abs. 2 BBiG).

d) Es handelt sich um ein **qualifiziertes Zeugnis** → 1 (§ 16 Abs. 2 BBiG).

1. 4 | 2. 4 | 3. 4

Tragen Sie Ihre Punktesumme ein und ermitteln Sie auf dem Aufgabenblatt Ihre Note.

Punktesumme → 1. 12 | Punktesumme → 2. 12 | Punktesumme → 3. 12

1.3 Konfliktsituationen und Lösungsmöglichkeiten

1. Konflikte sind meist die Folge von **Kommunikationsstörungen**. Nur 10 % der Konflikte sind auf unterschiedliche Auffassungen über eine **Sachfrage** zurückzuführen. In 90 % aller Konflikte geht es „eigentlich" um die **Beziehung**, die beide Konfliktpartner zueinander haben.

2. **Mobbing** liegt vor, wenn der Konflikt über einen **längeren Zeitraum besteht**, die angegriffene Person unterlegen ist, die Angriffe **absichtsvoll und geplant** erfolgen, mit dem Ziel, das Mobbingopfer **auszustoßen**.

3. **Kommunikationsregeln** für ein Konfliktgespräch:
   - Person des Gesprächspartners achten; nur sachliche Kritik vortragen
   - keine Vorwürfe, nicht verletzen
   - Gesprächspartner nicht ins Wort fallen, ausreden lassen
   - Probleme des Gesprächspartners ernst nehmen, nichts herunterspielen
   - gemeinsam nach Lösungen suchen
   - keine Lösungen aufdrängen

4. **Ablauf eines Konfliktgesprächs:**

1.	Konflikt gemeinsam genau **beschreiben**: Worum geht es eigentlich? Typische Frage: „Wie siehst du das?" (keine Vorwürfe, nicht unterbrechen)
2.	Persönliches Anliegen und Betroffenheit durch **Ich-Botschaften** ausdrücken. Nicht gleich nach Lösungen suchen. Typische Redewendungen: „Mir geht es dabei ...", „Für mich bedeutet das ...", „Ich möchte gern ...", „Ich fühle mich ..."
3.	Gemeinsam nach **Lösungsmöglichkeiten** suchen. Typische Fragen: „Was können wir tun?", „Was hältst du von ...?"
4.	Gemeinsam **Vereinbarungen** beschließen. „Können wir uns darauf einigen ...?", „Ich werde ... tun und du wirst auf ... achten."

5. **Stufenplan zur Konfliktbewältigung:**

1.	**Konfliktsignale wahrnehmen**	• Widerspruch (Drohung, Beleidigung, Polemik) • Aufregung (Unruhe, Streit, Fraktionsbildung) • Ausweichen (Schweigen, Blödeln) • Lustlosigkeit (Desinteresse, Unaufmerksamkeit) • Krankheit (hohe Fehlzeiten), hohe Fluktuation
2.	**Konfliktursache feststellen**	• Sachfragen (unterschiedliche Vorstellungen) • Beziehungsebene (Sympathie, Antipathie) • Führungsfehler (Bevorzugung, autoritäre Führung) • Organisationsmängel (Über-, Unterorganisation)
3.	**Konflikt handhaben**	• Rückzug (Umgehung, Vermeidung, Verdrängung) • Durchsetzen (Gewinner)/Nachgeben (Verlierer) • Kompromiss (beide geben teilweise nach) • Konsens (gemeinsame Vereinbarung) • Intrige, Sündenbock suchen
4.	**Rückmeldung (Feedback)**	• Ich-Botschaften geben • zeitliche Nähe beachten • Bezug auf eine konkrete Situation • Bezug auf das Verhalten (nicht auf die Person) • Abmahnung, wenn keine Besserung

2 Schutzbestimmungen für Mitarbeiter am Arbeitsplatz

2.1 Das Jugendarbeitsschutzgesetz

1. Personen unter 18 Jahren

2. Kinder, Jugendliche unter 15 Jahren

3. Berufsausbildungsverhältnis oder leichte Tätigkeiten mit Einwilligung der Eltern ...

4.
   - Beschäftigungsverbote
   - Arbeitszeiten
   - Berufsschulbesuch
   - Ruhepausen
   - Urlaub
   - gefährliche Arbeiten

Test → JarbSchG – Lösungen

1., 2., 3. Versuch | Erzielte Punkte

1 Jugendliche stehen noch in ihrer **geistigen und körperlichen Entwicklung** und sind deshalb **besonders schutzbedürftig** vor **Überforderung**, **Überbeanspruchung** und **Gefahren.** ❶ ❷

Versuch	Punkte	Erzielte Punkte
1.	3	
2.	3	
3.	3	

2 ❶ ❶ ❶
Beschäftigte Personen, die mindestens 15, maximal 17 Jahre alt sind.

Versuch	Punkte	Erzielte Punkte
1.	3	
2.	3	
3.	3	

3
- Akkordarbeit ❶
- gesundheitsgefährdende Arbeiten ❶
- Arbeiten, die die Leistungsfähigkeit der Jugendlichen übersteigen ❶

Versuch	Punkte	Erzielte Punkte
1.	3	
2.	3	
3.	3	

4
Gewerbeaufsichtsamt ❶

Versuch	Punkte	Erzielte Punkte
1.	1	
2.	1	
3.	1	

5
- Geld- oder Freiheitsstrafe ❶
- Bei mehrmaligem Vergehen: Beschäftigungsverbot für Jugendliche ❶

Versuch	Punkte	Erzielte Punkte
1.	2	
2.	2	
3.	2	

Tragen Sie Ihre Punktesumme ein und ermitteln Sie auf dem Aufgabenblatt Ihre Note.

Punktesumme → 1. 12	Punktesumme → 2. 12	Punktesumme → 3. 12

2.2 Arbeits-, Unfall-, Gesundheits- und Kündigungsschutz

1. a)
   - Arbeitsschutzgesetz (Inhalte: Arbeitssicherheitsgesetz, Arbeitsstättenverordnung, Gefahrenstoffverordnung, Bildschirmarbeitsverordnung, Betriebssicherheitsverordnung)
   - Gewerbeordnung
   - Vorschriften der Berufsgenossenschaften

   b) Gewerbeaufsichtsämter, Berufsgenossenschaft, Sicherheitsbeauftragter im Betrieb bei mehr als 20 Beschäftigten

   c) **Unternehmerpflicht:** geeignete Maßnahmen für Arbeits-, Gesundheits- und Unfallschutz der Beschäftigten treffen; Gefahren minimieren, z. B. hinsichtlich Umgebungsbedingungen (Beleuchtung, Lüftung, Staub- und Gasbeseitigung, Schutzvorrichtungen), Arbeitsbedingungen (einseitige Belastung, Monotonie, Körperhaltung), persönlichen Eigenschaften (Alter, werdende Mütter, Erfahrung)

2. a) **Allgemeiner Kündigungsschutz:** Schutz vor sozial ungerechtfertigter Kündigung
   Kündigung in folgenden Fällen unwirksam:
   - Der Arbeitgeber liefert keinen Kündigungsgrund.
   - Die Kündigung ist betrieblich nicht notwendig.
   - Soziale Gesichtspunkte wurden bei der Auswahl nicht ausreichend berücksichtigt.

   b) Arbeitnehmer, die mindestens sechs Monate im gleichen Betrieb sind; Betrieb hat mehr als zehn Arbeitnehmer

3. **Betriebsratsmitglieder und Jugendvertreter:** während Amtszeit und innerhalb eines Jahres danach nicht kündbar. Ausnahme: fristlose Kündigung bei wichtigem Grund.

   Werdende Mütter: während der Schwangerschaft bis vier Monate nach Entbindung, während Elternzeit

   Schwerbehinderte: Hauptfürsorgestelle muss der Kündigung zustimmen.

   Auszubildende: nach der Probezeit unkündbar; Ausnahme: fristlose Kündigung bei wichtigem Grund.

4. a) unkündbar (Ausnahme: fristlos/wichtiger Grund)

   b) Während Probezeit: fristlos/wichtiger Grund
   Nach Probezeit: unkündbar (Ausnahme: wichtiger Grund)

5. schwere körperliche Arbeiten, Akkord-, Fließarbeit, Mehr-, Nacht-, Sonn- und Feiertagsarbeit

3 Mitwirkung und Mitbestimmung nach dem Betriebsverfassungsgesetz

3.4 Aufgaben zu den Kapiteln 3.1–3.3

1. **Für Mitbestimmung:**
   - Interesse und Motivation der Arbeitnehmer am Betrieb steigen.
   - Demokratisierung der Wirtschaft
   - Humanisierung des Arbeitslebens
   - Gegenseitige Abhängigkeit von Arbeit und Kapital erfordert Mitbestimmung.

   Gegen Mitbestimmung:
   - Erschwerung betrieblicher Entscheidungsprozesse
   - Mitbestimmung ohne gleichwertige Mitverantwortung und Risikoübernahme
   - evtl. fehlende notwendige Sachkenntnisse der Arbeitnehmer
   - evtl. Kapitalflucht des in- und ausländischen Kapitals

2. a) **Betriebsrat:** Vertretung der Arbeitnehmer gegenüber dem Arbeitgeber

   b) **Einigungsstelle:** zur Beilegung von Meinungsverschiedenheiten zwischen Arbeitgeber und Betriebsrat

   c) **Betriebsversammlung:**
   - Versammlung aller Arbeitnehmer eines Betriebes während der Arbeitszeit
   - Der Arbeitgeber ist einzuladen.
   - Berichte des Betriebsrats und des Arbeitgebers

   d) **Wirtschaftsausschuss:**
   - in Unternehmen mit über 100 Arbeitnehmern
   - Mitglieder werden vom Betriebsrat bestimmt.
   - Aufgaben:
     - Beratung wirtschaftlicher Angelegenheiten mit dem Unternehmer und Unterrichtung des Betriebsrats
     - Informationsrecht über wirtschaftliche Angelegenheiten

   e) **Betriebsausschuss:** wird gebildet, wenn der Betriebsrat mindestens neun Mitglieder umfasst (§ 27 BetrVG).

   f) **Jugend- und Auszubildendenvertretung:** Vertretung der Belange der Jugendlichen und Auszubildenden (§ 60 ff. BetrVG)

3. Z. B.

> Liebe Kolleginnen und Kollegen,
> Euer Betriebsrat hat unter anderem folgende Aufgaben:
> - Mitarbeiter beraten und sie bei der Durchsetzung ihrer Rechte gegenüber der Geschäftsführung unterstützen
> - kontrollieren, ob die geltenden Gesetze und Verordnungen zum Schutz der Mitarbeiter eingehalten werden
> - Mitbestimmung in sozialen Angelegenheiten
> - Mitwirkung in personellen Angelegenheiten
> - Betriebsversammlung organisieren und leiten
>
> Bei Fragen sind wir gerne für Euch da!
> Euer Betriebsrat

4. a) § 99 BetrVG: **Mitwirkungsrecht des Betriebsrats:**
   - Unterrichtung vor Einstellung
   - Vorlage der Bewerbungsunterlagen
   - Auskunft über Bewerber und Auswirkungen der geplanten Maßnahme
   - Zustimmung und Zustimmungsverweigerung in bestimmten Fällen möglich
   - Möglichkeit des Arbeitgebers bei Zustimmungsverweigerung durch BR: Antrag beim Amtsgericht, die Zustimmung zu ersetzen

   b) § 87 BetrVG: **Mitbestimmungsrecht des Betriebsrats:** Betriebsrat muss zustimmen. Bei Nichteinigung entscheidet die Einigungsstelle.

   c) § 111 f. BetrVG: **Recht auf rechtzeitige und umfassende Unterrichtung und Beratung**; bei Nichteinigung über den damit zusammenhängenden Sozialplan: Unternehmer oder Betriebsrat können den Präsidenten des Landesarbeitsamtes um Vermittlung ersuchen oder die Einigungsstelle entscheidet.

   d) § 90 BetrVG: **Recht auf Information und Beratung**

   e) § 102 BetrVG:
   - Dem Betriebsrat müssen vor Kündigung die Kündigungsgründe mitgeteilt werden.
   - Er kann innerhalb einer Woche in bestimmten Fällen widersprechen (z. B. wenn soziale Gesichtspunkte nicht ausreichend berücksichtigt wurden).
   - Kündigt der Arbeitgeber dennoch, ist die Kündigung zwar wirksam, der Arbeitnehmer kann jedoch auf Feststellung klagen, dass das Arbeitsverhältnis nicht aufgelöst ist. Er muss dann bis Ende des Rechtsstreits weiterbeschäftigt werden.

   f) § 93 BetrVG: Betriebsrat kann verlangen, dass Stellen erst innerbetrieblich auszuschreiben sind. Hier weigerte sich der Arbeitgeber. Folglich kann der Betriebsrat gemäß § 99 Abs. 2 Nr. 5 BetrVG die Zustimmung zu Einstellungen verweigern. Der Arbeitgeber kann beim Arbeitsgericht beantragen, die Zustimmung zu ersetzen (§ 99 Abs. 4 BetrVG).

   g) § 102 Abs. 1 BetrVG: Kündigung unwirksam, da Betriebsrat vorher zu hören ist.

   h) § 102 BetrVG: Da der Arbeitgeber soziale Gesichtspunkte nicht ausreichend berücksichtigte, kann der Betriebsrat innerhalb einer Woche schriftlich Widerspruch einlegen. Kündigt der Unternehmer dennoch, kann Boll Klage auf Feststellung erheben, dass das Arbeitsverhältnis nicht aufgelöst ist. Der Unternehmer muss dann den Arbeitnehmer nach Ablauf der Kündigungsfrist bis zum rechtskräftigen Abschluss des Rechtsstreits weiterbeschäftigen, wenn der Arbeitnehmer dies verlangt. Ist die Klage erfolgreich, muss Boll weiterbeschäftigt werden.

5.
   - Anhörungs- und Erörterungsrecht in betrieblichen Angelegenheiten, die seine Person betreffen (§ 82 BetrVG)
   - Beschwerderecht bei ungerechter Behandlung (§ 84 f. BetrVG)
   - Einsicht in Personalakte (§ 83 BetrVG)

6. Allgemeine Aufgaben des Betriebsrats (§ 80 BetrVG), z. B.:
   - Überwachung der Einhaltung von zugunsten der Arbeitnehmer geltenden Gesetze und Vorschriften (z. B. Tarifverträge, Betriebsvereinbarungen, Unfallverhütungsvorschriften)
   - Maßnahmen, die dem Betrieb und der Belegschaft dienen, beim Arbeitgeber beantragen
   - Verhandlungen mit Unternehmer über Arbeitnehmeranregungen führen
   - Förderung der Eingliederung von Schwerbehinderten und Ausländern
   - Wahlorganisation und enge Zusammenarbeit mit der Jugendvertretung

7. von der Arbeitnehmerzahl (§ 9 BetrVG)

8. Folgende Gruppen müssen anteilmäßig vertreten sein:
   - Arbeiter, Angestellte
   - Frauen, Männer
   - Betriebsabteilungen
   - unselbstständige Nebenbetriebe

9. Das Wort „muss" ist falsch. Es ist den Arbeitnehmern freigestellt, ob sie einen Betriebsrat wählen oder nicht.

10. Nein; Wahlberechtigung erst ab 18 Jahre (§ 7 BetrVG)

11. Nein; wählbar sind alle Wahlberechtigten, die mindestens sechs Monate im Betrieb sind.

12. Ja; alle Arbeitnehmer über 18 Jahre (In- und Ausländer) sind wahlberechtigt (§ 7 BetrVG).

13. Ja; der Arbeitgeber ist einzuladen und berechtigt, in der Versammlung zu sprechen (§ 43 BetrVG).

14. a) Kandidat 1: Herr Hanke kann nicht kandidieren. Er ist zwar volljährig, aber erst seit vier Monaten im Betrieb.

   Kandidat 2: Frau Persson kann kandidieren. Sie ist volljährig und länger als sechs Monate im Betrieb. Die Staatsangehörigkeit spielt hierbei keine Rolle.

   Kandidat 3: Frau Junke kann nicht kandidieren, da sie noch nicht volljährig ist (§ 8 BetrVG).

   b) Z. B.
   - JAV vertritt die speziellen Interessen der Jugendlichen und Auszubildenden.
   - JAV unterstützt bei Fragen zur Berufsausbildung.
   - JAV sorgt dafür, dass die geltenden Gesetze für Jugendliche und Auszubildende eingehalten werden.
   - JAV nimmt Anregungen der Jugendlichen und Auszubildenden entgegen.
   - JAV kümmert sich um die Integration ausländischer Jugendlicher und Auszubildender.

   ca) Z. B.
   - Nachhaltigkeit bezeichnet eine Entwicklung, die den Bedürfnissen der jetzigen Generation entspricht, ohne die Möglichkeiten künftiger Generationen zu gefährden, ihre eigenen Bedürfnisse zu befriedigen und ihren Lebensstil frei zu wählen.
   - Nachhaltigkeit bezeichnet eine Entwicklung, in der Ökonomie, Ökologie und soziale Ziele so in Einklang gebracht werden, dass die Bedürfnisse heutiger Generationen befriedigt werden, ohne die Bedürfnisse kommender Generationen zu gefährden.

   cb) Z. B.
   - Auswahl umweltfreundlicher Produkte (Inhalt, Verpackung ...)
   - Auswahl von Produkten, deren Herstellung nicht auf der Ausbeutung anderer Menschen basiert
   - Kunden in der Beratung verdeutlichen, inwiefern ein bestimmtes Produkt zum Umweltschutz beiträgt.
   - Führung des Betriebs unter Beachtung sozialer Gesichtspunkte

cc) Z. B.
- Sicherung der Arbeitsplätze
- Schaffung eines guten Betriebsklimas
- familienfreundliche Arbeitsbedingungen
- übertarifliche Bezahlung
- Gewährung von Zulagen
- Weiterbildungsmaßnahmen anbieten

15. a) Lohnfortzahlung durch den Arbeitgeber sechs Wochen, danach Krankengeld von der Krankenkasse

b)
- Alberto Lopez ist wählbar. Er ist volljährig und länger als sechs Monate im Betrieb. (Staatsangehörigkeit ist irrelevant.)
- Luise Müller ist nicht wählbar. Sie ist zwar volljährig, aber weniger als sechs Monate im Betrieb beschäftigt.

c)
- Wahlberechtigt sind alle Azubis des Betriebes unter 25 Jahren und alle Arbeitnehmer unter 18 Jahren.
- alle Arbeitnehmer des Betriebes, die das 25. Lebensjahr noch nicht vollendet haben
- Die Amtszeit beträgt zwei Jahre.
- Z. B.
  - Wahrnehmung der Belange der Jugendlichen
  - Überwachung der Einhaltung der Gesetze bzgl. Jugendlicher
  - Förderung der Integration der ausländischen Jugendlichen im Betrieb

Test → **Betriebsrat – Lösungen**

1., 2., 3. Versuch	Erzielte Punkte
1. 12	
2. 12	
3. 12	

1

a) Nein, nach dem § 1 BetrVG kann in **jedem Betrieb mit mindestens fünf ständig wahlberechtigten Arbeitnehmern** ein Betriebsrat gewählt werden. → 1

b) Sie hängt von der **Anzahl der wahlberechtigten Arbeitnehmer** ab (§ 9 BetrVG). → 1

c) Der Betriebsrat

- **achtet** u. a. **auf** die **Einhaltung** von Tarifverträgen, Betriebsvereinbarungen, Unfallverhütungsvorschriften usw. → 1 (§ 80 BetrVG),
- **bereitet** die **Wahl** einer **Jugend- und Auszubildendenvertretung vor.** → 1 (§ 80 BetrVG)

d) Aktives Wahlrecht: (§ 7 BetrVG)
Wahlberechtigt sind **alle Arbeitnehmer,** die zum Wahlzeitpunkt das **18. Lebensjahr vollendet** haben. → 1

Passives Wahlrecht: (§ 7 BetrVG)
Wählbar sind **alle Wahlberechtigten,** die zum Wahlzeitpunkt mindestens **6 Monate** dem Betrieb angehören. → 1

e) Die Ansicht von Schnell ist **falsch.** → 0,5 Der Betriebsrat hat hinsichtlich der Arbeitspausenregelung ein erzwingbares **Mitbestimmungsrecht,** → 0,5 d. h., diese Regelung wird erst mit seiner **Zustimmung wirksam** (§ 87 BetrVG). → 1

f) 4 Jahre → 1 (§ 21 BetrVG)

g) Der Betriebsrat muss einmal im Kalendervierteljahr eine **Betriebsversammlung** abhalten und einen **Tätigkeitsbericht** abgeben (§ 43 BetrVG). → 1

h)

Mitbestimmungsrechte (§ 87 BetrVG)	Mitwirkungsrechte (§ 106 BetrVG)
• **Urlaubsplan** → 0,5	• **Rationalisierungsvorhaben** → 0,5
• **Arbeitszeit** → 0,5	• Einführung **neuer Arbeitsmethoden** → 0,5

Tragen Sie Ihre Punktesumme ein und ermitteln Sie auf dem Aufgabenblatt Ihre Note.

Punktesumme → 1. 12 | Punktesumme → 2. 12 | Punktesumme → 3. 12

Test → **JAV – Lösungen**

1., 2., 3. Versuch	Erzielte Punkte
1. 12	
2. 12	
3. 12	

1

a) Die Wahl einer JAV ist möglich, wenn **mehr als fünf Jugendliche unter 18 Jahren oder Azubis unter 25 Jahren** beschäftigt sind. (§ 60 BetrVG) → 1 → 1

b) Wahlberechtigt sind **alle Arbeitnehmer** unter 18 Jahren und Azubis, die das **25. Lebensjahr noch nicht vollendet haben** (aktives Wahlrecht). (§ 61 Abs. 1 BetrVG) → 0,5 → 0,5

c) Wählbar sind **alle Arbeitnehmer**, die das **25. Lebensjahr noch nicht vollendet haben** = passives Wahlrecht. (§ 61 Abs. 2 BetrVG) → 0,5 → 0,5

d) 2 Jahre → 1 (§ 64 BetrVG)

e) Die Hauptaufgabe der JAV ist **die Vertretung der besonderen Belange der jugendlichen Arbeitnehmer** (§ 60 Abs. 2 BetrVG). → 1

f) Werden **Angelegenheiten** behandelt, die die **jugendlichen Arbeitnehmer** betreffen, so hat zu diesem Tagesordnungspunkt die **gesamte JAV ein Teilnahmerecht.** → 0,5 (§ 67 Abs. 1 BetrVG) → 0,5

g)
- Jugendliche Arbeitnehmer stehen noch in ihrer **geistigen und körperlichen** Entwicklung. Sie haben andere Probleme als ihre erwachsenen Kollegen. → 0,5
- Es sollen ein **Interessenausgleich und ein Miteinander** mit den **Erwachsenen angestrebt** und umgesetzt werden, was zu einem guten Betriebsklima beitragen soll. So entstehen weniger Konflikte, die der Arbeitgeber beheben muss. → 0,5

h) Ja, wählbar sind **alle Jugendlichen,** die **noch nicht 25 Jahre alt sind.** (§§ 60, 61 Abs. 1 BetrVG) → 1 → 1

i) Der Wahlleiter kann die **Stimmabgabe nicht verweigern**, da die ausländischen Arbeitnehmer die Wahlberechtigung mit **Vollendung des 15. Lebensjahres haben**. (§§ 60, 61 Abs. 1 BetrVG) → 1 → 1

Tragen Sie Ihre Punktesumme ein und ermitteln Sie auf dem Aufgabenblatt Ihre Note.

Punktesumme	1. 12		Punktesumme	2. 12		Punktesumme	3. 12	

4 Tarifvertrag, Arbeitskampf und Betriebsvereinbarung

4.3 Aufgaben zu den Kapiteln 4.1 und 4.2

1. Tarifvertragsgesetz

2. **Arbeitsvertrag:** ein Arbeitgeber – ein Arbeitnehmer

   Betriebsvereinbarung: ein Arbeitgeber – Betriebsrat

   Verbandstarifvertrag: Arbeitgeberverband – Gewerkschaft

   Firmentarifvertrag: ein Arbeitgeber (z. B. VW) – Gewerkschaft

3. Es besteht eine Hierarchie (Gesetz – Tarifvertrag – Betriebsvereinbarung – Arbeitsvertrag):

   Gesetze: Minimalanforderungen für Tarifverträge, Betriebsvereinbarungen und Arbeitsverträge (keine Schlechterstellung!)

   Tarifverträge: Minimalanforderungen für Betriebsvereinbarungen + Arbeitsverträge

   Betriebsvereinbarungen: Minimalanforderungen für Arbeitsverträge

   Arbeitsverträge: Obige Minimalanforderungen sind zu beachten.

4. Arbeitgeberverbände – Arbeitnehmerverbände (Gewerkschaften)

5. a) **Manteltarifvertrag:** regelt allgemeine Arbeitsbedingungen (Urlaub, Arbeitszeit usw.) und gilt mehrere Jahre
   b) **Lohn- und Gehaltstarifvertrag:** Lohn- und Gehaltsvereinbarungen; gilt i. d. R. ein Jahr

6. a) **Tarifvertrag:** Kollektivvereinbarungen zwischen Arbeitgeberverband und Arbeitnehmerverband (Gewerkschaft) für ganze Berufsgruppen einer Branche
   b) **Tarifautonomie:** keine staatliche Einmischung in Tarifverhandlungen
   c) **Koalitionsfreiheit:** Art. 9 GG: Recht zum Zusammenschluss (z. B. zu einem Arbeitgeberverband)
   d) **Tarifbindung:** Tarifvertrag = Mindestbedingungen bei Arbeitsverträgen und Betriebsvereinbarungen
   e) **Friedenspflicht:** Kampfmaßnahmen während der Dauer des Tarifvertrags sind nicht erlaubt.
   f) **Nachwirkung:** Nach Tarifvertragsablauf gilt der alte Tarifvertrag bis zum Neuabschluss.
   g) **Allgemeinverbindlichkeit:** Der Tarifvertrag gilt für **alle** Arbeitgeber und Arbeitnehmer seines Geltungsbereiches, also auch für Nichtmitglieder („Außenseiter"), wenn er vom Bundesarbeitsminister auf Antrag einer Tarifvertragspartei für allgemeinverbindlich erklärt wurde.

7. **Vorteile für Arbeitnehmer:**
- Garantie von Mindestarbeitsbedingungen
- Gleichstellung gleich qualifizierter Arbeitnehmer
- Arbeitnehmer wäre Arbeitgeber evtl. unterlegen, wenn alles im Arbeitsvertrag zu regeln wäre.

Vorteile für Arbeitgeber:
- klare Kalkulationsgrundlage, da einheitliche Tarife
- weniger Konkurrenz bei Personalanwerbung
- Vertragsinhalte müssen nicht jedes Mal neu ausgehandelt werden (Zeit- und Kostenersparnis).

8. **Rationalisierungsschutz:** Beseitigung bzw. Verminderung der Nachteile bei Rationalisierungsmaßnahmen (Umschulungen, Abfindungen ...)

Humanisierung der Arbeit: Verbesserung der Arbeitsbedingungen und des Betriebsklimas

9. **Kündigung des Tarifvertrags:**
- Tarifverhandlungen
- Schlichtungsverfahren
- Einigungsvorschlag des Schlichters
- 1. Urabstimmung
- Streik
- Aussperrung
- neue Verhandlungen
- 2. Urabstimmung
- neuer Tarifvertrag

10. a) **Vollstreik:** Alle Arbeitnehmer des Tarifgebietes streiken.
b) **Schwerpunktstreik:** Arbeitnehmer nur einzelner Betriebe streiken.
c) **Mini-Max-Streik:** Mit minimalem Streikgeldaufwand (Streik in wenigen Zuliefererbetrieben) wird maximale Wirkung erzielt (Lahmlegung eines großen Wirtschaftsbereiches).
d) **Warnstreik:** kurzfristiger Streik zur Demonstration der Streikentschlossenheit; auch während der Friedenspflicht erlaubt.
e **Wilder Streik:** nicht organisierter Streik ohne Urabstimmung; verboten
f) **Schlichtung:**
- Verfahren zur Beilegung von Streitigkeiten bei Tarifverhandlungen, um Streiks zu verhindern
- Das Schlichtungsverfahren endet mit dem Einigungsvorschlag des neutralen Schlichters.

g) **Aussperrung:**
- Kampfmittel der Arbeitgeber (Gegenmittel zum Streik)
- vorübergehende Aufhebung der Arbeitsverhältnisse aller Arbeitnehmer
- Der Grundsatz der Verhältnismäßigkeit ist zu beachten.

11. Die Aussperrung ist ein notwendiges Gegenmittel der Arbeitgeber gegen Schwerpunkt- und Mini-Max-Streiks („Waffengleichheit“) = Hauptzweck. Sie verkürzt den Arbeitskampf und verhindert übertriebene Forderungen der Gewerkschaft.

12. Vor Ablauf des Tarifvertrags besteht Friedenspflicht. In dieser Zeit sind nur Warnstreiks erlaubt. Nach 30.06. sind alle Kampfmaßnahmen denkbar.

13. Da Boll in keiner Gewerkschaft ist, kann untertarifliche Bezahlung vereinbart werden, wenngleich dies nicht üblich ist.
Ist der Tarifvertrag allerdings für allgemein verbindlich erklärt worden, muss auch ihm mindestens der Tariflohn gezahlt werden.

14. a) nein b) ja
c) nein d) nein

15. a) nicht rechtsgültig; wilder Streik
b) rechtsgültig; Warnstreik
c) rechtsgültig; Warnstreik auch während der Friedenspflicht erlaubt
d) nicht erlaubt; ohne vorherigen Streik keine Aussperrung rechtsgültig
e) nicht erlaubt; Verstoß gegen die Koalitionsfreiheit
f) rechtsgültig
g) nicht erlaubt; alle sind wieder einzustellen
h) nicht rechtsgültig; Verstoß gegen Verhältnismäßigkeitsgrundsatz

16. a) **Tariflohn:** Mindestlohn, der nicht unterschritten werden darf
b) **Ecklohn:** Lohn eines 21-jährigen Facharbeiters; er ist die Basis für die Festlegung von Lohnsätzen verschiedener Lohngruppen.

17. a) Lohn- und Gehaltstarifverträge/Entgelt-Tarifverträge sind Verträge mit der kürzesten Laufzeit. In der Regel gelten sie ein Jahr. In ihnen werden fast ausschließlich die Höhe von Löhnen, Gehältern, Ausbildungsvergütungen (Entgelten) geregelt.
b) Der Manteltarifvertrag regelt die allgemeinen Arbeitsbedingungen, wie z. B. Arbeitszeit, Urlaub, Probezeit, Nacht- und Schichtarbeit. Die Laufzeit beträgt mehrere Jahre.
c) Das ist so nicht richtig. Die Regelungen des alten Tarifvertrages gelten weiter solange, bis der neue Tarifvertrag in Kraft tritt.
d) Das geht nicht. Streiks müssen von der Gewerkschaft organisiert werden. Außerdem ist eine Urabstimmung nötig.
e) Bei Tarifvertragsverhandlungen gilt Tarifautonomie, d. h., der Staat darf sich nicht einmischen.
f) Das ist zunächst richtig. Es sei denn, der Tarifvertrag wird für allgemein verbindlich erklärt.
g) Das geht nicht. Eine Aussperrung ist nur als Gegenmaßnahme auf einen Streik möglich.

18. Eine Betriebsvereinbarung ist ein Vertrag zwischen Arbeitgeber und Betriebsrat.

Geltungsbereich: Für alle Arbeitnehmer des Betriebs

Inhalt: Rechte, Pflichten, Vereinbarungen und verbindliche Normen, z. B.
- zusätzliche Maßnahmen zur Verhütung von Arbeitsunfällen
- Sozialeinrichtungen
- Förderung Vermögensbildung

Nur wenn es der Tarifvertrag erlaubt: Arbeitsentgelte, Arbeitsbedingungen

Test → **Tarifvertrag – Lösungen**

1., 2., 3. Versuch | Erzielte Punkte

1

Tarifverträge werden zwischen **Gewerkschaften** (0,5) und **Arbeitgeberverbänden** (0,5) abgeschlossen.

1. 1 / 2. 1 / 3. 1

2

Der Tarifvertrag ist ein **Kollektivvertrag,** (0,5) in dem **einheitliche Arbeitsbedingungen** (0,5) für die **Arbeitnehmer ganzer Wirtschaftszweige** festgelegt werden.

1. 1 / 2. 1 / 3. 1

3

Merkmale	Manteltarifvertrag	Lohn- und Gehaltstarifvertrag
Laufzeit	• **längerfristig** (ca. 3–5 Jahre) (0,5)	• **kurzfr.** (i. d. R. 1 Jahr) (0,5)
Inhalt	• regelt **allgemeine Arbeitsbedingungen** wie z. B. Urlaub, Arbeitszeit, Urlaubsgeld (0,5)	• enthält die Höhe der einzelnen **Lohn- oder Gehaltsgruppen** (0,5)

1. 2 / 2. 2 / 3. 2

4

Der Ecklohn ist der **Lohnsatz eines 21-jährigen gelernten Facharbeiters** (1) (100 %), von dem die **Abschläge** (0,5) bzw. die **Zuschläge** (0,5) der verschiedenen Lohn- und Gehaltsgruppen berechnet werden.

1. 2 / 2. 2 / 3. 2

5

Tarifautonomie ist das Recht der Tarifpartner, **selbstständig und ohne staatliche Einmischung** (1) Tarifverträge auszuhandeln und abzuschließen.

1. 1 / 2. 1 / 3. 1

6

Mit der Allgemeinverbindlichkeitserklärung gelten die Bestimmungen des Tarifvertrags auch **für die nicht tarifgebundenen Arbeitnehmer und Arbeitgeber.** (1) (§ 5 TVG)

1. 1 / 2. 1 / 3. 1

7

Arbeitgeber	Arbeitnehmer
• **klare Kalkulationsgrundlage**, da einheitliche Tarife (1)	• Garantie von **Mindestarbeitsbedingungen** (1)
• Vertragsinhalte müssen nicht jedes Mal neu ausgehandelt werden **(Zeit- und Kostenersparnis).** (1)	• **Gleichstellung** von Arbeitnehmern mit gleicher Qualifikation wird sichergestellt. (1)

1. 4 / 2. 4 / 3. 4

Tragen Sie Ihre Punktesumme ein und ermitteln Sie auf dem Aufgabenblatt Ihre Note.

Punktesumme 1. 12 | Punktesumme 2. 12 | Punktesumme 3. 12

Test → Arbeitskampf – Lösungen

1., 2., 3. Versuch | Erzielte Punkte

1

Streik ist das **Kampfmittel der Arbeitnehmer**, (0,5) d. h. **gemeinsame Arbeitsniederlegung der Arbeitnehmer.** (1)

Aussperrung ist das **Kampfmittel der Arbeitgeber**; (0,5) man versteht darunter die **vorübergehende Aufhebung der Arbeitsverhältnisse** (0,5) der Arbeitnehmer und die **Nichtzahlung von Lohn/Gehalt.** (0,5)

Versuch	Punkte	Erzielte Punkte
1.	3	
2.	3	
3.	3	

2

- **Lohn- bzw. Gehaltserhöhungen** (0,5)
- **Arbeitszeit** u. a. (0,5)

Versuch	Punkte	Erzielte Punkte
1.	1	
2.	1	
3.	1	

3

- **Schwerpunktstreik** bedeutet: Nur die **wichtigsten Betriebe eines Wirtschaftszweiges** werden bestreikt. (1)
- **Flächenstreik** bedeutet: **Alle Betriebe eines Wirtschaftszweiges** werden bestreikt. (1)

Versuch	Punkte	Erzielte Punkte
1.	2	
2.	2	
3.	2	

4

Wilder Streik ist ein Streik, der **ohne Urabstimmung** (0,5) **und ohne Genehmigung** (0,5) **der zuständigen** Gewerkschaft durchgeführt wurde.

Versuch	Punkte	Erzielte Punkte
1.	1	
2.	1	
3.	1	

5

Der Arbeitgeber ist berechtigt, die **streikenden** Arbeitnehmer **fristlos** zu **entlassen.** (1)

Versuch	Punkte	Erzielte Punkte
1.	1	
2.	1	
3.	1	

6

Urabstimmung: (0,5) **75 %** der **abstimmungsberechtigten** (0,5) **Gewerkschaftsmitglieder** eines Tarifbezirkes müssen sich für den Streik entscheiden.

Versuch	Punkte	Erzielte Punkte
1.	1	
2.	1	
3.	1	

7

Im Schlichtungsverfahren versucht ein neutraler Schlichter die Tarifpartner doch noch zu einigen, um einen **Arbeitskampf zu vermeiden.** (1)

Versuch	Punkte	Erzielte Punkte
1.	1	
2.	1	
3.	1	

8

Streikende bzw. ausgesperrte Arbeitnehmer erhalten **weder Lohn noch Gehalt.** (0,5) **Gewerkschaftsmitglieder,** (0,5) die streiken bzw. ausgesperrt sind, erhalten von der Gewerkschaft **Streikunterstützung,** (0,5) die sich nach Beitragshöhe und Dauer richtet. **Nichtgewerkschaftsmitglieder** erhalten **keine finanzielle Unterstützung,** (0,5) auch kein Arbeitslosengeld.

Versuch	Punkte	Erzielte Punkte
1.	2	
2.	2	
3.	2	

Tragen Sie Ihre Punktesumme ein und ermitteln Sie auf dem Aufgabenblatt Ihre Note.

Punktesumme		
1.	12	
2.	12	
3.	12	

5 Das System der sozialen Absicherung

5.9 Aufgaben zu den Kapiteln 5.1–5.8

1. a)
   - Krankenversicherung (KV)
   - Rentenversicherung (RV)
   - Arbeitslosenversicherung (AV)
   - Unfallversicherung (UV)
   - Pflegeversicherung (PV)

   b) KV:
   - Allgemeine Ortskrankenkassen (AOK)
   - Betriebskrankenkassen
   - Innungskrankenkassen
   - Ersatzkrankenkassen (z. B. DAK-Gesundheit, KKH-Allianz)

   RV: Deutsche Rentenversicherung, Knappschaft-Bahn-See

   AV: Bundesagentur für Arbeit (Aufgliederung in Arbeitsämter)

   UV: Berufsgenossenschaften

   PV: Pflegekassen bei den Krankenkassen

2. KV, RV, AV, PV: bis Beitragsbemessungsgrenze steigende, darüber konstante Beiträge

   UV: BBGrenze hat keine Bedeutung.

3. KV:
   - alle Arbeitnehmer bis zur Versicherungspflichtgrenze der KV
   - alle Auszubildenden
   - Rentner

   RV, AV: alle Arbeitnehmer und Auszubildenden

   UV: alle Beschäftigten

   PV: alle Mitglieder der gesetzlichen bzw. privaten Krankenkassen

4. Abführung der Beiträge durch den Arbeitgeber an die
   - Krankenkassen (KV, RV, AV, PV),
   - Berufsgenossenschaft (UV)

5. KV:
   - Krankenhilfe: Arzt-, Krankenhaus-, Arzneikosten, Krankengeld
   - Vorsorgeuntersuchungen
   - Familienhilfe
   - Mutterschaftshilfe

   RV:
   - Rentenzahlungen:
     – Rente wegen Alters
     – Rente wegen Berufs- oder Erwerbsunfähigkeit
     – Witwen- und Waisenrente
   - Rehabilitationsmaßnahmen

AV:
- Arbeitslosengeld I
- Arbeitslosengeld II (aus Steuern)
- Kurzarbeitergeld
- Winterausfallgeld
- Berufsberatung
- Umschulung
- KV-Beiträge Arbeitsloser

UV:
- Leistungen bei Arbeitsunfallfolgen (Krankenhilfe, Renten ...). Zu Arbeitsunfällen zählen auch Unfälle auf dem direkten Weg zwischen Wohnung und Arbeitsstätte.
- Unfallverhütungsmaßnahmen:
  - Aufklärung
  - Belehrung
  - Überwachung

PV:
- Pflegesachleistung (ambulante Pflege)
- Angehörigenpflege (Pflegegeld)
- Heimpflege (stationär)

6. Arbeitgeber

7. Der Arbeitgeber haftet für eventuelle Nachteile, die der Arbeitnehmer hierdurch erleidet. Es handelt sich um eine Verletzung der Fürsorgepflicht.

8.
- sechs Wochen Gehaltsfortzahlung (vgl. Entgeltfortzahlungsgesetz)
- Ab der 7. Woche Krankengeld von der Krankenkasse (max. 70 % der Beitragsbemessungsgrenze für die Kranken- und Pflegeversicherung) oder maximal auf 90 % des Nettoeinkommens begrenzt (§ 47 SGB V). Der geringere Wert ist ausschlaggebend.

9. Vgl. Stofftelegramm.

10. a) Kein Arbeitslosengeld, da Heidi Sonne zur Arbeitsvermittlung nicht zur Verfügung steht. Außerdem erhält sie zwölf Wochen Sperrfrist.
b) Schott kündigte ohne wichtigen Grund und erhält somit zwölf Wochen kein Arbeitslosengeld.
c) Nach fruchtlosem Widerspruch ist das Sozialgericht zuständig.

11. Aus der **Kranken- und Pflegeversicherung** kann er austreten, da mit Überschreiten der Versicherungspflichtgrenze die Versicherungspflicht entfällt.

Renten-, Arbeitslosen- und Unfallversicherung sind absolute Pflichtversicherungen. Eine Kündigung ist daher nicht möglich.

12. a) **„Meldung zur Sozialversicherung“:**
- Vordruck
- vom RV-Träger für jeden Arbeitnehmer ausgestellt
- Beitragsnachweis
- Dokument für Rentenansprüche

b) **Generationenvertrag:** Die beitragszahlende Generation sichert mit den Beiträgen die Renten der Renten empfangenden Generation.

c) **Rentendynamisierung:** Rentenanpassung an allgemeine Lohnentwicklung

d) **Anrechnungsfähige Versicherungsjahre:**

Beitragszeiten	
+ Berücksichtigungszeiten	(Kindererziehungs-, Pflegezeiten)
+ Anrechnungszeiten	(Ausbildungs-, Krankheits-, Schwangerschafts-, Arbeitslosigkeits-, Schlechtwetterzeiten)
+ Ersatzzeiten	(Kriegsdienstzeiten)
+ Zurechnungszeiten	(bei früher Erwerbsunfähigkeit)

13. a) **Rentenhöhe** abhängig von:
- Lebenseinkommen
- anrechnungsfähigen Versicherungsjahren
- durchschnittlichen Arbeitsverdiensten aller Arbeitnehmer
- Steigerungssatz

b) Es entsteht eine Rentenlücke bzw. Versorgungslücke: Prozentanteil oder Betrag, um den das letzte monatliche Netto-Einkommen vor Renteneintritt die spätere gesetzliche Altersrente übersteigt. Das Rentenniveau wird 2030 nur noch bei gut 50 % des letzten Nettogehalts liegen (Schätzung!).
Gegen das zu starke Absinken der verfügbaren Finanzmittel muss vorgesorgt werden, z. B. durch betriebliche und private Vorsorgemaßnahmen.

c)

3	**Kapitalanlageprodukte = private Vorsorge**	Private Kapitalanlagen und Rentenversicherungen, die nicht zwingend für die Altersvorsorge genutzt werden müssen Bsp.: klassische private Rentenversicherung, Kapitallebensversicherung
2	**Zusatzversorgung = staatlich geförderte Altersvorsorge**	• betriebliche Altersversorgung • „Riester-Rente“
1	**Basisversorgung**	• gesetzliche Rente • private Basisrente („Rürup“)

14. Bei Unfällen während der Berufsausübung sowie Unfälle auf dem direkten Weg zwischen Wohnung und Arbeitsstätte; Berufskrankheiten

15. **Sozialversicherungsbeiträge:** Pflichtversicherungen (gesetzl. vorgeschrieben); Arbeitgeber behält für den versicherungspflichtigen Arbeitnehmer den Beitrag ein und führt ihn ab.

    Individualversicherungen: Meist freiwillig durch Versicherungsvertrag

16. Auf Antrag bei monatlichem Lohn bis 450,00 EUR (nicht sozialversicherungspflichtige Beschäftigungsverhältnisse). Sonst zahlt der AN ca. 3,7 % Rentenversicherungsbeitrag.

17. **Selbstverwaltung:** Verwaltung der gesetzlichen Sozialversicherung durch Arbeitnehmer- und Arbeitgebervertreter

18.

Versicherungsträger	Leistungen
a) Krankenkasse Arbeitgeber	Krankenhilfe (ärztl. Beratung) Lohnfortzahlung
b) Krankenkasse Deutsche Rentenversicherung	Sterbegeld Witwenrente
c) Berufsgenossenschaft (Unfall auf dir. Heimweg)	Krankenhilfe (ärztliche Beratung)
d) Deutsche Rentenversicherung	Berufsunfähigkeitsrente
e) Deutsche Rentenversicherung	Berufsunfähigkeitsrente
f) Deutsche Rentenversicherung	Altersruhegeld
g) Bundesagentur für Arbeit	Arbeitslosengeld (nach Sperrfrist)
h) Deutsche Rentenversicherung	Erwerbsunfähigkeitsrente

19. **Rentenversicherung:**
- steigender Altersquotient (Gesellschaft altert)
- auf die Beitragszahler kommen immer mehr Rentenbezieher durch:
  - längere Ausbildung
  - späteren Eintritt ins Erwerbsleben
  - Zunahme von Teilzeitarbeit
  - höhere Lebenserwartung → Rentenbezugsdauer steigt
  - sinkende Beitragseinnahmen in Wirtschaftsflauten
  - Verkürzung der Lebensarbeitszeit ...
- Immer weniger Beschäftigte finanzieren immer mehr Rentner/-innen.

...

→ Folgen: – Leistungseinschränkungen
– Beitragserhöhungen
– Private Altersvorsorge gewinnt an Bedeutung.

Krankenversicherung:
- hohe Ausgabensteigerungen im Gesundheitswesen
- sinkende Beitragseinnahmen in Wirtschaftsflauten

Arbeitslosenversicherung:
bei steigender Arbeitslosigkeit → Arbeitslosengeldzahlungen steigen.

Pflegeversicherung:
- höhere Lebenserwartung → steigende Zahl der Pflegebedürftigen
- zunehmend Ein-Personen-Haushalte → weniger Pflege durch Familienangehörige

Unfallversicherung: momentan kein „Problemfall“

Test → **Sozialversicherung – Lösungen**

1., 2., 3. Versuch		Erzielte Punkte

1 **Zweige:** (0,5) (0,5) (0,5) (0,5) (0,5)
Gesetzl. **Kranken-, Pflege-, Renten-, Arbeitslosen-, Unfallversicherung**
Träger: Allgemeine Ortskrankenkasse, Innungs-, Betriebs- und Ersatzkassen (0,5) (**KV**); Pflegekassen (0,5) (**PV**); Deutsche Rentenversicherung (**RV**) (0,5); Bundesanstalt für Arbeit (0,5) (**AV**); Berufsgenossenschaften (**UV**) (0,5)

1.	5	
2.	5	
3.	5	

2 **Beiträge: 50 % AG + 50 % AN** (**RV, AV, KV + Zusatzbeitrag, PV evtl. + Kinderlosenzuschlag (ab 23)**) → (0,5)
AG allein (gesetzliche **UV**) → (0,5)

1.	1	
2.	1	
3.	1	

3 **Leistungen: Vorsorgeuntersuchungen** (0,5), **Krankenhilfe** (0,5) z. B.: ärztliche Behandlung, Arzneimittel usw. (ges. **KV**);
ambulante Pflege, (0,5) **stationäre** Pflege (0,5) (ges. **PV**);
Regelaltersrente (0,5) ab Vollendung des 65. Lebensjahres,
Berufsunfähigkeitsrente (0,5) (ges. **RV**);
Arbeitslosengeld (0,5); **Berufsberatung** (0,5) (ges. **AV**);
Verletztenrente, (0,5) **Unfallverhütung** (0,5) (ges. **UV**)

1.	5	
2.	5	
3.	5	

4
- Gesetzliche **KV/PV/AV/RV: Bis** zur **Beitragsbemessungsgrenze steigende** (1), **darüber konstante** (1) Beiträge; Beitragsbemessungsgrenze ist **Höchstbetragsgrenze.** (1)
- Gesetzliche **UV**: **Beitragsbemessungsgrenze** hat **keine Bedeutung.** (1)

1.	4	
2.	4	
3.	4	

5 Die **beitragszahlende Generation sichert** mit den Beiträgen die **Renten** der **Renten empfangenden Generation.** → (1)

1.	1	
2.	1	
3.	1	

6 **Arbeitslosengeld I** erhalten **Arbeitslose,** (0,5) die sich **arbeitslos gemeldet** (0,5) haben und der **Arbeitsvermittlung** zur Verfügung stehen (0,5). Einen Rechtsanspruch hat jeder, der die erforderliche **Anwartschaftszeit** (0,5) erfüllt hat. Die **Bezahlung** von Arbeitslosengeld I erfolgt aus den **Beitragszahlungen.** (0,5)
Arbeitslosengeld II wird bewilligt, wenn **kein Anspruch auf Arbeitslosengeld I** mehr besteht (0,5). Antragsteller muss seine **Bedürftigkeit** (0,5) nachweisen.
Die **Bezahlung** von Arbeitslosengeld II erfolgt **aus Steuermitteln.** (0,5)

1.	4	
2.	4	
3.	4	

Tragen Sie Ihre Punktesumme ein und ermitteln Sie auf dem Aufgabenblatt Ihre Note.

Punktesumme			Punktesumme			Punktesumme		
1.	20		2.	20		3.	20	

6 Prüfungsaufgaben Kompetenzbereich I

Prüfungsaufgaben Winter 2015/2016 (Aufgabe 1)

1.1 Duale Berufsausbildung – Gemeinsam sind wir stark!

- Berufsausbildung durch zwei Partner – Schule und Betrieb → gemeinsamer Bildungsauftrag von Berufsschule und Betrieb
- Die Kombination von Lernen und Arbeiten ist Grundlage für die Vermittlung beruflicher Kompetenzen im dualen System. Theorie und Praxis, strukturiertes Wissen und Handlungskompetenz sollen im Zusammenhang vermittelt werden.

BETRIEB	BERUFSSCHULE
• drei bis vier Tage pro Woche im Betrieb	• zwei Tage in der Woche Berufsschule • (Alternative: Blockunterricht)
• praktische Ausbildung im Betrieb	• Vermittlung fachtheoretischer und allgemeinbildender Inhalte
• Durch den Wechsel der Lernorte wird die Ausbildung abwechslungsreicher und umfassender.	

Vorteile:

- Verzahnung von Theorie und Praxis; praktische Anwendung der Kenntnisse, die man in der Schule erworben hat
- Man ist bereits im Unternehmen bekannt (Übernahmechance).
- verbesserte Chancen auf dem Arbeitsmarkt im Vergleich zur Vollzeitausbildung
- Man hat bereits praktische Erfahrungen gesammelt (Berufserfahrung).
- Die Allgemeinbildung wird in der Schule vertieft.

Aus folgenden Gründen bildet die Larcher Baustoffe GmbH weiterhin aus:

- Wir können unsere eigenen Nachwuchskräfte ausbilden.
- Wir übernehmen soziale Verantwortung in der Gesellschaft.
- In Deutschland herrscht mittlerweile in einigen Branchen Fachkräftemangel und somit sind Mitarbeiter teilweise schwer rekrutierbar.
- Spezialwissen kann nur im Unternehmen vermittelt und erworben werden.
- Wir suchen uns nach der Ausbildung die geeignetsten Azubis aus.
- Wir sparen Kosten sowohl bei der Personalrekrutierung als auch bei der Einarbeitung.
- Wir kennen den Mitarbeiter bereits bei der Übernahme.

1.2 Benni ist 16 J. alt, für ihn gilt das JArbSchG und er ist Mitglied in der Gewerkschaft.

Arbeitszeit	Montag	Dienstag	Mittwoch	Donnerstag	Freitag
Arbeitsbeginn	08:00	10:00	Berufsschule von 07:30 bis 15:30 Uhr	10:00	kurzer Schultag, Schulbeginn um 07:30 Uhr
Frühstückspause	10:30–10:45	keine		keine	
Mittagspause	12:45–13:30	13:30–14:30		13:30–14:30	
Arbeitsende	17:30	18:30		20:30	
tägliche Arbeitszeit	*8,5 Stunden in Ordnung, kein Verstoß, da die Mehrarbeit am nächsten Tag ausgeglichen wird (§ 8 Abs. 2a)*	*7,5 Stunden*	*mit 8 Stunden anzurechnen statt mit 7 Stunden (§ 9 Abs. 2)*	*9,5 Stunden nicht erlaubt (§ 8 Abs.1),* *12 Stunden Freizeit bis zum nächsten Arbeitsbeginn wurden nicht eingehalten (§ 13),* *keine Ruhepause mehr ab 14:30, 6 Stunden ohne Pause (§ 11 Abs. 2),* *keine Beschäftigung nach 20:00 Uhr (§ 14)*	*6 Stunden Anrechnung in Ordnung*
Wochenarbeitszeit	*39,5 Stunden (wenn die Berufsschule mit 8 Stunden berechnet wird), kein Verstoß gegen das JArbSchG, aber gegen die vereinbarte tarifliche Arbeitszeit von 37,5 Stunden. Die tariflich vereinbarte Arbeitszeit ist einzuhalten.*				

Hinweis: Die Angabe von Paragrafen wird nicht erwartet.

Prüfungsaufgaben Sommer 2016 (Aufgabe 1)

1.1 a) Nach § 3 Abs. 3 TVG müssten wir den Kollegen mitteilen, dass die Tarifpartner an den Manteltarifvertrag gebunden sind, bis der Tarifvertrag endet. Eine mögliche Lösung wäre, dass wir als Betriebsrat mit der Geschäftsleitung eine interne Neuregelung finden, die die Arbeitnehmer besser stellt (§ 4 Abs. 3 TVG).

b) Laut Art. 9 Abs. 3 GG dürfen sich die Kolleginnen in Gewerkschaften im Rahmen der Koalitionsfreiheit organisieren. Eine Vorgesetzte hat kein Recht, dies zu untersagen.

c) Nach § 4 Abs. 3 TVG legt der Tarifvertrag Mindestentgelte fest. Daher würde das im Arbeitsvertrag vereinbarte Bruttoentgelt in Höhe von 2.150,00 EUR für die kaufmännischen Auszubildenden gelten.

d)
- Der Unternehmensgewinn sinkt durch steigende Personalaufwendungen, da die gestiegenen Kosten aufgrund der Konkurrenzsituation nicht auf die Preise aufgeschlagen werden können.
- Kosteneinsparungen, z. B. durch Personalabbau, Verringerung der Einkaufspreise
- sinkende Umsatzrentabilität, evtl. wird die Geschäftsleitung andere Anlageformen bevorzugen als Investitionen in das Unternehmen zu tätigen

e) Vor dem Auslaufen des Tarifvertrags: Die Arbeitnehmer könnten ihre Forderungen mit einem Warnstreik untermauern. Der Warnstreik ist eine kurzzeitige Arbeitsniederlegung mit dem Ziel, die Einigkeit der Arbeitnehmer aufzuzeigen und den Arbeitgeber vor den Folgen eines tatsächlichen Streiks zu warnen.

Nach dem Auslaufen des Tarifvertrags: Möglichkeit eines gewerkschaftlich organisierten Streiks, der durch die Urabstimmung legitimiert werden muss.

1.2.1 Tarifautonomie bedeutet, dass die Tarifpartner ihre Verträge ohne Einmischung des Staates aushandeln können. Ein Mindestlohn per Gesetz ist somit ein Eingriff in die Tarifautonomie. Er setzt den Tarifpartnern eine verbindliche Untergrenze. Herr Steinhaus vertritt die Meinung, dass wenn der Staat die Grenzen setzt, brauchen sich die Arbeitnehmer nicht mehr zu engagieren und für ihre Position zu streiten.

Herr Steinhaus hat mit seiner Aussage bedingt recht. Es ist richtig, dass der Staat durch den Mindestlohn in die Tarifautonomie eingreift, aber er setzt lediglich verbindliche Untergrenzen. Darüber hinaus können die Tarifpartner aber weiterhin frei verhandeln. Das heißt, die Gewerkschaften könnten versuchen noch höhere Löhne auszuhandeln oder z. B. bessere Arbeitsbedingungen.

Es ist weiterhin notwendig, den Arbeitgebern einen starken Verhandlungspartner (Gewerkschaft) gegenüberzustellen, um die Arbeitnehmer angemessen zu vertreten. Dafür ist es weiterhin notwendig, dass sich Arbeitnehmer in Gewerkschaften organisieren.

Gehälter sind nur ein Aspekt in Tarifverhandlungen. Gewerkschaften verhandeln z. B. auch über Arbeitszeiten, Urlaub, ...

1.2.2
- Bekämpfung von Niedriglohn sowie Lohndumping und somit auch Stabilisierung der Nachfrage am unteren Einkommensende
- Verringerung der staatlichen Ausgaben für soziale Unterstützung (z. B. aufstockendes ALG II). Dies führt zu einer Entlastung des Staatshaushalts.
- Entwicklung in Richtung gleichmäßigere Einkommensverteilung
- Erhöhung der Steuereinnahmen aufgrund steigender Lohnsteuern

Prüfungsaufgaben Winter 2016/2017 (Aufgabe 1)

1.1.1 Sandra ist mit 18 Jahren volljährig. Somit müssen nur sie und der Ausbildende den Vertrag unterschreiben. Eine Unterschrift der Eltern ist nicht erforderlich.

1.1.2
- „Durch die Tätigkeit im Betrieb wird dir (Sandra) eine praxisorientierte Ausbildung ermöglicht." „Dadurch bekommst du gleich einen guten Einblick in die Arbeitswelt und hast, wenn du dir Mühe gibst, gute Chancen auf einen späteren Arbeitsplatz in deinem Ausbildungsunternehmen."
- „Zudem werden dir in der Berufsschule theoretische Kenntnisse vermittelt und deine Allgemeinbildung wird gefördert."
- „Auch erhältst du während der dualen Ausbildung bereits Geld und bist damit unabhängiger von deinen Eltern."

Weitere schülerindividuelle Antworten möglich.

1.1.3 Peter ist erst 17 Jahre alt. Für ihn gelten die Regeln des Jugendarbeitsschutzgesetzes. Laut § 9 Abs. 1 Nr. 2 JArbSchG darf der Betrieb Jugendliche nicht beschäftigen, wenn sie länger als 5 Stunden Berufsschulunterricht haben. Für Sandra gilt diese Regel nicht, da sie volljährig ist.

1.1.4 Sandra wurde im Rahmen der Probezeit gekündigt. Diese dauert laut § 20 BBiG 1–4 Monate. Während der Probezeit kann das Ausbildungsverhältnis laut § 22 BBiG jederzeit gekündigt werden ohne Einhalten einer Kündigungsfrist und ohne Angabe von Gründen. Die Kündigung ist damit wirksam.

1.2.1 **Arbeitgeberverbände:** Durch Aussperrungen hindern die Arbeitgeber die Arbeitnehmer daran zu arbeiten.
Gewerkschaften: Arbeitnehmer stellen ihre Arbeit in Form von Streiks ein.

1.2.2 Der Staat darf nicht in Tarifverhandlungen eingreifen. Es gilt Tarifautonomie zwischen den Sozialpartnern.

1.2.3 Zunächst haben nur die gewerkschaftlich organisierten Arbeitnehmer Anspruch auf vereinbarte Lohnerhöhungen. Wird der Tarifvertrag für allgemein verbindlich erklärt, gelten die Bestimmungen aber für alle. Gegebenenfalls passen Unternehmen die Verträge für alle Mitarbeiter an, da sie sie nicht in die Gewerkschaft treiben wollen.

1.2.4 Nein, ein Tarifvertrag muss nicht für ganz Deutschland gelten. Flächentarifverträge können z. B. nur für einzelne Regionen oder Bundesländer abgeschlossen werden. Außerdem besteht die Möglichkeit für übertarifliche Vergütungen.

1.3.
- Vertretung der Interessen von Jugendlichen und Auszubildenden
- Weitergabe von Anregungen und Beschwerden an den Betriebsrat
- Teilnahme an Betriebsratssitzungen

Weitere Antworten möglich.

Prüfungsaufgaben Winter 2016/2017 (Aufgabe 2)

2.1.1 „Es fehlt die gesetzliche Unfallversicherung."

2.1.2 „Der Arbeitgeber zahlt die Unfallversicherung alleine. Aus diesem Grund erscheint sie nicht als Abzug in deiner Abrechnung der Ausbildungsvergütung."

2.2. „Die Krankenhauskosten nach einem Arbeitsunfall zahlt die Unfallversicherung, nicht die Krankenversicherung. Aus diesem Grund verlangt die Krankenkasse einen Unfallbericht, um zu wissen, wo der Unfall passiert ist."

2.3. „Der Beitragssatz der Krankenkasse beträgt 14,6 %, davon zahlst du die Hälfte. Den Zusatzbeitrag von 0,9 % musst du alleine zahlen. Grundlage ist deine Ausbildungsvergütung."

680,00 EUR · 7,3 % =	49,64 EUR
680,00 EUR · 0,9 % =	6,12 EUR
gesamt	55,76 EUR

2.4.1 „Die Jüngeren zahlen ihre Beiträge in die Rentenversicherung ein, wovon die Renten der heute Älteren ausbezahlt werden. Du bekommst später deine Rente von den Beiträgen der jüngeren Generation."

2.4.2 „Problematik: Immer mehr Rentner müssen von immer weniger Beitragszahlern finanziert werden."

2.5. Z. B.
- betriebliche Altersversorgung
- private Zusatzvorsorge (Riesterrente)
- private Rentenversicherung
- Kapitallebensversicherung

2.6.1 „Du musst den Zusatzbeitrag nicht bezahlen, da du noch unter 23 Jahre alt bist."

2.6.2 „Familien müssen den Zusatzbeitrag nicht bezahlen, um sie finanziell zu entlasten."

Prüfungsaufgaben Winter 2016/2017 (Aufgabe 1)

1.1 Einladung zum Workshop „Unfall- und Jugendarbeitsschutz"

Schülerabhängig, z. B.:

> Liebe Auszubildende,
> hiermit laden wir euch herzlich zu unserem Workshop „Unfall- und Jugendarbeitsschutz" für Auszubildende ein. Der Workshop findet am 21.11.2016 um 09:30 Uhr in Raum 007 statt.
>
> Warum bieten wir euch diese Schulung an? Uns ist es wichtig, Unfällen vorzubeugen und euch über Sicherheitsmaßnahmen zu informieren, damit ihr euch im Unternehmen sicher fühlt und Unfälle und Verletzungen vermieden werden. Einige von euch werden in der Fertigung und im Lager ausgebildet, wo es besonders wichtig ist, über Unfallverhütung informiert zu sein, da die Unfallgefahr dort höher ist als in der Verwaltung, z. B. könntet ihr im Lager von einem Stapler angefahren werden. Unfälle führen dazu, dass ihr eure Ausbildung eventuell unterbrechen müsst, und dies möchten wir vermeiden. Aber nicht nur wir als JAV, sondern auch unsere Geschäftsleitung hat ein starkes Interesse daran, Unfälle zu vermeiden, denn diese führen zu Personalausfällen, zu erhöhten Kosten und eventuell zu einem geringeren Absatz.
>
> Wichtig ist uns auch der Jugendarbeitsschutz. Wir als Jugendliche sind besonders zu schützen, d. h., wir erhalten längere Pausen, dürfen zu bestimmten Zeiten nicht arbeiten und haben i. d. R. kürzere Arbeitszeiten. Ziel ist es dabei, uns nicht zu überfordern und unsere Gesundheit zu erhalten.
>
> Es wird für euch sicher ein interessanter Workshop.
>
> Wir freuen uns auf eure Teilnahme.
>
> Mit freundlichen Grüßen
>
> Euer JAV-Team

1.2.1 Schülerabhängige Lösung, z. B.
Unfall auf dem Arbeitsweg/Schulweg oder während der Arbeit/Schule jeweils mit Beispielen belegt.

1.2.2
- Behandlungskosten
- Arzneimittel
- Reha-Kosten
- ggf. Rente aus der Unfallversicherung
- ...

1.3.1 Befindet sich Frank noch in der Probezeit (1–4 Monate; heute 09.11.2016), kann er fristlos ohne Angabe von Gründen gekündigt werden (§ 22 Abs. 1 BBiG).
Ist Frank nicht mehr in der Probezeit, ist eine Kündigung aus diesem Grund nicht möglich, da hier kein wichtiger Grund nach § 22 Abs. 2 BBiG vorliegt.
(Der Arbeitgeber kann ihn allerdings abmahnen, indem er auf das Fehlverhalten hinweist und arbeitsrechtliche Konsequenzen für die Zukunft androht.)

1.3.2 Anastasia kann die Ausbildung beenden, da sie die Berufsausbildung aufgeben möchte (§ 22 Abs. 2 Satz 2 BBiG). Allerdings kann sie nicht am 01.12.2016 in Lyon anfangen, denn sie hat eine Kündigungsfrist von vier Wochen (§ 22 Abs. 2 BBiG). Sie muss zudem den Grund ihrer Kündigung angeben (§ 22 Abs. 3 BBiG).
Alternativ könnte sie den Arbeitgeber um einen Aufhebungsvertrag bitten.

Prüfungsaufgaben Sommer 2017 (Aufgabe 1, verändert)

1.1 Schülerabhängig, z. B.:
Gewerkschaft: Lebenshaltungskosten (z. B. Mieten) sind gestiegen (Inflationsausgleich), Unternehmen haben Gewinne erwirtschaftet, ein Teil steht den Arbeitnehmern zu, die Belastungen am Arbeitsplatz nehmen zu, ...

1.2 Dies ist rechtlich nicht möglich, da die Urabstimmung der Gewerkschaftsmitglieder über den Streik Voraussetzung für eine rechtmäßige Arbeitsniederlegung ist.

Beispiel:

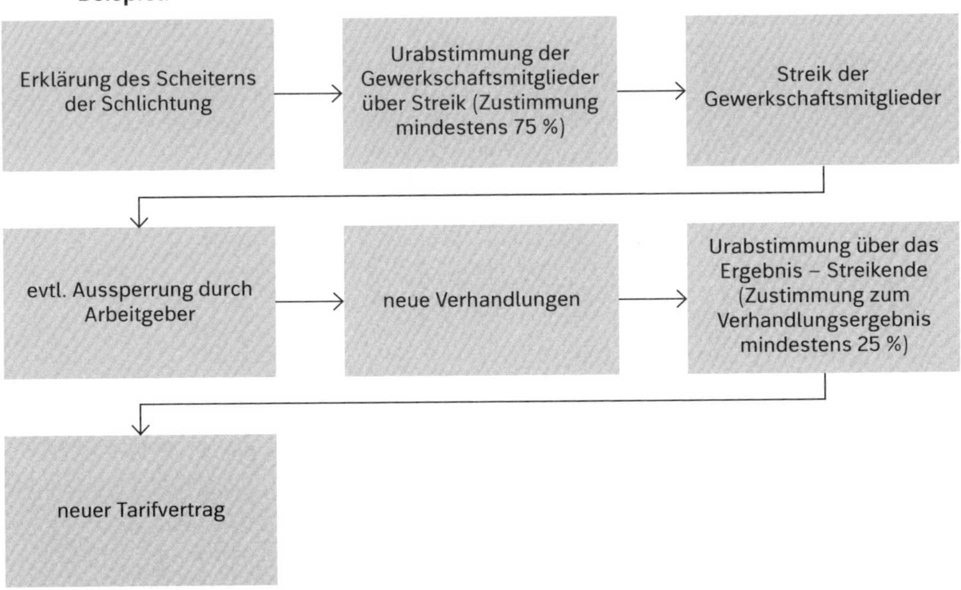

1.3.1 Sabrina ist nicht Mitglied in der Gewerkschaft, somit würde die Erhöhung der Ausbildungsvergütung sie nicht betreffen. Allerdings steht in ihrem Ausbildungsvertrag, dass der Tarifvertrag und die Betriebsvereinbarung gelten, somit profitiert sie von der Entgelterhöhung.

1.3.2 Zu Beginn des Jahres 2016 war Sabrina 17 Jahre alt. Daher stehen ihr laut § 19 JArbSchG 25 Tage Urlaub zu. Zu Beginn des Jahres 2017 ist Sabrina 18 Jahre alt, daher gilt die gesetzliche Regelung des Bundesurlaubsgesetzes. Ihr stehen 24 Tage Urlaub zu.

Prüfungsaufgaben Winter 2017/2018 (Aufgabe 1)

1.1 Vorschlag, z. B. Flyer:

Innenteil links	Mitte	rechts
Wofür? Wahl eines neuen Betriebsrats für die Corbus GmbH 71 Mitarbeiter/-innen (MA) – 10 unter 18 Jahren = 61 wahlberechtigte MA – 12 weniger 6 Mon. im Betrieb = 49 wählbare MA → 5 BR-Mitglieder wählen **Wann?** Während der Arbeitszeit am Donnerstag, 30. November 2017 zwischen 8 und 15 Uhr **Wo?** in Seminarraum 101	**Wer?** • Wenn du 18 Jahre oder älter bist, nutze dein Wahlrecht und gib deine Stimme ab! • Bist du außerdem schon länger als 6 Monate im Betrieb, dann lass dich als Kandidat/-in aufstellen! **Voraussetzungen:** • Du möchtest dich gern für die Kollegen und Kolleginnen einsetzen. • Du möchtest die Arbeitsbedingungen mitgestalten. • Du möchtest fair und vertrauensvoll zum Wohle der Arbeitnehmer/-innen mit der Geschäftsleitung zusammenarbeiten.	**Wie?** Möchtest du bei der Wahl mithelfen, dann melde dich bitte bis spätestens Freitag, 17. November beim Wahlvorstand. Eine Helferliste mit der Zeiteinteilung erhalten alle Helfer/-innen am Mittwoch, 22. November. Wir freuen uns auf zahlreiche Meldungen und eine rege Teilnahme an der Wahl! Nur gemeinsam sind wir stark!

Faltteil links	Rückseite	Außenteil „Titel“
Warum ist ein Betriebsrat wichtig? • Er setzt sich gegenüber der Geschäftsleitung für die Interessen von uns Mitarbeitern und Mitarbeiterinnen ein. • Er berät und unterstützt dich bei Problemen, z. B. bei der Genehmigung eines Homeoffice-Arbeitsplatzes. • Er überwacht die Einhaltung von Gesetzen, wie z. B. das Arbeitszeitgesetz.	Impressum: der Wahlvorstand wahlvorstand@corbus.de Tel.: 07031 / 123456	**BE** **MIT STIMMEN** – **Engagiere Dich** **und mach mit!**

1.2 Schülerabhängige Antwort in Form einer E-Mail:

> Die Probezeit von drei Monaten ist in Ordnung, da der Arbeitgeber laut § 20 BBiG eine Wahlmöglichkeit zwischen ein bis vier Monaten hat.
>
> Beim Gehalt liegen im zweiten und dritten Ausbildungsjahr Fehler vor. Die Corbus GmbH darf das tariflich festgelegte Ausbildungsgehalt nicht unterschreiten, da sie über die Mitgliedschaft im Arbeitgeberverband tariflich gebunden ist.
>
> Die Urlaubstage im 1. Jahr stimmen nicht, hier hat sich der Arbeitgeber am Tarifvertrag zu orientieren, der den Auszubildenden besser stellt als die gesetzliche Regelung (laut Gesetz 27 Werktage = 22,5 Arbeitstage → anteilig für 4 Monate: 7,5 AT = 8 AT).
>
> Michael Schlotter stehen zwei Arbeitstage mehr Urlaub, also zehn Arbeitstage in 2017 zu.
>
> Formale Inhalte: Betreff, Anrede, Grußformel

Prüfungsaufgaben Sommer 2018 (Aufgabe 1, verändert)

1.1 **§ 1 Probezeit:** Die Probezeit fehlt komplett, sie beträgt bei Auszubildenden mindestens einen Monat und darf höchstens vier Monate betragen (§ 20 BBiG). Wir sollten uns für vier Monate entscheiden, beide Parteien (Unternehmen und Auszubildender) haben so ausreichend die Möglichkeit sich kennenzulernen und festzustellen, ob der Auszubildende in das Unternehmen passt und geeignet ist. (Alternativ: Entscheidung für einmonatige Probezeit. So kann man sicherstellen, dass gute Auszubildende schnell ans Unternehmen gebunden sind.)

§ 6 Ausbildungsvergütung: Die Ausbildungsvergütung muss jährlich ansteigen (§ 17 Abs. 1 BBiG). Darüber hinaus ist die Ausbildungsvergütung nach der Entscheidung des Bundesarbeitsgerichts dann gerade noch angemessen, wenn sie nicht mehr als 20 %

von der üblichen tariflichen Ausbildungsvergütung in der jeweiligen Branche abweicht, d. h. im ersten Lehrjahr mindestens 757,60 EUR, im zweiten Lehrjahr mindestens 810,40 EUR und im dritten Lehrjahr mindestens 857,60 EUR → Damit liegt das Unternehmen genau beim Minimum, Kostenvorteil.
Aber auch alternative Begründung möglich, z. B. das Unternehmen zahlt den Tariflohn, um gute Auszubildende gewinnen zu können (Wettbewerbsfähigkeit) oder zahlt den Tariflohn aus Imagegründen.

§ 7 Ausbildungszeit: Muss korrigiert werden, da laut § 8 JArbSchG Jugendliche nicht mehr als acht Stunden täglich bzw. 40 Stunden wöchentlich beschäftigt werden dürfen.

§ 7 Urlaub: Der Urlaub im Jahr 2018 beträgt neun Werktage/acht Arbeitstage; der Urlaub im Jahr 2019 beträgt 25 Werktage/21 Arbeitstage (§ 19 Abs. 2 JArbSchG). Im letzten Jahr ist der Urlaub richtig angegeben. Die gesetzliche Urlaubsregelung stellt das Minimum dar (das Unternehmen ist nicht tarifgebunden) → Kostenvorteil, der Auszubildende steht dem Betrieb für mehr Arbeitstage zur Verfügung.
Aber auch alternative Begründung möglich, z. B. gewährt mehr Urlaub als das Gesetz vorschreibt → Mitarbeitergewinnung/Motivation.

1.2

Von: Name des Schülers@papierwerke_haeperle.com

An: johanna.frank@papierwerke_haeperle.com

Betreff: Antwort auf deine Anfrage – Konsequenz bei Nichtbestehen der Abschlussprüfung

Hallo Johanna,

falls du die Berufsschulabschlussprüfung wirklich nicht bestehen solltest, kannst du beantragen, dass sich dein Ausbildungsverhältnis bis zur nächsten Wiederholungsprüfung bzw. maximal um ein Jahr verlängert (§ 21 Abs. 3 BBiG).

Du wirst also auf deinen Antrag hin weiterbeschäftigt und bist nicht arbeitslos. Ich wünsche dir viel Erfolg für deine Prüfung und hoffe, dass du die Prüfung gut bestehen wirst!

Viele Grüße

Name des Schülers
Papierwerke Häperle GmbH
Tel.: 07131/5561-125
Fax: 07131/55611-126
E-Mail: Name des Schülers@papierwerke_haeperle.com

1.3 Da der Auszubildende nicht auf dem direkten Weg von der Arbeitsstätte nach Hause verunglückt ist, ist in diesem Fall nicht die gesetzliche Unfallversicherung zuständig, sondern die gesetzliche Krankenversicherung.
Mögliche Leistungen: ärztliche Behandlung/Krankenhausbehandlung, Versorgung mit Arznei- und Verbandsmitteln, Maßnahmen zur Rehabilitation o. Ä.

1.4 Für die Aussage spricht, dass in Deutschland die Sozialversicherungsbeiträge im Vergleich zu anderen Ländern, in denen die Sozialversicherungsbeiträge nicht so hoch sind, einen Standortnachteil bedeuten können, da sich diese Kosten auch auf die Preise niederschlagen können und demnach die Konkurrenzfähigkeit gegenüber ausländischen Unternehmen sinken kann. Dies kann auch dazu führen, dass Unternehmen aus Kostengründen aus Deutschland abwandern. Als Folge davon erhöht sich die Zahl der Arbeitslosen, was wiederum einen Konjunkturrückgang bedeuten könnte. Aus Unternehmenssicht hat der Chef recht.

Auf der anderen Seite sind die Wirtschaft und jedes Unternehmen auf Nachfrage angewiesen. Der Sozialstaat bietet einerseits eine soziale Absicherung, er sichert aber auch die Nachfrage (z. B. durch Arbeitslosengeld, Krankengeld, Rente etc.). Genau das ist auch für unser Unternehmen sehr wichtig. Zudem erhalten Arbeitnehmer Leistungen aus der gesetzlichen Sozialversicherung (v. a. Kranken- und Rentenversicherung), die ihnen bei Krankheit zur Heilung und damit auch wieder zu einer schnelleren Rückkehr ins Arbeitsleben verhelfen (z. B. Kuren).

Prüfungsaufgaben Sommer 2019 (Aufgabe 1, verändert)

1.1 Leistungen, z. B.:
- Altersrente: Leistung der Rentenversicherung bei Erreichen des Renteneintrittsalters
- Erwerbsminderungsrente: Leistungen der Rentenversicherung vor Erreichen des Renteneintrittsalters bei Erwerbsminderung
- Übernahme der Kosten für Rehabilitationsmaßnahmen zur Wiederherstellung der Erwerbsfähigkeit

1.2.1 Z. B.
- Die Menschen werden immer älter, die Lebenserwartung, die Rentenbezugsdauer, aber auch die Kosten für Krankheit und Pflege steigen.
- Der Anteil der über 60-Jährigen steigt kontinuierlich.
- Der Anteil der 20- bis 60-Jährigen geht zurück.
- Der Anteil der unter 20-Jährigen geht stark zurück.
- Es kommen immer weniger junge Arbeitnehmer nach, die für immer mehr ältere Menschen aufkommen müssen.
- Die Geburten werden nicht ausreichen, um diesen Trend umzukehren.

1.2.2 Z. B.
- staatlich geförderte private Altersvorsorge (Riester-Rente)
- betriebliche Altersvorsorge (Entgeltumwandlung)
- private Rentenversicherung (kapitalgedeckte Rente)
- Wohneigentum

1.3 **Zu Frage 1:**
Die erste Pause liegt zu früh (30 Min. nach Arbeitsbeginn), der Jugendliche wird mehr als viereinhalb Stunden am Stück beschäftigt (von 08:15 Uhr bis 13:00 Uhr), die Gesamtlänge der Pause ist zu kurz (45 Min. statt 60 Min.) (§ 11 JArbschG).

Zu Frage 2:
Da der Berufsschultag vor 09:00 Uhr beginnt, ist eine Beschäftigung des Auszubildenden im Betrieb von 07:00 Uhr bis 08:00 Uhr nicht erlaubt (§ 9 JArbSchG).

1.4.1 [...]

1.4.2 **Folgen für den Arbeitgeber, z. B.:**
Für den Arbeitgeber können sich negative finanzielle Folgen durch den krankheitsbedingten Ausfall von Arbeitnehmern ergeben, da Aufträge nicht oder nicht fristgerecht ausgeführt werden können. Die Nichteinhaltung von Arbeitsschutzvorschriften kann außerdem das Betriebsklima verschlechtern und die Arbeitsergebnisse negativ beeinflussen.

Folgen für den Arbeitnehmer, z. B.:
Für den Arbeitnehmer kann die Nichteinhaltung der Arbeitsschutzvorschriften zu negativen gesundheitlichen Folgen führen. Er wird eventuell überbelastet, was sich wiederum auf die Gesundheit auswirken kann. Darüber hinaus kann es durch die fehlende Fürsorge des Arbeitgebers zu Motivationsproblemen des Arbeitnehmers kommen.

Prüfungsaufgaben Winter 2019/2020 (Aufgabe 1, verändert)

1.1.1
- DiPalo ist zu alt, da er das 25. Lebensjahr bereits vollendet hat (§ 61 Abs. 2 BetrVG).
- Yildiz ist Mitglied des Betriebsrats und kann deshalb nicht gewählt werden (§ 61 Abs. 2 BetrVG).

1.1.2 **Notiz zur Wahl der Jugend- und Auszubildendenvertretung:**
- Grundsätzlicher Wahltermin: Freitag, 29.11.2019, oder Samstag, 30.11.2019, sofern diese regelmäßige Arbeitstage sind (§ 64 BetrVG).
  Aber: bei Neugründung beliebiger Termin möglich (§ 13 Abs. 2 BetrVG)
- Wahlberechtigt: alle Arbeitnehmer des Betriebs, die noch nicht 18 Jahre alt sind, oder Auszubildende unter 25 Jahren (§ 61 Abs. 1 BetrVG)
- Größe: drei Mitglieder (§ 62 Abs. 1 BetrVG) → 19 Auszubildende abzüglich drei Auszubildende über 25 Jahren zuzüglich sechs jugendliche Mitarbeiter = 22 Personen
- Zusammensetzung: Nach § 62 Abs. 3 BetrVG muss mindestens ein Mitglied männlich sein.

1.1.3 Z. B.
Gegen die Aussage spricht:
- Die JAV kann Anliegen auf die Tagesordnung der Betriebsratssitzungen bringen.
- Durch Engagement und gute Argumente kann die JAV den Betriebsrat und damit die Geschäftsleitung über die Anliegen und Belange der jugendlichen AN und der Azubis informieren.

Für die Aussage spricht: keine direkte Einflussnahme möglich, Einflussnahme nur über den Betriebsrat

1.2 **Innerhalb der Probezeit:** Kündigung jederzeit ohne Einhalten einer Kündigungsfrist und ohne Angabe von Gründen möglich (§ 22 Abs. 1 BBiG)

Nach der Probezeit: Kündigung nur aus wichtigem Grund möglich. Hier handelt es sich jedoch nicht um einen wichtigen Grund (§ 22 Abs. 2 Nr. 1 BBiG).

1.3 Der ökologischen Fußabdruck gibt die biologisch produktive Fläche auf der Erde an, die notwendig ist, um den Lebensstil und Lebensstandard eines Menschen dauerhaft zu ermöglichen. Er ist ein Indikator für Nachhaltigkeit. Die Maßeinheit hierfür ist der Globale Hektar (gha) pro Person und Jahr.

Beispiele für umweltbewusstes Verhalten, z. B.:
- beim Einkauf von Papier auf entsprechende Umweltsiegel achten
- Umstellung auf papierloses Büro zur Reduzierung des Papierverbrauchs und des Toners

Argumente für umweltbewusstes Verhalten im Unternehmen, z. B.:
- Kostensenkung durch geringeren Verbrauch
- Gewinnung von Effizienz durch digitale Verfügbarkeit aller Daten

Kompetenzbereich II: Wirtschaftliches Handeln in der Sozialen Marktwirtschaft analysieren

1 Wechselseitige Beziehungen der Wirtschaftssubjekte

1.3 Aufgaben zu den Kapiteln 1.1 und 1.2

1. **Bruttoinvestition:** = Nettoinvestition + Reinvestition
   = Summe aller Investitionen

   Nettoinvestition: führt zur Vergrößerung bzw. Verbesserung der volkswirtschaftlichen Kapazität (Wachstum)

   Reinvestition: = Ersatzinvestition; führt zur Erhaltung der volkswirtschaftlichen Kapazität (Ersatz von ausscheidenden Maschinen)

2. Nettoinvestition

3. **Anlageinvestition:** Anschaffung von Anlagegütern

   Vorratsinvestition: Anschaffung von Gütern des Umlaufvermögens (Vorräte)

4. stationäre Wirtschaft (Sektoren: priv. Haushalte und Unternehmen); keine Ersparnis der priv. Haushalte, keine Nettoinvestit., kein Wachstum (nur Reinvestition)

5. a) **Volkseinkommen:** Summe aller in einer Volkswirtschaft in einem Jahr geschaffenen Einkommen
   b) **Inlandsprodukt:** Wert aller in einem Jahr produzierten entgeltlichen Güter und Dienstleistungen einer Volkswirtschaft bzw. erzielte Einkommen der In- und Ausländer in Deutschland

6. Summe aller Gewinn-und-Verlust-Konten aller Unternehmen einer Volkswirtschaft

7. Haushalte, Unternehmen, Staat, Ausland, Vermögensänderung (Banken)

8. Banken sammeln die Ersparnisse der Haushalte und leiten sie als Kredite an die Unternehmen für Investitionszwecke weiter.

9. **Stationäre Wirtschaft:** Wirtschaft ohne Wachstum

   Evolutorische Wirtschaft: wachsende Wirtschaft (Nettoinvestitionen!)

10. **Offene Wirtschaft:** Wirtschaft unter Einbeziehung des Auslands

    Geschlossene Wirtschaft: Wirtschaft ohne Einbeziehung des Auslands

11. a) Einkommen
    b) Konsumausgaben oder private Ersparnis
    c) Konsumausgaben (= Umsatzerlöse der Konsumgüterindustrie), Bruttoinvestitionen (= Umsatzerlöse der Investitionsgüterindustrie), Exporterlöse, Subventionen, Staatskonsum
    d) indirekte Steuern
    e) Ersparnis, Konsum oder Subventionen

12. Vgl. Stofftelegramm.

13. a) **Nominales Inlandsprodukt:** Inlandsprodukt – zu tatsächlichen Preisen bewertet
Reales Inlandsprodukt: Inlandsprodukt – nach Herausrechnung der Preissteigerungen
b) Eine rein nominale Erhöhung des Inlandsprodukts ist nicht unbedingt mit einer Mehrleistung (Mehrproduktion) der Volkswirtschaft verbunden, sondern mehr oder weniger inflationsbedingt. Preissteigerungen sind daher bei der realen Betrachtung herauszurechnen.

14. Fragestellungen bei der

Entstehung des Inlandsprodukts: Wo ist das Inlandsprodukt entstanden?

Antwort: in den einzelnen Wirtschaftsbereichen (Investitions-, Konsumgüterindustrie, Landwirtschaft, Dienstleistungsbereich ...)

Verteilung des Inlandsprodukts: An wen wird das Inlandsprodukt verteilt?

Antwort: an Nichtunternehmer (E_{nu}) und Unternehmer (E_u)

Verwendung des Inlandsprodukts: Wie wird das Inlandsprodukt verwendet?

Antwort: u. a. für Investitionszwecke (I) und Konsumzwecke (C)

15. a)

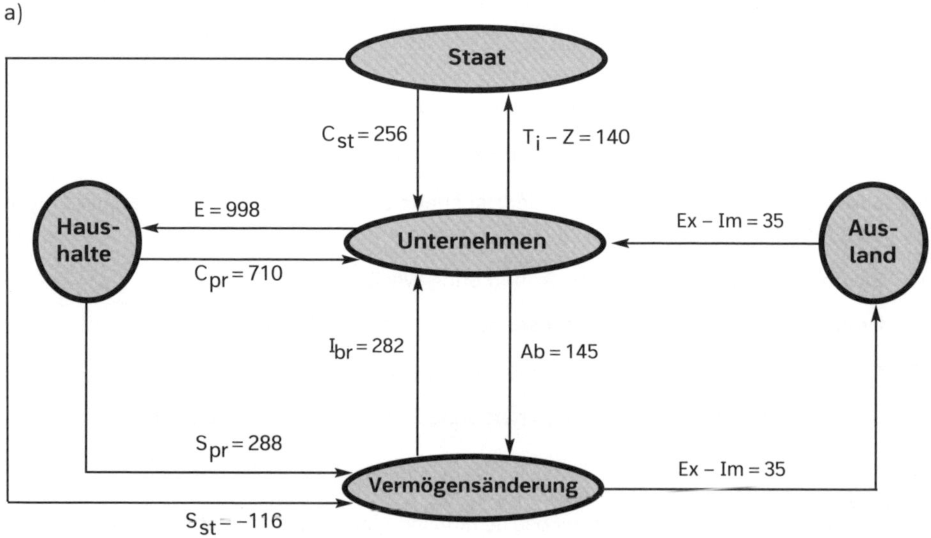

b) Die Staatsausgaben übersteigen die Staatseinnahmen. Der Saldo stellt negatives Sparen (= Kreditaufnahme) dar.

c) **Verteilungsrechnung:**

NIP_h (Volkseinkommen) $= E_u + E_{nu} = 500 + 498 \quad = \quad 998$ Mio. GE

$BIP_m = NIP_m + Ab = 1.138 + 145 \quad = 1.283$ Mio. GE

Verwendungsrechnung:

NIP_h (Volkseinkommen) $= I_n + C + (Ex - Im) - (T_i - Z)$

$= 137 + 966 + 35 - 140 \quad = \quad 998$ Mio. GE

$BIP_m = NIP_m + Ab \quad = 1.283$ Mio. GE

16. Vgl. Stofftelegramm.

17. A meint die nominelle, B die reale Entwicklung des BIP (vgl. 13.).

18. a) rückschreitende Wirtschaft, da negative Nettoinvestition (–5 GE)
    b) evolutorische Wirtschaft, da Nettoinvestitionen (60 GE)
    c) Stationäre Wirtschaft: kein Wachstum, da keine Nettoinvestitionen; die volkswirtschaftliche Kapazität bleibt erhalten.

19. Die Aussage ist im Wesentlichen richtig: Der materielle Lebensstandard steigt mit steigendem Volkseinkommen. Allerdings schmälern folgende Aspekte den Aussagewert:
    - Es ist fraglich, ob Lebensqualität in Zahlen messbar ist.
    - Steigendes Volkseinkommen bedeutet evtl. steigende Umweltbelastung (soziale Kosten).
    - Verschiedene Kosten erhöhen das Bruttoinlandsprodukt, die eigentlich wieder abgezogen werden müssten: Behandlungskosten von Unfallopfern, Reparaturen an Unfallautos ...
    - Bestimmte Leistungen werden nicht erfasst, z. B. Ausbildungsleistungen von Unternehmen, Nutzung der Infrastruktur (= soziale Leistungen) sowie Hausfrauentätigkeiten, private Kleingärtnerarbeiten ...

    Korrektur des BIP: **Bruttoinlandsprodukt**
    – soziale Kosten
    + soziale Leistungen
    + Hausfrauentätigkeiten (bewertet)
    + private Kleingärtnerleistungen

    - alternative Wohlstandsindikatoren verwenden, wie z. B. HDI oder ISEW (vgl. Stofftelegramm)

Test → Volkswirtschaftliche Gesamtrechnung – Lösungen

1., 2., 3. Versuch	Erzielte Punkte

1

Volkseinkommen: Summe aller in einer Volkswirtschaft in einem Jahr geschaffenen Einkommen ---> 1

Inlandsprodukt: Wert aller in einem Jahr produzierten entgeltlichen Güter und Dienstleistungen in einer Volkswirtschaft ---> 1

1.	2	
2.	2	
3.	2	

2

Stationäre Wirtschaft: Wirtschaft ohne Wachstum ---> 0,5

Evolutorische Wirtschaft: wachsende Wirtschaft ---> 0,5

1.	1	
2.	1	
3.	1	

3

je Fehler 1 Punkt Abzug

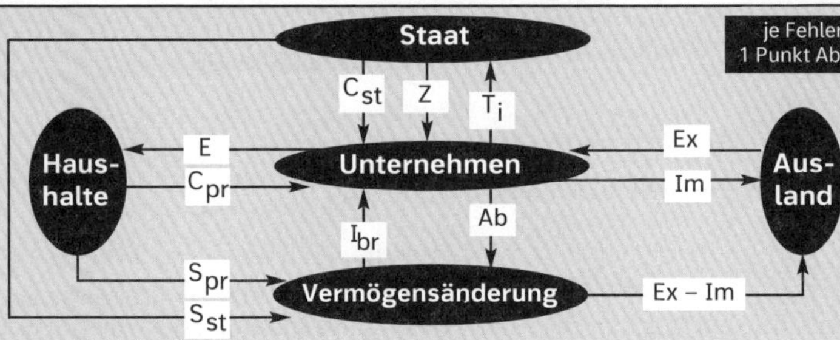

1.	5	
2.	5	
3.	5	

4

Nominales Inlandsprodukt: Inlandsprod., zu tatsächlichen Preisen bewertet ---> 1

Reales Inlandsprodukt:Inlandsprod., nach Herausrechnung der Preissteigerungen ---> 1

1.	2	
2.	2	
3.	2	

5

Verteilungsrechnung:

Volkseinkommen $= NIP_h = E_u + E_{nu} = 500 + 498 = 998$ Mio. GE ---> 1,5

$BIP_m = NIP_m + Ab = 1.138 + 145 = 1.283$ Mio. GE ---> 1,5

Verwendungsrechnung:

Volkseinkommen $= I_n + C + (Ex - Im) - (T_i - Z)$

$= 137 + 966 + 35 - 140 = 998$ Mio. GE ---> 1,5

$BIP_m = NIP_m + Ab = 1.283$ Mio. GE ---> 1,5

1.	6	
2.	6	
3.	6	

6

Die Aussage ist im Wesentlichen richtig: Der materielle Lebensstandard steigt mit steigendem Volkseinkommen. ---> 1

Allerdings schmälern folgende Aspekte den Aussagewert:

- Es ist fraglich, ob Lebensqualität in Zahlen messbar ist. ---> 0,5
- Steigendes Volkseinkommen bedeutet steigende Umweltbelastung (soziale Kosten). ---> 0,5
- Verschiedene Kosten erhöhen das Bruttoinlandsprodukt, die eigentlich wieder abgezogen werden müssten: Behandlungskosten von Unfallopfern, Reparatur Unfallautos ... ---> 0,5
- Bestimmte Leistungen werden nicht erfasst, z. B. Ausbildungsleistungen von Unternehmen, Nutzung der Infrastruktur (= soziale Leistungen), Hausfrauentätigkeit ... ---> 0,5

Korrektur des BIP: **Bruttoinlandsprodukt – soziale Kosten + soziale Leistungen** + u. a. Hausfrauentätigkeiten (bewertet) ---> 1

1.	4	
2.	4	
3.	4	

Tragen Sie Ihre Punktesumme ein und ermitteln Sie auf dem Aufgabenblatt Ihre Note.

Punktesumme → 1. 20 | **Punktesumme** → 2. 20 | **Punktesumme** → 3. 20

2 Ordnungsmerkmale der Sozialen Marktwirtschaft

1. Alle Ordnungsmerkmale der freien Marktwirtschaft werden bei der Sozialen Marktwirtschaft mehr oder weniger eingeschränkt, um soziale Härten oder Benachteiligungen zu vermeiden.

2. a) **Privateigentum:**
   - Mitbestimmungsregelungen in Gesetzen
   - teilweise öffentliches Eigentum
   - Art. 14 Grundgesetz: Eigentum verpflichtet.

   b) **Vertragsfreiheit:**
   - Gesetzesregelungen über nichtige und anfechtbare Rechtsgeschäfte
   - Verbraucherschutzregelungen
   - Gesetz gegen den unlauteren Wettbewerb

   c) **Gewerbefreiheit:**
   - Umwelt- und Verbraucherschutz
   - Zulassungsvorschriften

3. **Freie Marktwirtschaft:** keine Eingriffe des Staates in die Wirtschaft

   Soziale Marktwirtschaft: Eingriffsmöglichkeiten des Staates in die Wirtschaft, wenn soziale Härten oder Benachteiligungen verhindert oder wirtschaftspolitische Ziele gefördert werden sollen. Die staatlichen Eingriffsmöglichkeiten sind gesetzlich geregelt. Vgl. auch Aufgabe 2.

4. a) Privateigentum, Vertragsfreiheit, Gewerbefreiheit, Konsumfreiheit, freie Berufs- und Arbeitsplatzwahl ... (drei Merkmale genügen)

   b) keine Eingriffe in die Wirtschaft, nur Schutz- und Ordnungsmaßnahmen (Nachtwächterstaat)

5. Freie Marktwirtschaft kann unsoziale Auswirkungen haben – deshalb Schutz des sozial Schwächeren notwendig.

6. - Ja, weil dem sozial Schwächeren das Grundbedürfnis „Wohnen“ dadurch ermöglicht wird.
   - Ja, weil dadurch Arbeitslosigkeit vermieden oder verringert wird.

7. Z. B.:
   - sozial, da Sicherung der Arbeitsplätze
   - Unsozial, da Arbeitnehmern ihr einziges Instrument zur Durchsetzung ihrer Interessen entzogen wird.

8. a)
   - Gesetzliche Sozialversicherung
   - gerechtere Einkommens- und Vermögensverteilung
   - marktkonträre Maßnahmen des Staates
   - UWG
   - Verbraucherschutzgesetze

   b) **Arbeitnehmer:**
   - Gewährleistung von Mindestbedingungen
   - Gleichstellung gleich qualifizierter Arbeitnehmer

   Gesamtwirtschaft:
   - Hohe Lohnabschlüsse verstärken die Inflation.
   - Zu hohe Lohnabschlüsse bewirken Rationalisierung.

   ca) Gemeinwohl überwiegt, jedoch Entschädigungspflicht

   cb) Marktmechanismen ausgeschaltet (Schutz des Produzenten)

   cc) Zweck: gerechtere Einkommensverteilung

   cd) Schutz des Verbrauchers vor Übervorteilung

3 Kooperation und Konzentration

3.4 Aufgaben zu den Kapiteln 3.1–3.3

1. **Kooperation:** Vertragliche Verpflichtung zur Zusammenarbeit zwischen Unternehmen; die wirtschaftliche Selbstständigkeit der einzelnen Unternehmen bleibt weitgehend erhalten.

   Beispiel: *Kartelle oder sonstige Zusammenarbeit*

   Konzentration: Vertragliche Zusammenarbeit von Unternehmen, die unter einheitlicher Leitung stehen, wobei die wirtschaftliche Selbstständigkeit der einzelnen Unternehmen aufgegeben wird.

   Beispiel: *Konzern*

2.
   - Wettbewerbsausschaltung
   - Sicherung von Beschaffung und Absatz
   - gemeinsame Werbung
   - Verbesserung der Konkurrenzfähigkeit gegenüber ausländischen Großunternehmen
   - Finanzierungserleichterung für Großprojekte, Forschungs- und Entwicklungsarbeiten
   - Kostensenkung (Massenproduktion, Rationalisierung)

3.
   - Wettbewerbsbeschränkung bzw. Wettbewerbsausschaltung
   - überhöhte Preise (Ausschaltung der Preisfunktionen)
   - evtl. Angebotsverknappung (verschlechterte Marktversorgung)
   - Gefahr des Missbrauchs wirtschaftlicher Macht

4. **Horizontaler Zusammenschluss:** Zusammenschluss von Unternehmen der gleichen Produktionsstufe

   Beispiele: *Kaufhaus/Kaufhaus; Möbelfabrik/Möbelfabrik*

   Vertikaler Zusammenschluss: Zusammenschluss von Unternehmen verschiedener Produktionsstufen derselben Branche

   Beispiele: *Möbelfabrik/Möbelhandel; Textilfabrik/Kaufhaus*

   Anorganischer Zusammenschluss: Zusammenschluss von Unternehmen verschiedener Branchen

   Beispiele: *Sägewerk/Kaufhaus; Autofabrik/Möbelfabrik*

5. Vertraglicher Zusammenschluss von Unternehmen, die rechtlich selbstständig bleiben, wirtschaftlich teilweise unselbstständig werden; bzw.: Ein Kartell liegt vor, wenn die Zusammenarbeit rechtlich selbstständig bleibender Unternehmen zur Einschränkung des Wettbewerbs führt.

6. **Preiskartell:** Festsetzung einheitlicher Preise

   Submissionskartell: Sonderform des Preiskartells; die Kartellmitglieder vereinbaren bei öffentlichen Ausschreibungen Preisuntergrenzen oder Festlegung des zum Zuge kommenden Kartellmitglieds.

7. a) Kartelle sind grundsätzlich verboten.
   b) Legalausnahme: Gemäß § 2 GWB können Kartelle unter bestimmten Voraussetzungen freigestellt werden:
      - Verbraucherbeteiligung am Gewinn
      - wirtschaftlicher Nutzen (Effizienzgewinn)
      - keine Wettbewerbsausschaltung
      - nur kartellbezogene Auflagen (Unerlässlichkeit)

8. **Aufgaben des Bundeskartellamtes:**
   - Marktbeobachtung hinsichtlich Wettbewerbsbeschränkungen
   - Anträge auf Negativtest entgegennehmen und prüfen
   - Missbrauchsaufsicht: Verhinderung des Missbrauchs einer marktbeherrschenden Stellung
   - Fusionskontrolle: Zusammenschlusskontrolle gemäß § 35 ff. GWB

9. a) **Konzern:** Zusammenschluss von Unternehmen, die rechtlich selbstständig bleiben, wirtschaftlich jedoch unselbstständig sind durch **einheitliche Leitung**.
   b) einheitliche Leitung

10. **Trust** = Verschmelzung = Fusion = Zusammenschluss von Unternehmen, die rechtlich und wirtschaftlich unselbstständig werden; es entsteht ein einziges Unternehmen.

11. Möglichkeiten des Kartellamts:

    Fusionskontrolle: Anzeigepflicht von Unternehmenszusammenschlüssen;
    Das Kartellamt untersagt die Fusion, wenn eine marktbeherrschende Stellung entsteht oder verstärkt wird.

    Missbrauchsaufsicht: Verhinderung des Missbrauchs einer marktbeherrschenden Stellung. Geldbußen bei Missbrauch

12. Z. B. Sicherung der internationalen Wettbewerbsfähigkeit; gemeinsame Erschließung neuer Märkte (auch für kleinere Unternehmen); gemeinsame Investitionen in Forschung und Entwicklung; langfristige Sicherung der Arbeitsplätze

4 Markt und Preis

4.1 Markt und Marktformen

1. Markt = jedes Zusammentreffen von Angebot und Nachfrage

2. Durch das Zusammentreffen von Angebot und Nachfrage wird ein Güteraustausch möglich.

3. a) **Polypol:** viele Anbieter – viele Nachfrager
   b) (Angebots-)**Oligopol:** wenige Anbieter – viele Nachfrager
   c) (Angebots-)**Monopol:** ein Anbieter – viele Nachfrager

4. a) Polypol
   b) Angebotsmonopol
   c) Angebotsoligopol
   d) Polypol
   e) Angebotsoligopol

5. Je weniger Marktteilnehmer auf einer Seite, umso marktstärker ist der einzelne Marktteilnehmer dieser Seite.

   Angebotsseite: weniger Anbieter → weniger Konkurrenz

   Folge: Die Marktstärke des einzelnen Anbieters steigt.

   Nachfrageseite: weniger Nachfrager, weniger „Mitkäufer“

   Folge: Die Marktstärke des einzelnen Nachfragers steigt.

6. Angebotsmonopol – Angebotsoligopol – Polypol

7. Zunahme von Großunternehmen bei gleichzeitigem Rückgang der kleineren Unternehmen. Anbieterzahl sinkt, ihre Marktmacht steigt.

8. a) patentiertes Haushaltsgerät – einzigartiges Spezialmedikament
   b) Autoindustrie – Mineralölindustrie – Zigarettenindustrie
   c) Lebensmittelindustrie – Textilindustrie – Bauindustrie – Möbelmärkte

Test → **Preisbildung: Marktformen – Lösungen**

1., 2., 3. Versuch	Erzielte Punkte

1

a) **Polypol**: viele Anbieter, viele Nachfrager ----> 1

b) **Oligopol**: wenige Anbieter bzw. wenige Nachfrager ----> 1

c) **Monopol**: ein Anbieter bzw. ein Nachfrager ----> 1

Versuch	Punkte	Erzielte Punkte
1.	3	
2.	3	
3.	3	

2

a) Angebotsmonopol:
- Patent
- z. T. Briefbeförderung
- einzigartiges Medikament

2 • --> 1

b) Angebotsoligopol:
- Autoindustrie
- Mineralölindustrie
- Reiseindustrie

2 • --> 1

c) Polypol:
- Lebensmittelindustrie
- Bauindustrie
- Textilindustrie

2 • --> 1

Versuch	Punkte	Erzielte Punkte
1.	6	
2.	6	
3.	6	

3

Je weniger Marktteilnehmer auf einer Seite, umso marktstärker ist der einzelne Marktteilnehmer auf dieser Seite. ----> 1

Angebotsseite: weniger Anbieter – weniger Konkurrenz

Folge: Die Marktstärke des einzelnen Anbieters steigt. ----> 1

Nachfrageseite: weniger Nachfrager – weniger „Mitkäufer“

Folge: Die Marktstärke des einzelnen Nachfragers steigt. ----> 1

Versuch	Punkte	Erzielte Punkte
1.	3	
2.	3	
3.	3	

Tragen Sie Ihre Punktesumme ein und ermitteln Sie auf dem Aufgabenblatt Ihre Note.

Punktesumme	Punkte	Erzielte Punkte
1.	12	
2.	12	
3.	12	

4.2 Bestimmungsgründe: Nachfrage und Angebot

1. **Individuelle Nachfrage:** Nachfrage eines einzelnen Haushaltes nach einem bestimmten Gut bei verschiedenen Preisen

   Marktnachfrage: Summe aller individuellen Nachfragen nach einem Gut

   (Addition = Aggregation aller individuellen Nachfragekurven zur Gesamtnachfragekurve = Marktnachfragekurve)

2. • Preis
   • Bedürfnisstruktur
   • Einkommen
   • Vermögen
   • Preise anderer Güter (Substitutions-, Komplementärgüter)
   • Zukunftserwartungen
   • Nachfragerzahl

3. Die Nachfragemenge ist lediglich vom Preis abhängig. Die anderen Bestimmungsfaktoren (Einkommen usw.) werden konstant gesetzt, verändern sich also nicht.

4. Wie ändert sich die Nachfragemenge, wenn sich der Preis ändert?

   Ursache also: Preisänderung; Wirkung: Nachfragemengenänderung

5. a) **Gesetz der Nachfrage:** Steigender Preis bewirkt sinkende Nachfrage und umgekehrt. Es handelt sich um Bewegungen auf der Kurve.

   b) 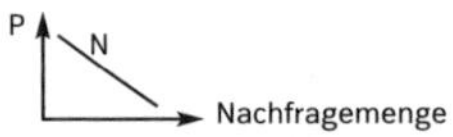

6. a) durch Marktforschung
   b) Nein; es sind Schätzungen, die auf mehr oder weniger exakten Marktanalysen bzw. Marktbeobachtungen basieren.

7. Wenn sich mindestens einer der konstant gesetzten Bestimmungsfaktoren der Nachfrage ändert (z. B. Einkommen).

8. • Nachfragerzahl steigt.
   • steigende Einkommen
   • steigende Bedürfnisse
   • Nachfrager erwarten Preissteigerungen.
   • sinkende Preise bei Komplementärgütern
   • steigende Preise bei Substitutionsgütern

9. • Nachfragerzahl sinkt.
   • sinkende Einkommen
   • sinkende Bedürfnisse
   • Nachfrager erwarten Preissenkungen.
   • steigende Preise bei Komplementärgütern
   • sinkende Preise bei Substitutionsgütern

10. a) **Komplementärgüter:** sich ergänzende Güter; Güter, die nur gemeinsam genutzt werden können.

    Beispiele:
    - *Lampe/Birne*
    - *Auto/Reifen*

    b) **Substitutionsgüter:** austauschbare Güter

    Beispiele:
    - *Holz/Kunststoff*
    - *Margarine/Butter*

11. a) Nachfrage steigt.
    b) Nachfrage steigt.

12. Die Nachfrage nach Autos wird sinken, somit sinkt auch die Nachfrage nach dem Komplementärgut Autoreifen.

13. Die Nachfrage nach Gut A a) sinkt,
    b) steigt.

14. Die Nachfrage nach Gut A a) steigt,
    b) sinkt.

15. a) Die Nachfrage sinkt, weil Haushalte aus Risikovorsorge größere Teile ihres Einkommens sparen.

    b) 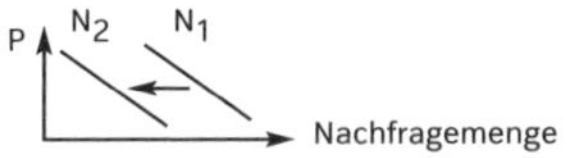

16. a) steigende Nachfrage, um den Preissteigerungen zuvorzukommen

    b) 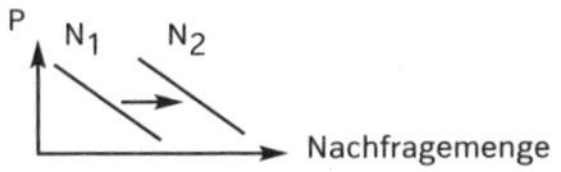

17. Keine Nachfrageänderung, da Insulin für den Käufer lebensnotwendig ist. Vollkommen unelastische Nachfrage.

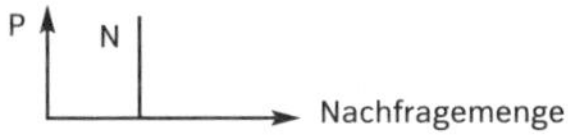

18. Es handelt sich um die sog. **anomale Nachfrage.** Ein hoher Preis erweckt beim Nachfrager den Eindruck hoher Qualität. Das Produkt wird also bevorzugt gekauft, weil es teurer ist **(Preis als Qualitätsmaßstab).**

    Alternativerklärung: Man kauft bevorzugt teurere Güter, um sich aus der Gemeinschaft herauszuheben und Güter zu besitzen, die sich andere nicht leisten können **(Snob-Effekt).**

19. • **Private Haushalte:** privater Konsum (Verbrauch)
    • **Ausland:** Export
    • **Unternehmen:** Investitionsgüternachfrage
    • **Staat:** Staatskonsum

20. Die Höhe der Gesamtnachfrage bestimmt den Konjunkturverlauf. Steigende Nachfrage nach Konsumgütern bzw. steigende Auslandsnachfrage (Exporte) bewirken steigende Beschäftigung, steigende Investitionen und somit steigendes Inlandsprodukt (Konjunkturaufschwung, Wachstum).

21. Aufgrund der zusätzlichen Nachfrage aus den neuen EU-Staaten wurde mit einem weiteren Konjunkturaufschwung sowie steigendem Wirtschaftswachstum bei entsprechender Investitionsbereitschaft der Unternehmen gerechnet.

22. **Individuelles Angebot:** Angebot eines bestimmten Gutes durch einen einzelnen Anbieter bei verschiedenen Preisen

    Marktangebot: Summe aller individuellen Angebote eines bestimmten Gutes

    (Addition = Aggregation aller individuellen Angebotskurven zur Gesamtangebotskurve = Marktangebotskurve)

23. • Preis
    • Kosten
    • Kapazitäten
    • Zukunftserwartungen
    • Konjunkturlage
    • Konkurrenzlage (Marktstellung des Anbieters, Zahl der Anbieter)

24. Die Angebotsmenge ist lediglich vom Preis abhängig. Die anderen Bestimmungsfaktoren (Kosten, Konjunktur ...) werden konstant gesetzt, verändern sich also nicht.

25. Wie ändert sich die Angebotsmenge, wenn sich der Preis ändert?

    Ursache also: Preisänderung. Wirkung: Angebotsmengenänderung.

26. a) **Gesetz des Angebots:** Steigender Preis bewirkt steigendes Angebot und umgekehrt. Es handelt sich um Bewegungen auf der Kurve.

    b) 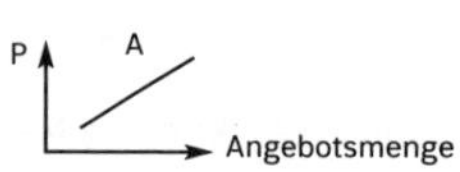

27. Wenn sich mindestens einer der konstant gesetzten Bestimmungsfaktoren des Angebots ändert (z. B. Kostensituation, Konjunkturlage).

28. • Anbieterzahl steigt.
    • steigende Kapazitäten
    • Kosten der Anbieter sinken.
    • optimistische Zukunftserwartungen

29. • Anbieterzahl sinkt.
    • sinkende Kapazitäten
    • Kosten der Anbieter steigen.
    • pessimistische Zukunftserwartungen

30. a) Verschiebung der Angebotskurve nach links, weil jede Menge zu einem höheren Preis angeboten werden muss.

    b) 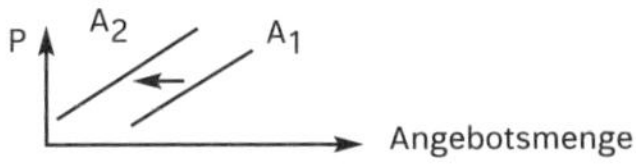

31. Rationalisierung bedeutet Kapazitätsausweitung und Kostensenkung. Somit steigt das Angebot. Verschiebung der Angebotsfunktion nach rechts.

32. Güter, die einen hohen Preis erzielen und relativ geringe Kosten verursachen, die also hohe Gewinnchancen versprechen.

33. In marktwirtschaftlich orientierten Wirtschaftssystemen entscheidet letztlich der Konsument (Nachfrager) darüber, welche Güter produziert werden. Wenn Bedarf nach einem Gut vorhanden ist, wird es Unternehmer geben, die diese Marktlücke schließen wollen, da sich entsprechende neue Verdienstquellen öffnen. Das Angebot richtet sich also letztlich nach der Nachfrage – der Konsument (Nachfrager) ist „souverän".

34. a) 

    b) • Ein Anbieter muss innerhalb kürzester Zeit sein Lager mit verderblichen Waren räumen.
       • Ein Wertpapierinhaber befürchtet einen starken Kursverfall. Er bietet daher seine Wertpapiere unlimitiert (egal zu welchem Kurs = Preis) an.

Test → Preisbildung: Nachfrage – Lösungen

		1., 2., 3. Versuch	Erzielte Punkte

1
- Preis
- Bedürfnisstruktur
- Preise anderer Güter
- Zukunftserwartungen
- Einkommen
- Vermögen
- Zahl der Nachfrager

4 • → 0,5

1. 2 | 2. 2 | 3. 2

2 Es wird unterstellt, dass die Nachfragemenge lediglich vom Preis abhängig ist. → 1
Die anderen Bestimmungsfaktoren (Einkommen ...) werden konstant gesetzt, verändern sich also nicht. → 1

1. 2 | 2. 2 | 3. 2

3 a)
- Steigender Preis bewirkt sinkende Nachfrage.
- Sinkender Preis bewirkt steigende Nachfrage. → 1

b) 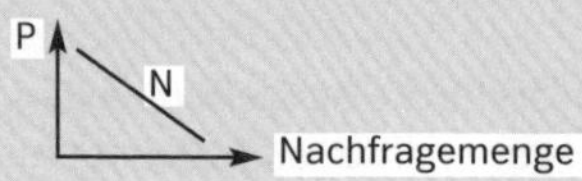

→ 1

1. 2 | 2. 2 | 3. 2

4 Wenn sich mindestens einer der konstant gesetzten Bestimmungsfaktoren der Nachfrage (z. B. Einkommen) ändert. → 2

1. 2 | 2. 2 | 3. 2

5
- Nachfragerzahl steigt.
- steigende Einkommen
- steigende Bedürfnisse
- Nachfrager erwarten Preissteigerungen.
- sinkende Preise bei Komplementärgütern
- steigende Preise bei Substitutionsgütern

3 • → 1

1. 3 | 2. 3 | 3. 3

6 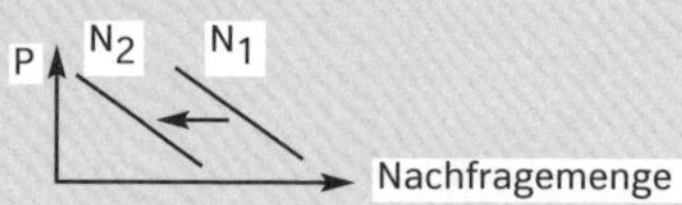

→ 1

1. 1 | 2. 1 | 3. 1

Tragen Sie Ihre Punktesumme ein und ermitteln Sie auf dem Aufgabenblatt Ihre Note.

Punktesumme → 1. 12 | Punktesumme → 2. 12 | Punktesumme → 3. 12

Test → Preisbildung: Angebot – Lösungen

1., 2., 3. Versuch	Erzielte Punkte

1
- Preis
- Kostensituation
- Kapazitäten der Anbieter
- Zukunftserwartungen
- Konkurrenzlage
- Konjunkturlage

4 • → 0,5

1.	2	
2.	2	
3.	2	

2 Es wird unterstellt, dass die Angebotsmenge lediglich vom Preis abhängig ist. → 1
Die anderen Bestimmungsfaktoren (Kosten ...) werden konstant gesetzt, verändern sich also nicht. → 1

1.	2	
2.	2	
3.	2	

3 a)
- Steigender Preis bewirkt steigendes Angebot.
- Sinkender Preis bewirkt sinkendes Angebot.

→ 1

b) 

→ 1

1.	2	
2.	2	
3.	2	

4 Wenn sich mindestens einer der konstant gesetzten Bestimmungsfaktoren des Angebots (z. B. Kosten) ändert. → 2

1.	2	
2.	2	
3.	2	

5
- Anbieterzahl steigt.
- sinkende Kosten
- steigende Kapazitäten
- optimistische Zukunftserwartungen

2 • → 1

1.	2	
2.	2	
3.	2	

6 a) Verschiebung der Angebotskurve nach links, weil jede Menge zu einem höheren Preis angeboten werden muss. → 1

b) 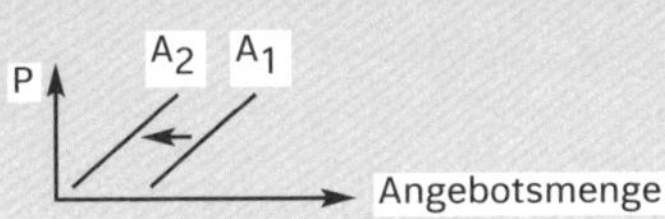

→ 1

1.	2	
2.	2	
3.	2	

Tragen Sie Ihre Punktesumme ein und ermitteln Sie auf dem Aufgabenblatt Ihre Note.

Punktesumme	1.	12		Punktesumme	2.	12		Punktesumme	3.	12	

4.3 Die Marktpreisbildung

4.3.1 Vollkommener und unvollkommener Markt

1. • keine räumlichen Unterschiede (Punktmarkt)
   • keine sachlichen Unterschiede (homogene = gleichartige Güter)
   • keine persönlichen Präferenzen
   • keine zeitlichen Unterschiede (gleiche Lieferfristen)
   • vollkommene Marktübersicht (= vollkommene Markttransparenz)

2. • Wenn mindestens eine der Bedingungen des vollkommenen Marktes nicht erfüllt ist.
   • verschiedene Preise für ein Gut

3. Ein bestimmtes Gut wird zu einem einheitlichen Preis angeboten.

   Begründung:
   • Verlangt ein Anbieter einen höheren Preis als die anderen, wird keiner mehr bei ihm kaufen.
   • Bei einer Preissenkung unter den Preis der anderen könnte er die auf ihn sich konzentrierende Gesamtnachfrage aufgrund seiner zu geringen Kapazität nicht befriedigen.

4. a) **Homogenität:** Gleichartigkeit der Güter
   b) **Transparenter Markt:**
   • übersichtlicher Markt
   • Jeder Marktteilnehmer kennt Preise, Konditionen, Lieferfristen usw. aller Beteiligten.
   c) **Punktmarkt:** Theoretischer Grenzfall:
   • keine räumlichen Unterschiede
   • Alle Marktteilnehmer treffen sich an einem bestimmten Ort zu einer bestimmten Zeit und haben somit den gesamten Überblick über das Marktgeschehen.
   d) **Präferenzen:** Vorliebe, Bevorzugung

5. • Der Markt ist lediglich zeitweise (temporär) unvollkommen.
   • Durch allmähliche „Entschleierung“ (allmählich eintretende vollkommene Information durch „Herumsprechen“) wird der Markt überschaubar (transparent) und somit vollkommen.

6. Der unvollkommene Markt ist zu vielschichtig, sodass man hier nur schwer zu eindeutigen Aussagen über Marktvorgänge kommen kann. Somit wird als Modell (= vereinfachtes Abbild der Realität) der vollkommene Markt untersucht, wobei man versucht, die gewonnenen Erkenntnisse auf komplexere Sachverhalte anzuwenden bzw. auszudehnen.

7. Börse

8. a) Vollkommener Markt, da alle Bedingungen erfüllt sind (vgl. 1.).
   b) unvollk. Markt, da insbesondere räumliche Unterschiede, fehlende Markttransparenz ...
   c) Unvollkommener Markt, da keine Bedingung des vollkommenen Marktes erfüllt ist.
   d) unvollkommener Markt, da insbesondere fehlende Homogenität bei Äpfeln
   e) Vollkommener Markt, da alle Bedingungen annähernd erfüllt sind.

9. Nicht erfüllte Bedingung:
   a) „keine sachlichen Unterschiede“
   b) „keine zeitlichen Unterschiede“
   c) „keine räumlichen Unterschiede“
   d) „keine persönlichen Präferenzen“

10.
- Es liegt ein Punktmarkt vor (keine räumlichen und zeitlichen Unterschiede).
- Wertpapiere (z. B. Aktien von BMW) sind homogen (keine sachlichen Unterschiede).
- keine persönlichen Präferenzen
- Es herrscht (fast) vollkommene Marktübersicht (Markttransparenz).

11. Richtig sind: b, c, f, g

Test → **Preisbildung: Vollkommener und unvollkommener Markt – Lösungen**

	1., 2., 3. Versuch	Erzielte Punkte

1

- keine räumlichen Unterschiede (Punktmarkt) → 0,5
- keine sachlichen Unterschiede (homogene Güter) → 0,5
- keine persönlichen Präferenzen → 0,5
- keine zeitlichen Unterschiede (gleiche Lieferfristen) → 0,5
- vollkommene Marktübersicht (Markttransparenz) → 0,5

Versuch	Punkte	Erzielte Punkte
1.	2,5	
2.	2,5	
3.	2,5	

2

Wenn mindestens eine der Bedingungen des vollkommenen Marktes nicht erfüllt ist. → 1

Versuch	Punkte	Erzielte Punkte
1.	1	
2.	1	
3.	1	

3

Ein bestimmtes Gut wird zu einem einheitlichen Preis angeboten. Begründung: → 1

- Verlangt ein Anbieter einen höheren Preis als die anderen, wird keiner mehr bei ihm kaufen. → 1
- Bei einer Preissenkung unter den Preis der anderen könnte er die auf ihn sich konzentrierende Gesamtnachfrage aufgrund seiner zu geringen Kapazität nicht befriedigen. → 1

Versuch	Punkte	Erzielte Punkte
1.	3	
2.	3	
3.	3	

4

Der unvollkommene Markt ist zu **vielschichtig**, man kann hier nur schwer zu eindeutigen Aussagen über Marktvorgänge kommen. → 1 Somit wird als **Modell** (= vereinfachtes Abbild der Realität) der vollkommene Markt untersucht, → 0,5 wobei man versucht, die gewonnenen Erkenntnisse auf **komplexere** Sachverhalte anzuwenden bzw. auszudehnen. → 0,5

Versuch	Punkte	Erzielte Punkte
1.	2	
2.	2	
3.	2	

5

Börse → 1

Versuch	Punkte	Erzielte Punkte
1.	1	
2.	1	
3.	1	

6

a) vollkommener Markt (alle Bedingungen erfüllt) 5 • → 0,5
b) unvollk. Markt (räumliche Unterschiede, fehlende Markttransparenz ...)
c) unvollk. Markt (keine Bedingung des vollkommenen Marktes erfüllt)
d) unvollkommener Markt (fehlende Homogenität bei Äpfeln)
e) vollkommener Markt (alle Bedingungen annähernd erfüllt)

Versuch	Punkte	Erzielte Punkte
1.	2,5	
2.	2,5	
3.	2,5	

Tragen Sie Ihre Punktesumme ein und ermitteln Sie auf dem Aufgabenblatt Ihre Note.

	Versuch	Punkte	Erzielte Punkte
Punktesumme	1.	12	
Punktesumme	2.	12	
Punktesumme	3.	12	

4.3.2 Polypol – vollkommener Markt

1. Vgl. Stofftelegramm.

2. a) **Angebotsüberhang:** Angebot übersteigt Nachfrage. Lagerbildungen. Starker Wettbewerb unter Anbietern. Tendenz zur Preissenkung, weil die Anbieter ihre Waren loswerden wollen.

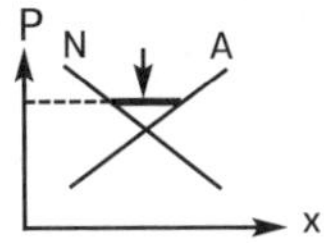

   b) **Nachfrageüberhang:** Nachfrage übersteigt Angebot. Starker Wettbewerb unter den Nachfragern. Tendenz zur Preiserhöhung.

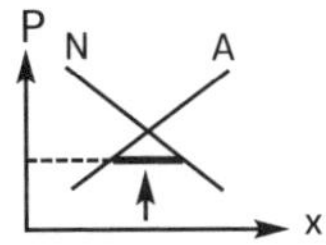

3. a) **Käufermarkt:** Angebotsüberhang. Die Käufer (Nachfrager) sind preisverhandlungsmäßig im Vorteil. Tendenz: Preissenkung
   b) **Verkäufermarkt:** Nachfrageüberhang. Die Verkäufer (Anbieter) sind preisverhandlungsmäßig im Vorteil. Tendenz: Preiserhöhung

4.

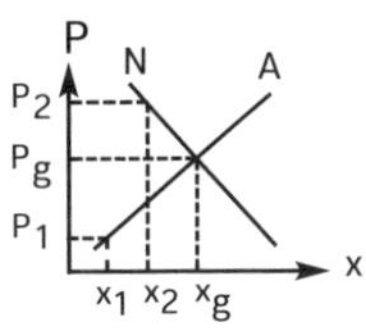

Absatz bei $P_1 : x_1$

Absatz bei $P_2 : x_2$

Absatz bei $P_g : x_g$ (= Absatzmaximum)

5. a) 16,00 EUR – Begründung: Angebot = Nachfrage

   b)

P = 10,00 EUR:	Nachfrageüberhang, Nachfrageüberschuss, Angebotslücke, Verkäufermarkt, Anbietermarkt, Ungleichgewicht
P = 16,00 EUR:	Gleichgewichtspreis, Marktgleichgewicht, Absatzmaximum
P = 20,00 EUR:	Angebotsüberhang, Angebotsüberschuss, Nachfragelücke, Käufermarkt, Nachfragermarkt, Ungleichgewicht

   c)

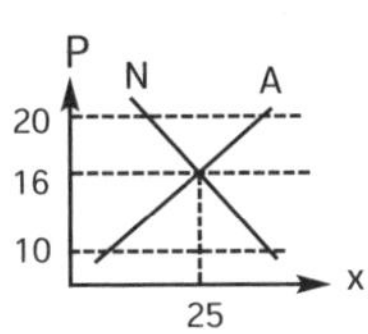

   d) U = p · x = 16,00 · 25 = **400,00 EUR**

   e)

P = 10,00 EUR:	U =	10,00 · 16	=	**160,00 EUR**
P = 12,00 EUR:	U =	12,00 · 19	=	**228,00 EUR**
P = 20,00 EUR:	U =	20,00 · 15	=	**300,00 EUR**
P = 22,00 EUR:	U =	22,00 · 10	=	**220,00 EUR**

6. a) Bei Preis 19,00 EUR: 0 St.
   Bei Preis 18,00 EUR: 10 St. (H.)
   Bei Preis 17,00 EUR: 18 St. (H., F.)
   Bei Preis 16,00 EUR: 27 St. (H., F., D.)

b)

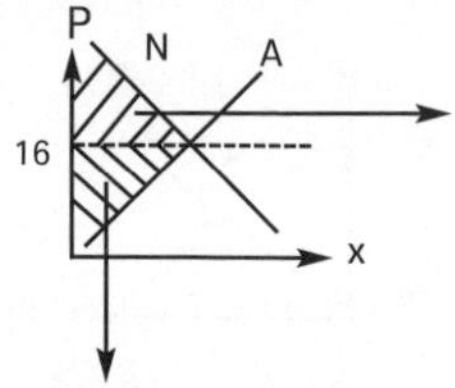

Konsumentenrente: Die Differenz zwischen dem Preis, den ein Käufer (Konsument) zu zahlen bereit ist, und dem tatsächlich gezahlten Marktpreis (Gleichgewichtspreis). Die Konsumentenrente ist also ein nicht ausgegeben Betrag bzw. eine Art (psychologischer) Gewinn für den Käufer.

Produzentenrente: Die Differenz zwischen dem vom Verkäufer (Produzenten) erzielten Gleichgewichtspreis und dem niedrigeren Preis, zu dem er gerade noch angeboten hätte. Die Produzentenrente ist also eine Art zusätzlicher Gewinn für den Anbieter.

7. Bei Preisen, die über bzw. unter dem Gleichgewichtspreis liegen, sind Ungleichgewichte zwischen Angebot und Nachfrage gegeben.

Preise über dem Gleichgew.preis:	Angebotsüberhang mit sinkender Preistendenz (s. o.)
Preise unter dem Gleichgew.preis:	Nachfrageüberhang mit steigender Preistendenz (s. o.)
Gleichgewichtssituation:	Angebot = Nachfrage; keine Preisänderungstendenzen sowie größtmöglicher Absatz

8. Nein; zum Zuge kommen:
   1. alle Anbieter, die maximal den Gleichgewichtspreis verlangen,
   2. alle Nachfrager, die mindestens den Gleichgewichtspreis zahlen wollen.

   Nicht zum Zuge kommen:
   1. alle Anbieter, die über dem Gleichgewichtspreis anbieten,
   2. alle Nachfrager, die weniger als den Gleichgewichtspreis zahlen wollen.

9. • Jeder Polypolist bietet zum Gleichgewichtspreis (Marktpreis) an („Preisnehmer“).
   • Der Marktpreis ist für ihn ein „Datum“ (vorgegeben).
   • Preispolitik ist nicht möglich.
   • Höhere Preise als den Gleichgewichtspreis kann er nicht durchsetzen, weil er aufgrund der Bedingungen des vollkommenen Marktes seinen gesamten Absatz verlieren würde.
   • Niedrigere Preise als den Gleichgewichtspreis würden ihn bezüglich seiner Kapazität überfordern.
   • Bei vorgegebenem Preis wird er die Menge anbieten, bei der er sein Gewinnmaximum erzielt (Mengenanpasser). Dies wird üblicherweise an seiner Kapazitätsgrenze der Fall sein.

10. • Der Gleichgewichtspreis garantiert den größtmöglichen Absatz.
    • Somit wird die größtmögliche Gütermenge (Angebotsmenge) umgesetzt.
    • Angebot und Nachfrage werden zum Ausgleich gebracht, es gibt keine Lagerbildung.
    • Der Bedarf ist optimal gedeckt.

11. a) Angebotsüberhang
    b) Nachfrageüberhang
    c) Gleichgewichtspreis

12. a) Preis steigt. b) Preis steigt. c) Preis sinkt. d) Preis sinkt.

13. 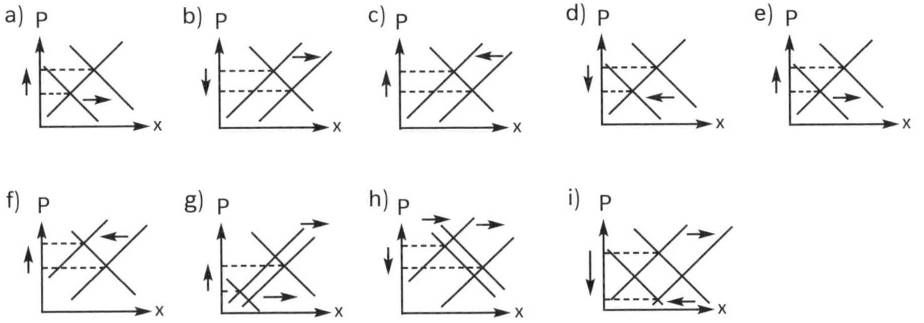

14. Nachfrage- und Angebotskurve verschieben sich nach rechts.

Alternative 1: Nachfrage- und Angebotsänderung in gleichem Umfang: keine Änderung des Gleichgewichtspreises

Alternative 2: Die Nachfrage steigt stärker als das Angebot: Der Gleichgewichtspreis steigt.

Alternative 3: Das Angebot steigt stärker als die Nachfrage: Der Gleichgewichtspreis sinkt.

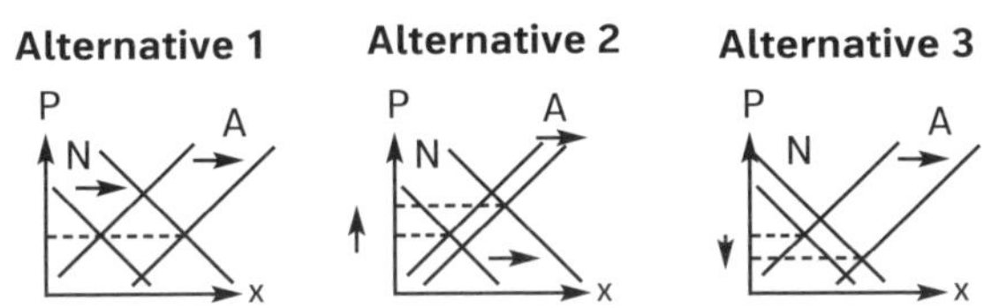

15. Steigendes Angebot allein bedeutet sinkenden Preis. Ist der Preis dennoch gestiegen, so ist dies auf relativ stark gestiegene Nachfrage zurückzuführen.

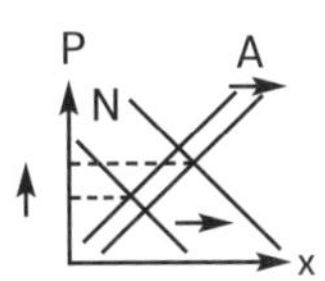

16. Nachfragekurve verschiebt sich nach links, da die verfügbaren Einkommen und damit die Nachfrage sinken. Der Gleichgewichtspreis und die Menge sinken.

17. **Ausgleichsfunktion:** Der Marktpreis bringt Nachfrage und Angebot zum **Ausgleich**. Er „räumt“ den Markt. Größtmöglicher Absatz.

Signalfunktion: Der Marktpreis zeigt den Knappheitsgrad eines Gutes an. Preissteigerungen **signalisieren**, dass das Gut relativ knapper geworden ist: Entweder ist das Angebot bei gleichbleibender Nachfrage gesunken oder die Nachfrage bei gleichbleibendem Angebot gestiegen.
Preissenkungen: analog

Lenkungsfunktion: Der Marktpreis **lenkt** das Angebot auf diejenigen Märkte, auf denen eine große Nachfrage herrscht und somit hohe Marktpreise und Gewinne erzielbar sind. Einsatz der Produktionsfaktoren in den Bereichen mit hohen Gewinnchancen.

Vgl. „Konsumentensouveränität".

Erziehungsfunktion: Der Preis auf dem vollk. polypolist. Markt ist bei allen **Anbietern** gleich. Der Preis zwingt (**erzieht**) die Anbieter zur Kostensenkung, wenn sie ihren Gewinn maximieren wollen.

Die **Nachfrager** werden dahingehend **erzogen**, preisgünstigste Einkaufsmöglichkeiten zu suchen, wenn sie ihren Nutzen maximieren wollen.

18. a) Substitutionsgüter
    b) Sinkende Nachfrage bei Holzfenstern bewirkt hier einen sinkenden Marktpreis. Steigende Nachfrage bei Kunststofffenstern bewirkt hier einen steigenden Marktpreis. Je mehr sich die Preise angleichen, umso weniger Nachfrager werden auf Kunststofffenster umsteigen. Möglicherweise wird die Preissteigerungstendenz bei Kunststofffenstern gebremst durch neue Anbieter, die aufgrund der hohen Preise angezogen werden.

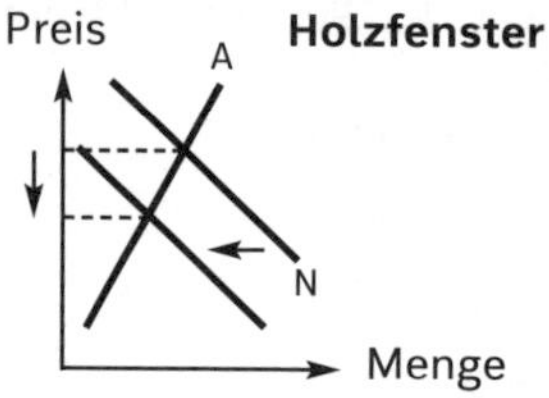

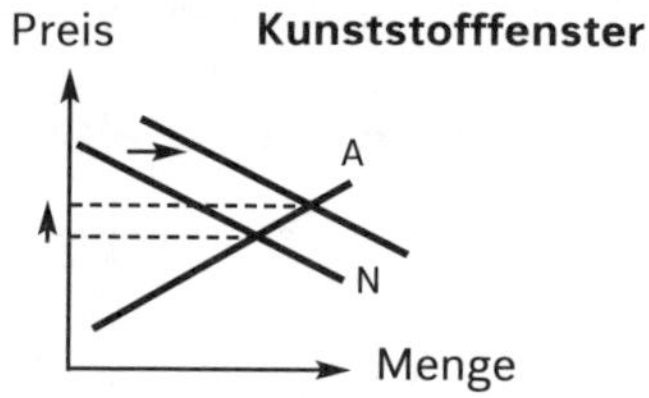

    c) **Ausgleichsfunktion:** Es spielt sich stets ein Marktpreis ein, der Angebot und Nachfrage zum Ausgleich bringt.

    Signalfunktion: Die Preissteigerung bei Kunststofffenstern signalisiert, dass sie relativ knapper geworden sind. Die Preissenkung bei Holzfenstern signalisiert, dass sie relativ weniger knapp geworden sind.

    Lenkungsfunktion: Aufgrund der Preissteigerungen bei Kunststofffenstern – ausgelöst durch vermehrte Nachfrage – sowie sinkender Preise bei Holzfenstern werden bisherige Anbieter von Holzfenstern vermehrt auf Kunststofffensterproduktion umsteigen. Der gestiegene Preis zieht also neue Anbieter an – die Produktion wird in den Bereich „gelenkt", der nachfragemäßig begünstigt ist.
    Vgl. „Konsumentensouveränität": Der Konsument bestimmt letztlich, was angeboten wird.

    Erziehungsfunktion: Die Nachfrager richten sich nach preisgünstigsten Einkaufsmöglichkeiten, steigen also bei entsprechendem Preisabstand auf Kunststofffenster um (Nutzenmaximierung). Anbieter handeln nach dem Gewinnmaximierungsprinzip und lassen sich durch steigende Nachfrage und Preise zur Kunststofffensterproduktion bewegen.

19. Der Polypolist auf dem vollkommenen Markt kann keine Preispolitik betreiben, weil der Marktpreis für alle Marktteilnehmer vorgegeben ist. Somit wird er bei gegebenen Preisen die Menge anbieten, bei der er sein Gewinnmaximum erzielt.

Test → **Preisbildung: Polypol I – Lösungen**

Versuch (1., 2., 3.)		Erzielte Punkte
1.	6	
2.	6	
3.	6	

1

a) **Angebotsüberhang:**

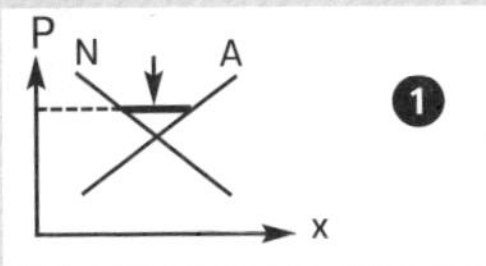

❶

- Angebot übersteigt Nachfrage (Lagerbildungen). 0,5
- starker Wettbewerb unter Anbietern 1
- Tendenz zur Preissenkung 0,5

b) **Nachfrageüberhang:**

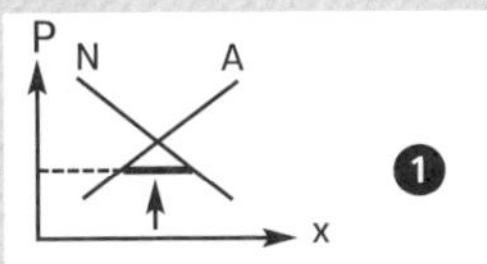

❶

- Nachfrage übersteigt Angebot. 0,5
- starker Wettbewerb unter Nachfragern 1
- Tendenz zur Preiserhöhung 0,5

Versuch		Erzielte Punkte
1.	1	
2.	1	
3.	1	

2

Käufermarkt: Angebotsüberhang ----➤ 0,5
Verkäufermarkt: Nachfrageüberhang ----➤ 0,5

Versuch		Erzielte Punkte
1.	2	
2.	2	
3.	2	

3

16,00 EUR ----➤ 1

Begründung: Angebot = Nachfrage ----➤ 1

Versuch		Erzielte Punkte
1.	3	
2.	3	
3.	3	

4

Bei Preisen, die über bzw. unter dem Gleichgewichtspreis liegen, sind Ungleichgewichte zwischen Angebot und Nachfrage gegeben.

Preise über dem Gleichgewichtspreis: Angebotsüberhang mit sinkender Preistendenz --➤ 1

Preise unter dem Gleichgewichtspreis: Nachfrageüberhang mit steigender Preistendenz --➤ 1

Gleichgewichtssituation:
- Angebot = Nachfrage ----➤ 0,5
- keine Preisänderungstendenzen sowie größtmöglicher Absatz ----➤ 0,5

Tragen Sie Ihre Punktesumme ein und ermitteln Sie auf dem Aufgabenblatt Ihre Note.

Punktesumme	
1.	12
2.	12
3.	12

Test → Preisbildung: Polypol II – Lösungen

1., 2., 3. Versuch	Erzielte Punkte

1

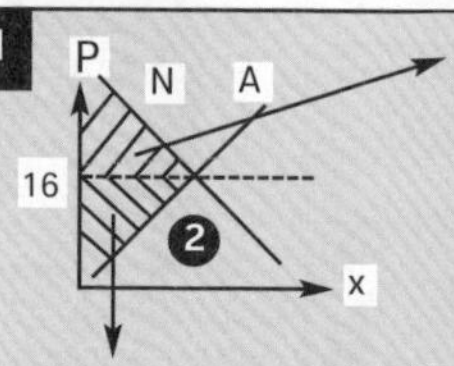

Konsumentenrente: Die Differenz zwischen dem Preis, den ein Käufer (Konsument) zu zahlen bereit ist, und dem tatsächlich gezahlten Marktpreis = Gleichgewichtspreis. (Die Konsumentenrente ist also ein nicht ausgegebener Betrag bzw. eine Art psychologischer Gewinn für den Käufer.) ----➤ 1,5

Produzentenrente: Die Differenz zwischen dem vom Verkäufer (Produzenten) erzielten Gleichgewichtspreis und dem niedrigeren Preis, zu dem er gerade noch angeboten hätte. (Die Produzentenrente ist also eine Art zusätzlicher Gewinn für den Anbieter.) ----➤ 1,5

Versuch		
1.	5	
2.	5	
3.	5	

2

- Jeder Polypolist bietet zum Gleichgewichtspreis (Marktpreis) an („Preisnehmer"). Der Marktpreis ist für ihn vorgegeben. Preispolitik ist nicht möglich. --➤ 1
- Höhere Preise kann er nicht durchsetzen, weil er aufgrund der Bedingungen des vollkommenen Marktes seinen gesamten Absatz verlieren würde. --➤ 1
- Niedrigere Preise als der Gleichgewichtspreis würden ihn bezüglich seiner Kapazität überfordern. --➤ 1
- Bei vorgegebenem Preis wird er die Menge anbieten, bei der er sein Gewinnmaximum erzielt (Mengenanpasser). --➤ 1
  Dies wird an seiner Kapazitätsgrenze der Fall sein. --➤ 1

Versuch		
1.	5	
2.	5	
3.	5	

3

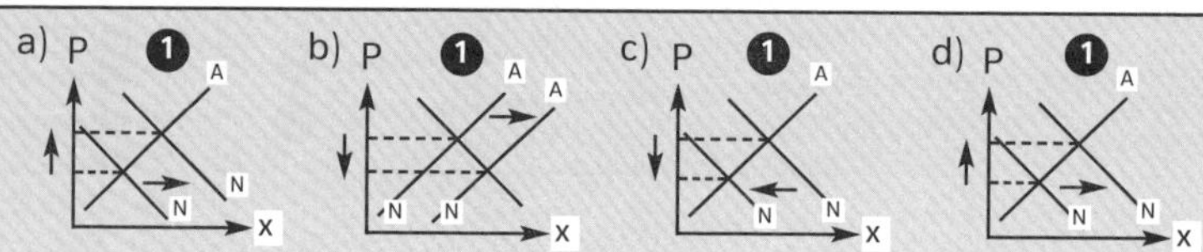

Versuch		
1.	4	
2.	4	
3.	4	

4

Ausgleichsfunktion: ➤ 0,5
Der Marktpreis bringt Nachfrage und Angebot zum **Ausgleich**. Er „räumt" den Markt. Größtmöglicher Absatz. --➤ 1

Signalfunktion: ➤ 0,5
Der Marktpreis zeigt den Knappheitsgrad eines Gutes an. Preissteigerungen **signalisieren**, dass das Gut relativ knapper geworden ist (entweder ist das Angebot bei gleichbleibender Nachfrage gesunken oder die Nachfrage bei gleichbleibendem Angebot gestiegen). Preissenkungen: analog. --➤ 1

Lenkungsfunktion: ➤ 0,5
Der Marktpreis **lenkt** das Angebot auf diejenigen Märkte, auf denen eine große Nachfrage herrscht und somit hohe Marktpreise und Gewinne erzielbar sind. (Einsatz der Produktionsfaktoren in den Bereichen mit hohen Gewinnchancen.) --➤ 1

Erziehungsfunktion: ➤ 0,5
Der Preis beim vollkommenen Polypol ist bei allen **Anbietern** gleich. Er zwingt (**erzieht**) die Anbieter zur Kostensenkung, wenn sie ihren Gewinn maximieren wollen. Die **Nachfrager** werden **erzogen**, preisgünstigste Einkaufsmöglichkeiten zu suchen, wenn sie ihren Nutzen maximieren wollen. --➤ 1

Versuch		
1.	6	
2.	6	
3.	6	

Tragen Sie Ihre Punktesumme ein und ermitteln Sie auf dem Aufgabenblatt Ihre Note.

Punktesumme			Punktesumme			Punktesumme		
1.	20		2.	20		3.	20	

4.3.3 Markteingriffe des Staates

1. Vgl. Stofftelegramm.

2. a)

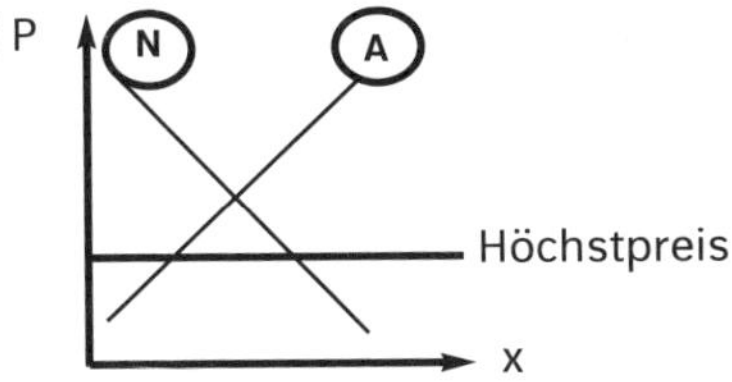

b) Schutz des Verbrauchers; der Gleichgewichtspreis, der sich ohne Höchstpreis bilden würde, wird als zu hoch betrachtet.

c) Es entsteht ein **Nachfrageüberhang:** Viele Nachfrager kommen nicht zum Zuge.

Eventuelle **Probleme:**
- Schwarzmarkt: Produkte werden „unter dem Tisch" über dem Höchstpreis angeboten.
- Rationierung: planmäßige Verteilung des zu geringen Angebots auf die Nachfrager
- Schließung der Angebotslücke möglich durch:
  - zwangsweise Vergrößerung des Angebots (Produktionsauflagen)
  - Staat tritt zusätzlich als Anbieter auf.
  - Zuschüsse an Anbieter, damit diese vermehrt produzieren.

3. a)

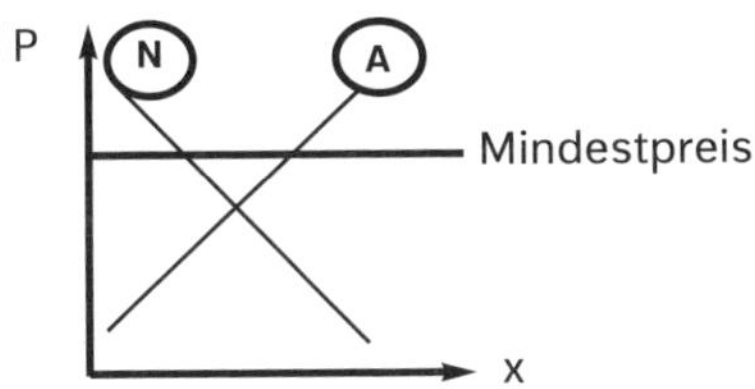

b) Schutz des Produzenten; der Gleichgewichtspreis, der sich ohne Mindestpreis bildet, wird als zu niedrig betrachtet, evtl. nicht einmal kostendeckend.

c) Es entsteht ein **Angebotsüberhang:** Die Anbieter bleiben z. T. „auf ihren Produkten sitzen".

Mögliche **Staatsmaßnahmen:**
- Produktionsbeschränkung erzwingen
- Aufkauf Überschüsse und lagern, vernichten, zweckentfremden oder Verkauf ins Ausland; eventuelle **Probleme:** Lager- bzw. Vernichtungskosten

4. a) Mindestpreis festlegen
   b) Höchstpreis festlegen

5. **Nachfrageverringerung:**
   - Staatsaufträge kürzen
   - Steuererhöhungen für Nachfrager
   - Streichung von Subventionen für Nachfrager

   Angebotserhöhung:
   - Zollsenkungen (Importe steigen)
   - Investitionszulagen
   - Abschreibungsvergünstigungen
   - Steuererleichterungen für Anbieter

6. a) m'konform b) m'konform c) m'konträr d) m'konform e) m'konträr
   f) m'konform g) m'konform h) m'konträr i) m'konträr

7. **Marktkonforme Maßnahmen:** Wohngeldgewährung

   Marktkonträre Maßnahmen: Höchstmiete, die unter der Marktmiete liegt

Test → **Marktkonforme und marktkonträre Eingriffe des Staates – Lösungen**

1., 2., 3. Versuch	Erzielte Punkte

1

Marktkonforme Eingriffe:
- Staat beeinflusst Nachfrage oder Angebot → 1
  = indirekte (mittelbare) Preisbeeinflussung → 1
- Marktmechanismen (Preisfunktionen) gelten → 1

Marktkonträre Eingriffe:
- Preisfixierung durch Staat (Höchst-, Mindestpreise) → 1
  = direkte (unmittelbare) Preisbeeinflussung → 1
- Marktmechanismen (Preisfunktionen) ausgeschaltet → 1

1.	6	
2.	6	
3.	6	

2

a) 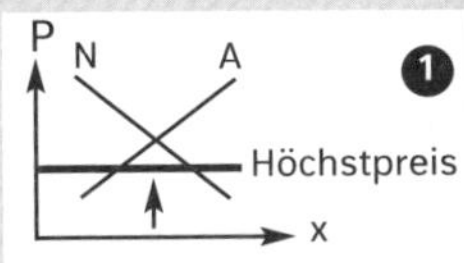

1

b)
- Schutz des Verbrauchers ---> 0,5
- Der Gleichgewichtspreis wird als zu hoch betrachtet. ---> 0,5

c) Es entsteht ein **Nachfrageüberhang**; eventuelle Probleme: ---> 0,5
- Schwarzmarkt: Produkte werden schwarz (über Höchstpreis) angeboten. -> 0,5
- Rationierung: planmäßige Verteilung des zu geringen Angebots auf die Nachfrager ---> 0,5
- Schließung der Angebotslücke möglich durch:
  - zwangsweise Vergrößerung des Angebots (Produktionsauflagen) ---> 0,5
  - Staat tritt zusätzlich als Anbieter auf. ---> 0,5
  - Zuschüsse an Anbieter, damit diese vermehrt produzieren. ---> 0,5

1.	5	
2.	5	
3.	5	

3

a) 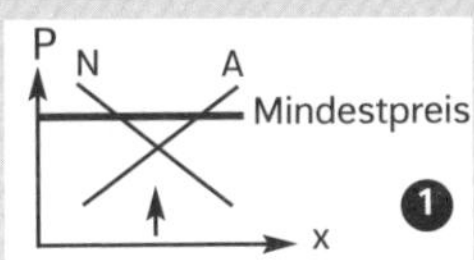

1

b)
- Schutz des Produzenten ---> 0,5
- Der Gleichgewichtspreis wird als zu niedrig betrachtet. ---> 0,5

c) Es entsteht ein **Angebotsüberhang**: Die Anbieter bleiben z. T. auf ihren Produkten sitzen. ---> 0,5

Mögliche Staatsmaßnahmen:
- Produktionsbeschränkung erzwingen ---> 0,5
- Aufkauf der Überschüsse und ---> 0,5
  lagern, vernichten, zweckentfremden oder Verkauf ins Ausland ---> 1
  Problem evtl.: Lager- bzw. Vernichtungskosten ---> 0,5

1.	5	
2.	5	
3.	5	

4

a) Mindestpreis festlegen ----> 1 b) Höchstpreis festlegen ----> 1

1.	2	
2.	2	
3.	2	

5

Marktkonforme Maßnahme: Wohngeldgewährung ----> 1
Marktkonträre Maßnahme: Höchstmiete festlegen ----> 1

1.	2	
2.	2	
3.	2	

Tragen Sie Ihre Punktesumme ein und ermitteln Sie auf dem Aufgabenblatt Ihre Note.

Punktesumme → 1. 20 | **Punktesumme** → 2. 20 | **Punktesumme** → 3. 20

4.3.4 Angebotsmonopol

1. Angebotsmonopol: ein Anbieter, viele Nachfrager

2. • Erfindung (Patent)
   • Unternehmenszusammenschlüsse

3. **Individualmonopole:** Einzelne Unternehmen, die nicht durch Unternehmenszusammenschlüsse entstanden sind.

   Kollektivmonopole: Monopole, die durch Unternehmenszusammenschlüsse (Kartelle, Konzerne) entstanden sind.

4. • Wettbewerbsbeschränkung(-ausschaltung), Gewinnerhöhung
   • Sicherung von Beschaffung und Absatz
   • Verbesserung der Konkurrenzfähigkeit gegenüber Auslandskonzernen
   • leichtere Finanzierbarkeit von Großprojekten sowie Forschungs- und Entwicklungsarbeiten
   • Kostensenkung durch Massenproduktion

5. **Bedarfsdeckungsmonopole:**
   • Öffentliche Monopole, die nach dem gemeinwirtschaftlichen Prinzip arbeiten.
   • Ziel: optimale Versorgung der Bevölkerung mit Gütern, möglichst kostendeckend

   Gewinnmaximierungsmonopole:
   • Monopole, die nach dem erwerbswirtschaftlichen Prinzip arbeiten.
   • Ziel: Gewinnmaximierung

6. Nachfrage und Kosten

7. • Der Monopolist kann Preis- und Mengenpolitik betreiben.
   • Er verwirklicht die Preis-Mengen-Kombination, bei der er sein Gewinnmaximum erzielt (größte Differenz zwischen Umsatz und Kosten).

8.

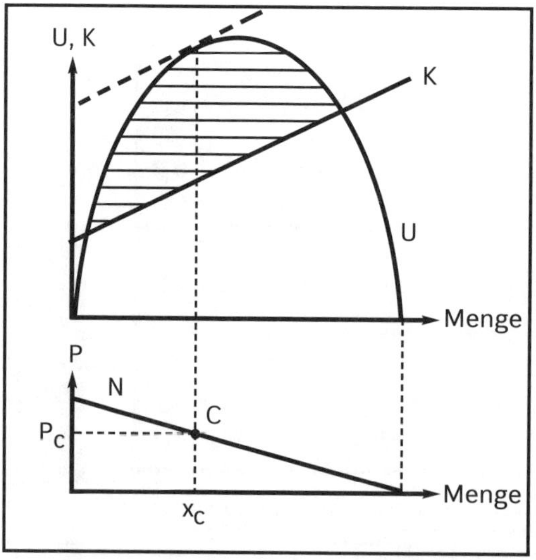

9. • Verringerung seiner Kosten (z. B. durch Rationalisierung) und/oder
   • Nachfragebeeinflussung durch Marketingmaßnahmen (Werbung); Nachfragekurve verschiebt sich nach rechts, Preis und Umsatz steigen bei konstanten Kosten, Gewinn steigt
   • Unvollkommenes Monopol: Preisdifferenzierung

10. a)

Preis (in Euro)	Nachfr. (Stück)	Umsatz (Erlöse)	Fix-kosten	Variable Kosten	Gesamt-kosten	Gewinn/ Verlust	
3.500,00	0	0,00	20.000,00	0,00	20.000,00	-20.000,00	
3.250,00	5	16.250,00	20.000,00	5.000,00	25.000,00	-8.750,00	
3.000,00	10	30.000,00	20.000,00	10.000,00	30.000,00	0,00	
2.750,00	15	41.250,00	20.000,00	15.000,00	35.000,00	6.250,00	
2.500,00	20	50.000,00	20.000,00	20.000,00	40.000,00	10.000,00	
2.250,00	**25**	**56.250,00**	**20.000,00**	**25.000,00**	**45.000,00**	**11.250,00**	→ **Gewinnmaximum**
2.000,00	30	60.000,00	20.000,00	30.000,00	50.000,00	10.000,00	
1.750,00	35	61.250,00	20.000,00	35.000,00	55.000,00	6.250,00	
1.500,00	40	60.000,00	20.000,00	40.000,00	60.000,00	0,00	
1.250,00	45	56.250,00	20.000,00	45.000,00	65.000,00	-8.750,00	
1.000,00	50	50.000,00	20.000,00	50.000,00	70.000,00	-20.000,00	

b) Preis: 1.750,00 EUR/Menge: 35 Stück

c), d) Skizzen vgl. Stofftelegramm.
Vergleichen und kontrollieren Sie Ihre Grafik mit Ihren ermittelten Tabellenwerten.

11. • öffentliche Monopole, die nach dem gemeinwirtschaftlichen Prinzip handeln (Ziel: optimale Bedarfsdeckung bei Kostendeckung)
   • öffentliche Kritik an überhöhten Monopolpreisen
   • evtl. „Angst“ vor dem Einschreiten des Kartellamts mit rufschädigender Wirkung
   • Verhinderung des Auftretens neuer Konkurrenz, die von den hohen Preisen und damit hohen Gewinnen angezogen werden könnten
   • Verhinderung neuer Konkurrenz, die Substitutionsgüter anbietet

12. Vgl. 11.!
   • öffentliche Kritik, Verärgerung der Nachfrager
   • Risiko des Auftretens neuer Konkurrenz
   • evtl. „Angst“ vor dem Einschreiten des Kartellamts (Angst vor Rufschädigung)

13. **Argumente gegen Monopole:**
   1. Ausschaltung des Wettbewerbs
   2. Angebotsverknappung
   3. überhöhte Preise
   4. evtl. Machtmissbrauch (Beeinflussung von Politikern ...)

Argumente für Monopole:

1. Größere Fertigungsanlagen in Verbindung mit der Massenproduktion bedeuten Kostenvorteile (sinkende Stückkosten), die über die Preise weitergegeben werden.
2. leichtere Finanzierung von Forschungs- und Entwicklungsarbeiten, somit Förderung des technischen Fortschritts
3. Verbesserung der Konkurrenzsituation gegenüber ausländischen Großunternehmen
4. Öffentliche Monopole gewährleisten auch in Verlustbereichen eine Marktversorgung zu angemessenen Preisen.

14. **Ausgleichsfunktion:** Die Funktion kommt nicht zum Tragen, weil der durch den Monopolisten fixierte Preis kein Gleichgewichtspreis ist. (Angebots- und Nachfragelücken bleiben bestehen.)

Signalfunktion: Aufgrund der autonomen Preisfixierung durch den Monopolisten signalisiert eine Preisänderung nicht unbedingt eine Änderung der Güterknappheit.
Die Funktion gilt daher nur eingeschränkt.

Lenkungsfunktion: Gilt nur eingeschränkt; sehr hohe Monopolpreise locken jedoch evtl. neue Konkurrenz an.

Erziehungsfunktion: Gilt nur eingeschränkt; der Monopolist ist – mangels Konkurrenz – nicht gezwungen, möglichst kostengünstig zu produzieren. Dennoch wird er – nicht zuletzt aufgrund des Risikos neu auftretender Konkurrenz – bestimmte Preise nicht überschreiten, sodass eine optimale Kostensituation auch für ihn wichtig ist.

15. a) Wenn eine oder mehrere Bedingungen des vollkommenen Marktes nicht erfüllt sind.
    b) Der Monopolist kann für sein Produkt verschiedene Preise (z. B. in verschiedenen Regionen) verlangen (= sog. **Preisdifferenzierung**), um sein absolutes Gewinnmaximum zu erreichen. Er wird daher die Konsumentenrente möglichst weitgehend ausschöpfen, um sein absolutes Gewinnmaximum zu erreichen.

1., 2., 3. Versuch	Erzielte Punkte

Test → Preisbildung: Monopol I – Lösungen

1

ein Anbieter –viele Nachfrager ----> ❶

1.	1	
2.	1	
3.	1	

2

- Erfindung (Patent) ----> ❶
- Unternehmenszusammenschlüsse ----> ❶

1.	2	
2.	2	
3.	2	

3

- Wettbewerbsbeschränkung(-ausschaltung), Gewinnerhöhung
- Sicherung von Beschaffung und Absatz
- Verbesserung der Konkurrenzfähigkeit gegenüber Auslandskonzernen
- leichtere Finanzierbarkeit von Großprojekten bzw. Forschungs- und Entwicklungsarbeiten
- Kostensenkung durch Massenproduktion 4 • --> ❶

1.	4	
2.	4	
3.	4	

4

- Nachfrage ----> ❶
- Kosten ----> ❶

1.	2	
2.	2	
3.	2	

5

- Der Monopolist kann Preis- und Mengenpolitik betreiben. ----> ❶
- Er verwirklicht die Preis-Mengen-Kombination, bei der er sein Gewinnmaximum erzielt. ----> ❶
  Dies ist der Fall bei der größten positiven Differenz zwischen Umsatz und Kosten. ----> ❶

1.	3	
2.	3	
3.	3	

Tragen Sie Ihre Punktesumme ein und ermitteln Sie auf dem Aufgabenblatt Ihre Note.

Punktesumme	1. 12		Punktesumme	2. 12		Punktesumme	3. 12	

Test → Preisbildung: Monopol II – Lösungen

1., 2., 3. Versuch | Erzielte Punkte

1

Preis (in Euro)	Nachfr. (Stück)	Umsatz (Erlöse)	Fix-kosten	Variable Kosten	Gesamt-kosten	Gewinn/ Verlust
3.500	0	0	20.000	0	20.000	−20.000
3.250	5	16.250	20.000	5.000	25.000	−8.750
3.000	10	30.000	20.000	10.000	30.000	0
2.750	15	41.250	20.000	15.000	35.000	6.250
2.500	20	50.000	20.000	20.000	40.000	10.000
2.250	**25**	**56.250**	**20.000**	**25.000**	45.000	**11.250**
2.000	30	60.000	20.000	30.000	50.000	10.000
1.750	35	61.250	20.000	35.000	55.000	6.250
1.500	40	60.000	20.000	40.000	60.000	0
1.250	45	56.250	20.000	45.000	65.000	−8.750
1.000	50	50.000	20.000	50.000	70.000	−20.000

Gewinnmaximum → Preis = 2.250 EUR; Menge = 25 St.

2 2 2 2 2

1. 10
2. 10
3. 10

2

- Öffentliche Monopole, die nach dem gemeinwirtschaftlichen Prinzip handeln (Ziel: optimale Bedarfsdeckung bei Kostendeckung).
- öffentliche Kritik an überhöhten Monopolpreisen
- Verhinderung des Auftretens neuer Konkurrenz, die von den hohen Preisen und damit hohen Gewinnen angezogen werden könnten
- „Angst“ vor Einschreiten des Kartellamts

2 • → 1

1. 2
2. 2
3. 2

3

Argumente gegen Monopole:

1. Ausschaltung des Wettbewerbs
2. Angebotsverknappung
3. überhöhte Preise
4. evtl. Machtmissbrauch

2 • → 1

Argumente für Monopole:

1. Größere Fertigungsanlagen und Massenproduktion bedeuten Kostenvorteile (sinkende Stückkosten), die über die Preise weitergegeben werden.
2. leichtere Finanzierung von Forschungs- und Entwicklungsarbeiten, somit Förderung des technischen Fortschritts
3. Verbesserung der Konkurrenzsituation gegenüber ausländ. Großunternehmen

2 • → 1

1. 4
2. 4
3. 4

4

Ausgleichsfunktion: Funktion kommt nicht zum Tragen, weil der durch den Monopolisten fixierte Preis kein Gleichgewichtspreis ist. → 1

Signalfunktion: Aufgrund der autonomen Preisfixierung durch den Monopolisten signalisiert eine Preisänderung nicht unbedingt eine Änderung der Güterknappheit. Die Funktion gilt nur eingeschränkt. → 1

Lenkungsfunktion: Gilt nur eingeschränkt. Sehr hohe Monopolpreise locken jedoch evtl. neue Konkurrenz an. → 1

Erziehungsfunktion: Gilt nur eingeschränkt. Der Monopolist ist – mangels Konkurrenz – nicht gezwungen, möglichst kostengünstig zu produzieren. → 1

1. 4
2. 4
3. 4

Tragen Sie Ihre Punktesumme ein und ermitteln Sie auf dem Aufgabenblatt Ihre Note.

Punktesumme → 1. 20 | Punktesumme → 2. 20 | Punktesumme → 3. 20

4.3.5 Angebotsoligopol

1. wenige Anbieter – viele Nachfrager

2. • Autoindustrie
   • Mineralölindustrie
   • Zigarettenindustrie

3. • Nachfrage
   • Kosten
   • Verhalten der Konkurrenz

4. **Preiskampf (= ruinöse Konkurrenz = Oligopolkrieg):**

   Durch evtl. radikale Preissenkungen versucht ein Oligopolist, die Nachfrage auf sich zu vereinigen. Die anderen Anbieter senken entweder ebenfalls ihre Preise oder verlieren Marktanteile.

   Ziel der Maßnahme: Die anderen Anbieter sollen vom Markt verdrängt werden.

   Probleme: erhebliche Gewinneinbußen; Sieger ungewiss (hohes Risiko!)

   Abgestimmtes Verhalten (Gleichschrittverhalten):

   Gemeinsame Preisänderungen. Dies wird erreicht durch
   • stillschweigende Vereinbarung (Quasikartell),
   • Preisführerschaft eines Anbieters, dessen Preisänderungen die anderen übernehmen,
   • Kartellbildung (Preisabsprachen).

5. abgestimmtes Verhalten (Preisführerschaft oder stillschweigende Vereinbarung)

6. Führt ein Oligopolist eine „störende" Marktmaßnahme (z. B. Preissenkung) durch, muss er damit rechnen, dass seine Konkurrenten scharf reagieren. Der Bumerang kommt zurück.

7. Ein oligopolistischer Preiskrieg birgt hohe Risiken:
   evtl. hohe Gewinneinbußen, Ungewissheit über „Sieg" oder „Niederlage"

8. vom Durchhaltevermögen (Finanzstärke) der einzelnen Oligopolisten

9. Um keine Marktanteile zu verlieren, müssen sie reagieren mit
   • Preissenkungen,
   • absatzpolitischen Maßnahmen (Werbung, Qualitätsverbesserung, verbesserte Zahlungsbedingungen usw.) oder
   • Androhung eines Preiskrieges.

10. Wenn sie Marktneulinge verdrängen wollen.

11. • Aufgrund
   - räumlicher,
   - zeitlicher,
   - sachlicher,
   - persönlicher Unterschiede oder
   - fehlender Markttransparenz

   kann der einzelne Anbieter innerhalb kleiner Grenzen Preispolitik betreiben, ohne dass die (wenigen) Konkurrenten reagieren.
   • Durch absatzpolitische Maßnahmen wie
   - Werbung,
   - Qualitätsverbesserungen,
   - Verpackungsverbesserungen

   versucht er, den Wettbewerb auf „Nicht-Preis-Wettbewerbsformen" zu verlagern.
   • Je vollkommener der Markt, umso eher muss er allerdings mit Konkurrenzreaktionen rechnen.

12. **Ausgleichsfunktion:** Die Funktion kommt nicht zum Tragen, weil der durch die Oligopolisten fixierte Preis kein Gleichgewichtspreis ist (Angebots- und Nachfragelücken bleiben bestehen).

    Signalfunktion: Aufgrund der Preisfixierung durch die Oligopolisten signalisiert eine Preisänderung nicht unbedingt eine Änderung der Güterknappheit. Die Funktion gilt daher nur eingeschränkt.

    Lenkungsfunktion: Gilt nur eingeschränkt; sehr hohe Oligopolpreise locken jedoch evtl. neue Konkurrenz an.

    Erziehungsfunktion: Gilt nur eingeschränkt; der Oligopolist ist – je nach Situation – nicht gezwungen, möglichst kostengünstig zu produzieren. Dennoch wird er – nicht zuletzt aufgrund des Risikos neu auftretender Konkurrenz – bestimmte Preise nicht überschreiten, sodass eine optimale Kostensituation auch für ihn wichtig ist.

Test → **Preisbildung: Oligopol – Lösungen**

1., 2., 3. Versuch		Erzielte Punkte

1

wenige Anbieter – viele Nachfrager → 1

1.	1	
2.	1	
3.	1	

2

- Autoindustrie
- Mineralölindustrie
- Zigarettenindustrie
- Reiseindustrie

3 • → 1

1.	3	
2.	3	
3.	3	

3

- Nachfrage → 1
- Kosten → 1
- Verhalten der Konkurrenz → 1

1.	3	
2.	3	
3.	3	

4

Preiskampf (= ruinöse Konkurrenz = Oligopolkrieg): → 0,5

Durch evtl. radikale Preissenkungen versucht ein Oligopolist, die Nachfrage auf sich zu vereinigen. → 0,5

Die anderen Anbieter senken entweder ebenfalls ihre Preise oder verlieren Marktanteile. → 0,5

Probleme: hohe Gewinneinbußen; Sieger ungewiss (Risiko!) → 0,5

Abgestimmtes Verhalten (Gleichschrittverhalten): → 0,5

Gemeinsame Preisänderungen. Dies wird erreicht durch

- stillschweigende Vereinbarung (Quasikartell), → 0,5
- Preisführerschaft eines Anbieters, dessen Preisänderungen die anderen übernehmen, → 0,5
- Kartellbildung (Preisabsprachen). → 0,5

1.	4	
2.	4	
3.	4	

5

abgestimmtes Verhalten → 1

1.	1	
2.	1	
3.	1	

Tragen Sie Ihre Punktesumme ein und ermitteln Sie auf dem Aufgabenblatt Ihre Note.

Punktesumme			Punktesumme			Punktesumme		
1.	12		2.	12		3.	12	

5 Prüfungsaufgaben Kompetenzbereich II

Prüfungsaufgabe A

1. Angebotsmonopol, da ein Anbieter und viele Nachfrager

Vorteile z. B.	Nachteile z. B.
• Förderung des technischen Fortschritts • kostspielige Investitionen finanzierbar • Hoher Preis lockt Konkurrenz an.	• überhöhte Preise • Angebotsverknappung • Einfluss auf politische Entscheidungen

2.1 Preis: 5.000,00 EUR (siehe Tabelle **Anlage 1**)

2.2 Preis: 6.000,00 EUR (siehe Tabelle **Anlage 1**)

3. Vgl. Schaubild (**Anlage 2**).

4.
- Verlustzone bis Absatzmenge von ca. 11 Automaten, da Gesamtkosten > Umsatz
- Kostendeckung, d. h. Erfolg = 0 beim 1. Schnittpunkt von Umsatz- und Gesamtkostenkurve
- Gewinnzone ab ca. 11 Automaten bis ca. 67 Automaten, da Umsatz > Gesamtkosten
- Kostendeckung, d. h. Erfolg = 0 beim 2. Schnittpunkt von Umsatz- und Gesamtkostenkurve
- Verlustzone bei Absatzmengen von über ca. 67 Automaten, da Gesamtkosten > Umsatz
  (Hinweis: wenn Aufgabe 3 nicht gelöst, auch allgemeine Lösung möglich)

5. Angebotsoligopol, da wenige Anbieter und viele Nachfrager
- Preiskrieg mit dem Ziel, Konkurrenten vom Markt zu verdrängen bzw.
- abgestimmtes Verhalten (Schlafmützenkonkurrenz)

Anlage 1

Auswertungstabelle						
Preis	**Menge**	**Umsatz**	**Fix-kosten**	**Variable Kosten**	**Gesamt-kosten**	**Gewinn bzw. Verlust**
10.000,00	**0**	0,00	90.000,00	0,00	90.000,00	–90.000,00
9.000,00	**10**	90.000,00	90.000,00	20.000,00	110.000,00	–20.000,00
8.000,00	**20**	160.000,00	90.000,00	40.000,00	130.000,00	+30.000,00
7.000,00	**30**	210.000,00	90.000,00	60.000,00	150.000,00	+60.000,00
6.000,00	**40**	240.000,00	90.000,00	80.000,00	170.000,00	+70.000,00
5.000,00	**50**	250.000,00	90.000,00	100.000,00	190.000,00	+60.000,00
4.000,00	**60**	240.000,00	90.000,00	120.000,00	210.000,00	+30.000,00
3.000,00	**70**	210.000,00	90.000,00	140.000,00	230.000,00	–20.000,00
2.000,00	**80**	160.000,00	90.000,00	160.000,00	250.000,00	–90.000,00
1.000,00	**90**	90.000,00	90.000,00	180.000,00	270.000,00	–180.000,00

Anlage 2

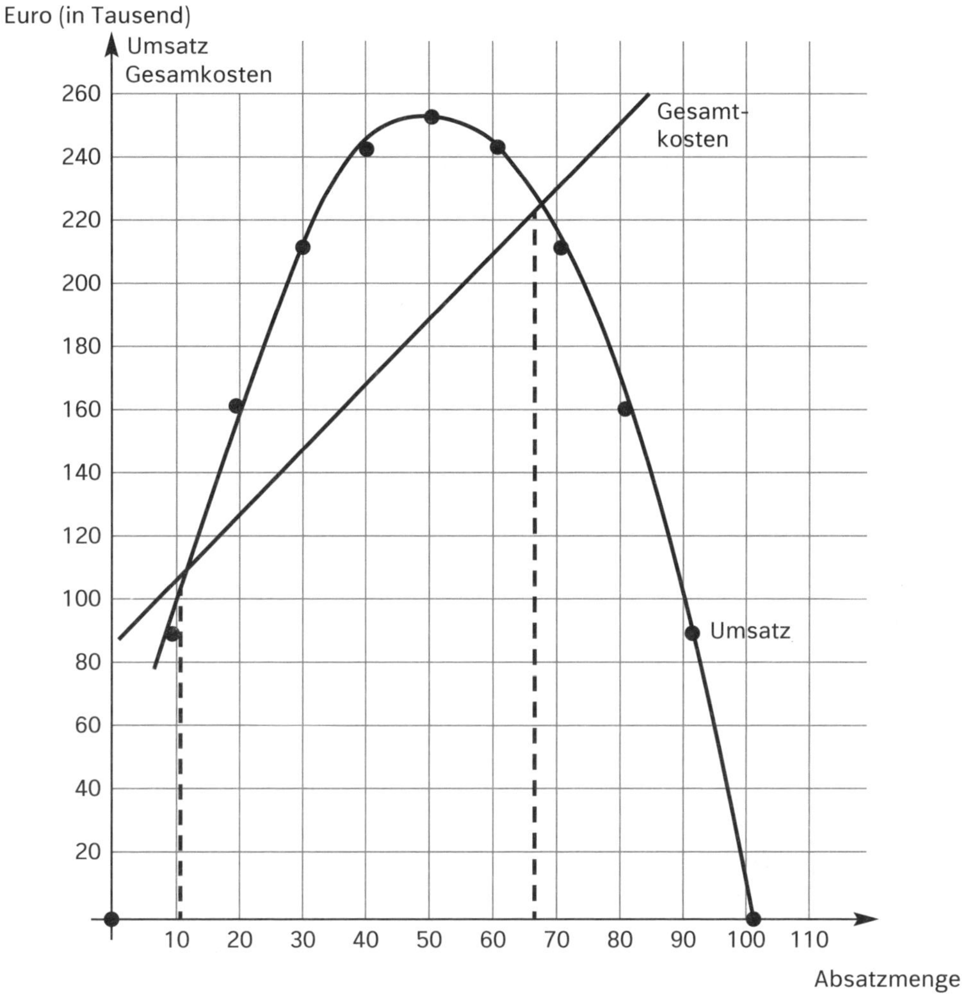

Euro (in Tausend)
Umsatz
Gesamkosten
260
240
220
200
180
160
140
120
100
80
60
40
20
Gesamt-
kosten
Umsatz
10
20
30
40
50
60
70
80
90
100
110
Absatzmenge

Prüfungsaufgabe B

1.1 gewinnmaximierender Preis 4,50 EUR

Preis je 100 g (in Euro)	Menge je 100 g	Erlös (in Euro)	Fixe Kosten (in Euro)	Variable Kosten (in Euro)	Gesamtkosten (in Euro)	Ergebnis (in Euro)
6,00	0	**0,00**	1.000,00	0,00	**1.000,00**	**–1.000,00**
5,50	1.000	**5.500,00**	1.000,00	3.000,00	**4.000,00**	**1.500,00**
5,00	2.000	**10.000,00**	1.000,00	6.000,00	**7.000,00**	**3.000,00**
4,50	3.000	**13.500,00**	1.000,00	9.000,00	**10.000,00**	**3.500,00**
4,40	4.000	**16.000,00**	**1.000,00**	12.000,00	**13.000,00**	**3.000,00**
3,50	5.000	17.500,00	**1.000,00**	15.000,00	16.000,00	**1.500,00**
3,00	6.000	18.000,00	**1.000,00**	18.000,00	19.000,00	**–1.000,00**

1.2 **Vorteil:** Monopolist hat innovative Süßigkeiten auf den Markt gebracht.

Nachteil: Hoher Preis, schlechte Versorgung, da Menge künstlich knapp gehalten werden kann.

2. Da an Konsumenten verkauft wird, wird mit jedem Verkauf das Bruttoinlandsprodukt erhöht.

3.1 Oligopol, da wenige Anbieter und viele Nachfrager

3.2 Schülerabhängige Antwort, z. B.

Einschätzung könnte richtig sein, da ein Preiskrieg allen Anbietern erheblich schaden würde; relative Preisstarrheit hätte zur Folge, dass der Preis nicht Aktionsparameter wird, sondern die Anbieter versuchen würden, mit Werbung, Verpackung und anderen Instrumenten Kundenpräferenzen zu schaffen.

4. (1) Maßnahme ist zulässig, da der Wettbewerb nicht ausgeschaltet wird. Es handelt sich um eine Interessengemeinschaft.
   (2) Maßnahme ist nicht zulässig, da Preisabsprachen auch auf kleineren Märkten nicht erlaubt sind. Es handelt sich um ein Preiskartell.

Prüfungsaufgabe C

1.1.1 + 1.1.2

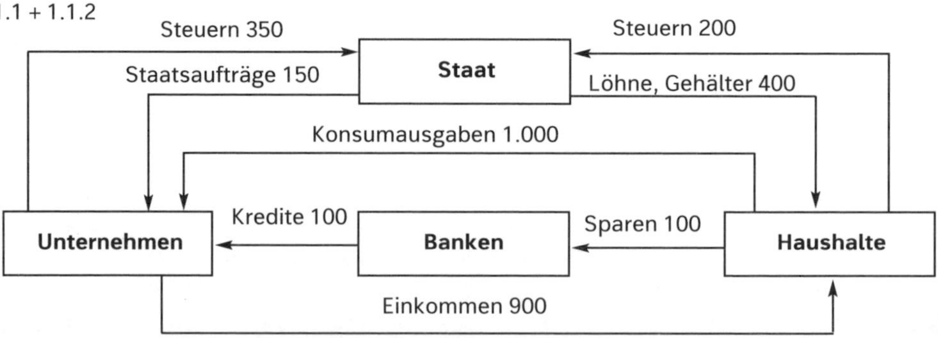

Prüfungsaufgabe D

2.1 Die Mieter treten als Nachfrager auf; ihr Ziel ist es, einen möglichst geringen Mietpreis zu bezahlen. Je niedriger der Preis, desto mehr Nachfrager sind bereit bzw. in der Lage, zu diesem Preis eine 3-Zimmer-Wohnung nachzufragen.

Die Vermieter treten als Anbieter auf; ihr Ziel ist es, einen möglichst hohen Mietpreis zu erhalten. Je höher der Preis, desto mehr Anbieter sind bereit, zu diesem Preis eine 3-Zimmer-Wohnung anzubieten.

2.2

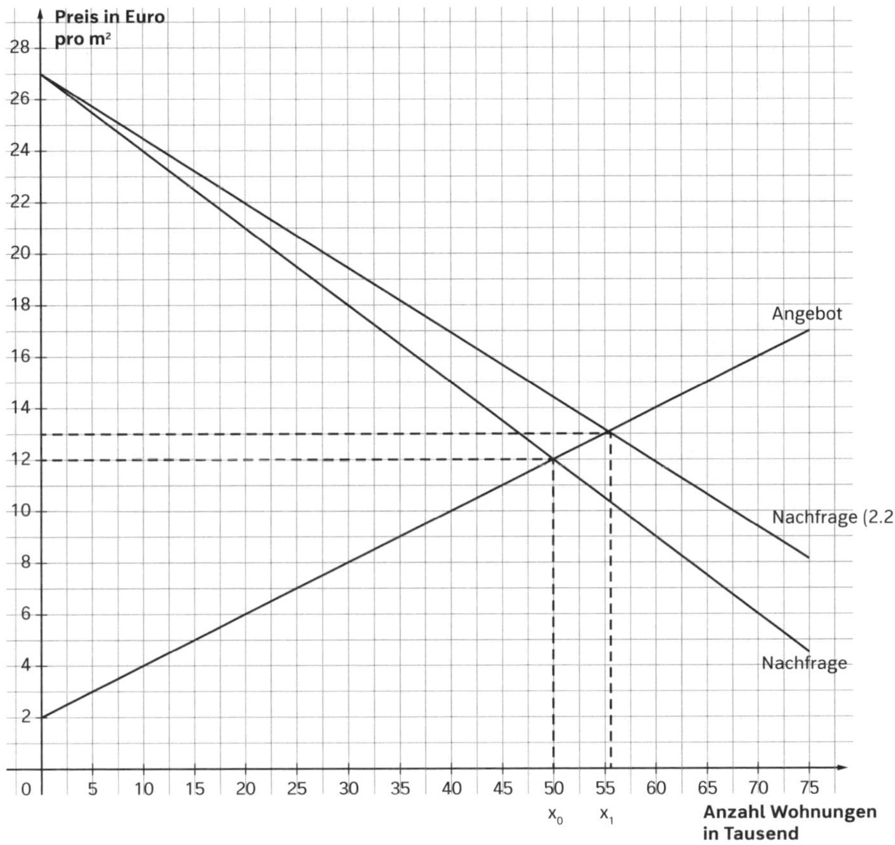

Die Zunahme der Wohnungsnachfrage führt zu einem Nachfrageüberschuss auf dem Markt für 3-Zimmer-Wohnungen → Nachfrageüberschuss zum Preis von 12,00 EUR pro m² = 10.000 Wohnungen. Die Anbieter nutzen den daraus resultierenden Preiserhöhungsspielraum. Höhere Preise bewirken auch ein steigendes Angebot an Mietwohnungen, sodass der Gleichgewichtspreis und die Gleichgewichtsmenge im Vergleich zur Ausgangssituation steigen → neuer Gleichgewichtspreis p_1: ca. 13,00 EUR pro m², die neue Gleichgewichtsmenge: x_1: knapp 56.000 Wohnungen.

2.3 Z. B.

- **Homogene Güter:** 3-Zimmmer-Wohnungen sind keine homogenen Güter, sie unterscheiden sich z. B. im Hinblick auf Lage, Ausstattung, Wohnfläche etc.
- **Keine Präferenzen bei Anbietern und Nachfragern:** Auf dem Wohnungsmarkt bestehen durchaus Präferenzen, wie etwa eine örtliche Präferenz bei den Mietern (z. B. Nähe zur Arbeitsstätte) oder eine persönliche Präferenz bei den Vermietern (z. B. Nichtraucher).
- **Vollständige Markttransparenz:** Diese ist hier nicht gegeben, weil die Marktteilnehmer nicht über alle entscheidungsrelevanten Informationen verfügen, wie zum Beispiel die Zahlungsbereitschaft der Nachfrager, die Mindestpreisvorstellungen der Anbieter, gesamtes zur Verfügung stehendes Wohnungsangebot u. Ä.

Prüfungsaufgabe E

2.1 Z. B.

Die mehrstufige Lohnerhöhung führt zu einer spürbaren Erhöhung der Lohnkosten für die M.E.A.T. GmbH.

Die stärkere Kostenbelastung kann sich negativ auf die Gewinnsituation des Unternehmens auswirken, sofern die Preise und/oder die Absatzmenge nicht entsprechend erhöht werden können. Die Mitarbeiterzufriedenheit kann aufgrund der Lohnerhöhung steigen.

2.2 Z. B.

Ordnungsmerkmal	Einschränkung der Freiheiten	Rechtfertigung
Verträge	Eine Allgemeinverbindlichkeitserklärung schränkt die Vertragsfreiheit (Arbeitsverträge) der ursprünglich nicht tarifgebundenen Unternehmen ein.	Eine solche Regelung vermeidet Lohndumping und hilft, die wirtschaftliche Existenz der Arbeitnehmer zu sichern. Sie trägt zur sozialen Gerechtigkeit bzw. Lohngerechtigkeit bei.
Produktion/Handel	Unternehmen müssen bei der Produktion bzw. beim Verkauf Hygienevorschriften, Deklarierungsvorschriften u. Ä. einhalten.	Hierdurch soll der Gesundheitsschutz für die Verbraucher gewährleistet werden. Anderenfalls droht eine Gefährdung der Konsumenten, die beim Kauf den Zustand der Ware nicht bzw. nur begrenzt kontrollieren können.

2.3 **Markt für Rindfleisch aus Massentierhaltung**

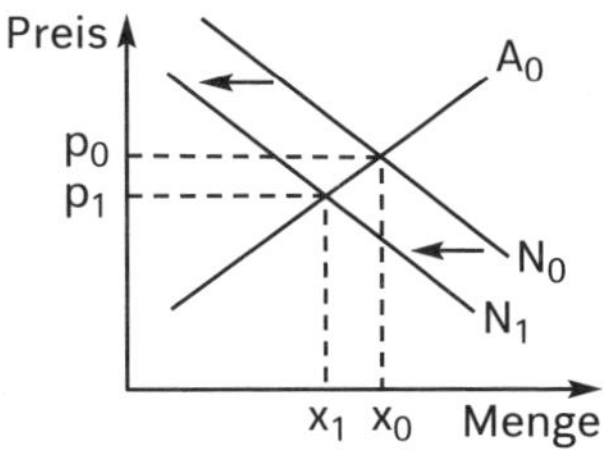

Begründung:
Sowohl die Gammelfleisch-Skandale als auch die veränderten Konsumgewohnheiten führen zu einer Abnahme der Nachfrage nach Rindfleisch aus Massentierhaltung. Die Nachfragekurve verschiebt sich nach links. Der Gleichgewichtspreis und die Gleichgewichtsmenge sind geringer.

Markt für Bio-Rindfleisch

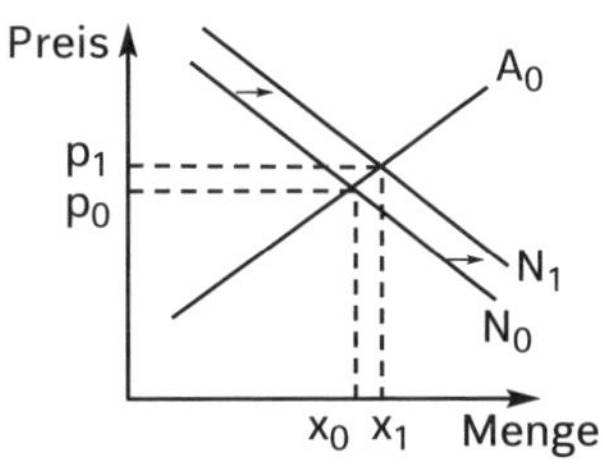

Begründung:
Z. B.
Der Gammelfleisch-Skandal führt für sich genommen zu einer Zunahme der Nachfrage nach Bio-Rindfleisch. Die veränderten Konsumgewohnheiten dagegen zu einer Abnahme. Ist der erste Effekt stärker, so ergibt sich eine Rechtsverschiebung der Nachfragekurve. Der Gleichgewichtspreis und die Gleichgewichtsmenge steigen.

Hinweis: Je nach Begründung wäre auch eine Verschiebung der Angebotskurven denkbar. Zum Beispiel Umstellung der Produktion von konventionell hergestelltem Rindfleisch auf Bio-Rindfleisch als Reaktion auf das langfristig veränderte Verbraucherverhalten.

2.4 Stellungnahme:
Z. B.

Sehr geehrte Damen und Herren der Geschäftsleitung,

wir, die Belegschaft der M.E.A.T. GmbH, sprechen uns gegen eine Standortverlagerung ins osteuropäische Ausland aus.

Sicherlich könnten dadurch Lohnkosten eingespart werden. Dafür sind aber höhere Transportkosten bzw. ein steigendes Transportrisiko zu berücksichtigen, z. B. wegen Fehlern in der Kühlkette.

Ferner droht eine Abwanderung von Kunden, weil sie Qualitätseinbußen vermuten, wenn unsere Produkte nicht mehr in Deutschland produziert werden.

Sie sollten auch berücksichtigen, dass Sie am derzeitigen Standort auf motivierte und qualifizierte Mitarbeiter zählen können. Das ist woanders nicht garantiert.

Eine Standortverlagerung kann daher nicht im Sinne der M.E.A.T. GmbH und damit auch nicht in Ihrem Sinne sein.

Mit freundlichen Grüßen

Die Belegschaft der M.E.A.T. GmbH

Prüfungsaufgaben Sommer 2016 (Aufgabe 2, verändert)

2.1.1

Preis (in Euro je Tonne)	Gesamtangebot (in Tonnen)	Gesamtnachfrage (in Tonnen)	Handelbare Menge (in Tonnen)
50,00	20.000	95.000	20.000
100,00	35.000	70.000	35.000
150,00	**55.000**	**55.000**	**55.000**
200,00	65.000	35.000	35.000
250,00	80.000	10.000	10.000

Begründung:
Es wird sich ein Marktpreis von 150,00 EUR einstellen, weil hier die höchstmögliche Menge gehandelt werden kann (55.000 Tonnen). Die angebotene Menge entspricht in diesem Fall der nachgefragten Menge, der Markt ist geräumt.

2.1.2

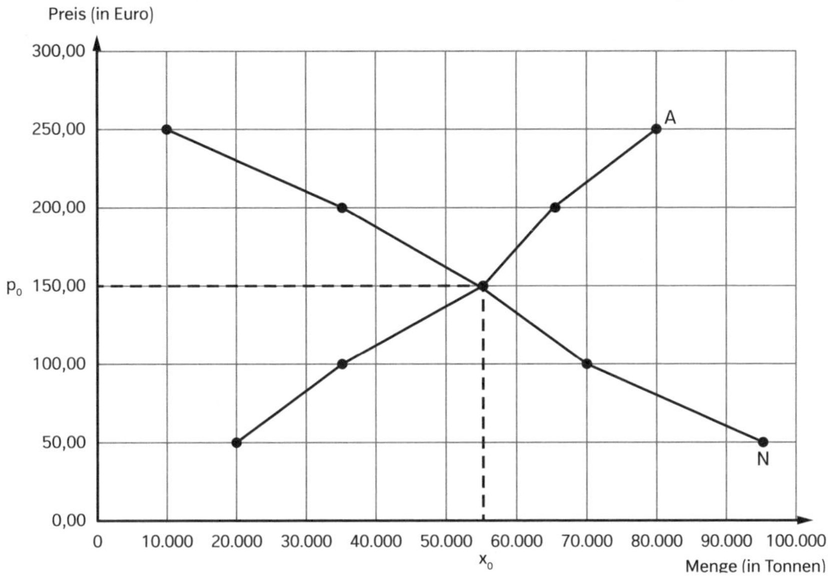

2.1.3 Die Ausdehnung der Anbaufläche führt zu einem zunehmenden Angebot. Die Angebotskurve verschiebt sich nach rechts. Die teilweise Substitution von Futtermais durch Weizen führt zu einer abnehmenden Nachfrage. Die Nachfragekurve verschiebt sich nach links. Beide Entwicklungen führen tendenziell zu Preissenkungen, um einen Angebotsüberhang abzubauen. Die Veränderung der gehandelten Menge hängt vom Ausmaß der jeweiligen Kurvenverschiebung ab.

2.2.1 Z. B.
Preissenkungen sind beispielsweise nur dann sinnvoll, wenn damit ein entsprechender Kunden- bzw. Nachfragezuwachs erzielt wird. Wird aber ein Preiswettbewerb ausgelöst, könnte sich die wirtschaftliche Situation sogar verschlechtern.

Bei Preiserhöhungen besteht die Gefahr, Kunden zu verlieren, sofern die Konkurrenten ihre Preise nicht oder nicht im selben Ausmaß erhöhen, was den wirtschaftlichen Erfolg ebenfalls beeinträchtigt.

Kommt es jedoch zu einer Form der Preisführerschaft, bei der sich die drei Unternehmen gleichgerichtet verhalten, könnte die Weitergabe gelingen. Beispielsweise kann bei steigenden Einkaufspreisen die Kostenerhöhung ganz oder teilweise weitergegeben werden.

2.2.2 Z. B.
- Die Kraftfutterwerke Heilbronn GmbH verzichtet auf Fest- bzw. Mindestabnahmemengen.
- Sie garantiert kürzere/flexiblere Lieferzeiten als die Konkurrenten.
- Es werden zusätzliche Dienstleitungen angeboten, z. B. Beratung, Zwischenlagerung o. Ä.

Prüfungsaufgaben Sommer 2017 (Aufgabe 2)

2.1.1 Die XPed Sport GmbH hat eine (zeitweilige) Monopolstellung, sodass sie bei der Preisfestsetzung nur ihre Kostensituation sowie das Verhalten der Nachfrager berücksichtigen muss.

2.1.2

Preis (in Euro)	Absetzbare Menge (in Stück)	Erlös (in Euro)	Kosten (in Euro)	Gewinn (in Euro)
400,00	0	0,00	50.000,00	–50.000,00
350,00	200	70.000,00	70.000,00	0,00
300,00	400	120.000,00	90.000,00	30.000,00
250,00	600	150.000,00	110.000,00	40.000,00
200,00	800	160.000,00	130.000,00	30.000,00
150,00	1.000	150.000,00	150.000,00	0,00
100,00	1.200	120.000,00	170.000,00	-50.000,00

Gewinnmaximaler Preis: 250,00 EUR

2.1.3 Z. B.

Mit einem Preis von 200,00 EUR (laut Tabelle der Preis, mit dem noch Gewinn zu erzielen wäre) könnte man mehr Kunden gewinnen und sich aufgrund eines guten Preis-Leistungs-Verhältnisses ein positives Image aufbauen.

Treten nach einiger Zeit andere Anbieter am Markt auf, ist die XPed Sport GmbH bereits etabliert und würde ggf. weniger Kunden an die Konkurrenten verlieren.

2.1.4

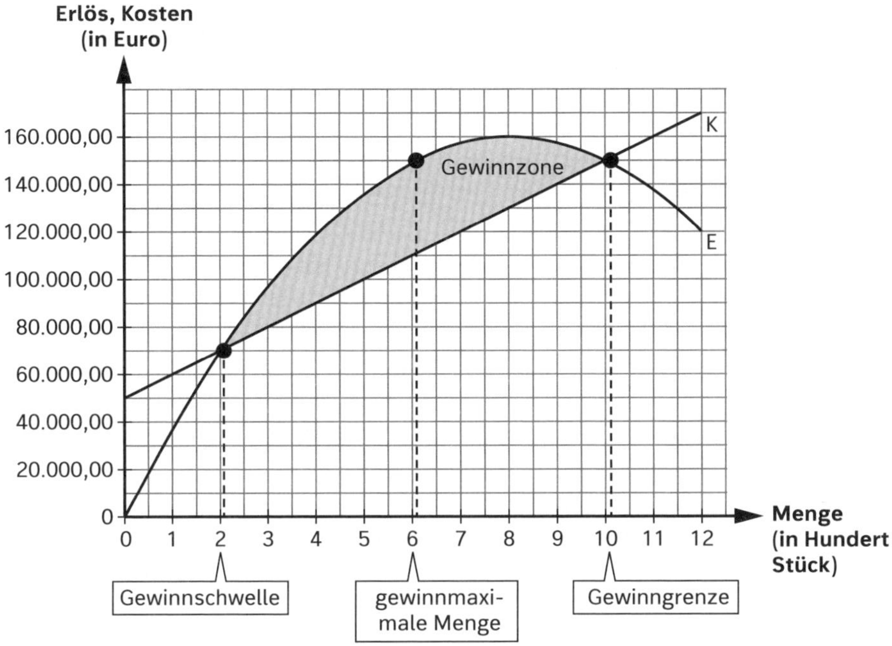

2.2.1 Z. B.
Die Strategie kann Erfolg versprechend sein, wenn die XPed Sport GmbH über eine günstigere Kostenstruktur verfügt. Dadurch können niedrigere Preise in Kauf genommen und Kunden vom Konkurrenten abgeworben werden.

2.2.2
- Ein andauerndes gegenseitiges Unterbieten kann dazu führen, dass die erzielbaren Gewinne dauerhaft zurückgehen („ruinöse Konkurrenz").
- Z. B.
  Preisführerschaft: Hierbei übernimmt ein Unternehmen die Rolle des Preisführers, das andere Unternehmen passt sich mit seiner Preisfestsetzung an. Dabei kann die Preisführerschaft auch wechseln.

Prüfungsaufgaben Winter 2017/2018 (Aufgabe 2, verändert)

2.1.1 Schülerabhängig, z. B.
Zusammenschluss von mehreren selbstständigen Unternehmen auf vertraglicher Basis zur Beschränkung des Wettbewerbs

2.1.2 In der OPEC sind Länder organisiert, die im Bereich der Erdölförderung miteinander kooperieren, d. h. ihr unternehmerisches Verhalten absprechen und vertragliche Vereinbarungen treffen, um über die Absprache der Fördermengen den freien Wettbewerb zu beschränken, damit der Preisverfall beim Öl verhindert wird.

2.1.3 Bei der beschriebenen Drosselung/Begrenzung der Fördermenge verringert sich die Menge des weltweit angebotenen Öls. Da zunächst die Nachfragemenge gleich bleibt, entsteht ein Nachfrageüberhang. Aufgrund der Ölknappheit steigen die Preise. → Der Marktpreis steigt, die gehandelte Menge sinkt.

2.1.4 Sollte der Marktpreis für Öl steigen, wird sich dies auf die Benzinpreise auswirken. Diese werden auch steigen, da Öl die Grundlage für die Benzinproduktion ist. Damit werden sich die Betriebskosten für die Fahrschulautos erhöhen.

Wenn die DeinFlitzer GmbH keine Gewinneinbußen haben will, muss sie den Preis einer Fahrstunde erhöhen, um die erhöhten Kosten auszugleichen. (Alternativ z. B.: Da die Fahrschule in Konkurrenz zu den anderen Fahrschulen steht, kann sie möglicherweise ihre Fahrstundenpreise nicht erhöhen, um die höheren Benzinkosten auszugleichen.)

Da die Benzinpreiserhöhung alle anderen Fahrschulen genauso betrifft, kann man davon ausgehen, dass diese auch ihre Preise erhöhen werden, sodass die DeinFlitzer GmbH keine Kunden verlieren wird – die Wettbewerbsfähigkeit leidet also nicht unter der Preiserhöhung.

2.2 Die Europäische Zentralbank (EZB) hat die Leitzinsen in den letzten Jahren immer mehr gesenkt. Die EZB stellt den Kreditinstituten nun zinsfreie Kredite für deren Refinanzierung zur Verfügung. Durch diese kostengünstige Refinanzierungsmöglichkeit können die Kreditinstitute ihre Kreditangebote an ihre Kunden (Unternehmen, Haushalte, Staat) auch kostengünstiger gestalten, z. B. durch geringere Kreditzinsen. Unternehmen können so kostengünstiger Kredite aufnehmen.

2.3 **Marktkonform:** Der Staat beeinflusst indirekt den Marktmechanismus, indem er Angebot oder Nachfrage beeinflusst.
Beispielsweise erhöhen Steuererleichterungen, Prämien des Staates beim E-Autokauf oder eine verbesserte E-Mobilitätsinfrastruktur zwar die Nachfrage nach E-Autos, sie beeinflussen den Preis der Fahrzeuge aber nur indirekt. Es bleibt die freie Entscheidung der Marktteilnehmer, diese staatlichen Fördermaßnahmen in Anspruch zu nehmen.

Marktkonträr: Der Staat greift direkt in den Marktmechanismus ein, indem er Preise oder Mengen vorgibt oder die Vertragsfreiheit durch Gesetze beschränkt.
Beispielsweise können die Marktteilnehmer nicht mehr frei über ihr Handeln am Markt entscheiden, wenn der Staat die Zulassung von Benzinern und Dieselfahrzeugen verbietet.

Prüfungsaufgaben Winter 2019/2020 (Aufgabe 2, teilweise)

2.1

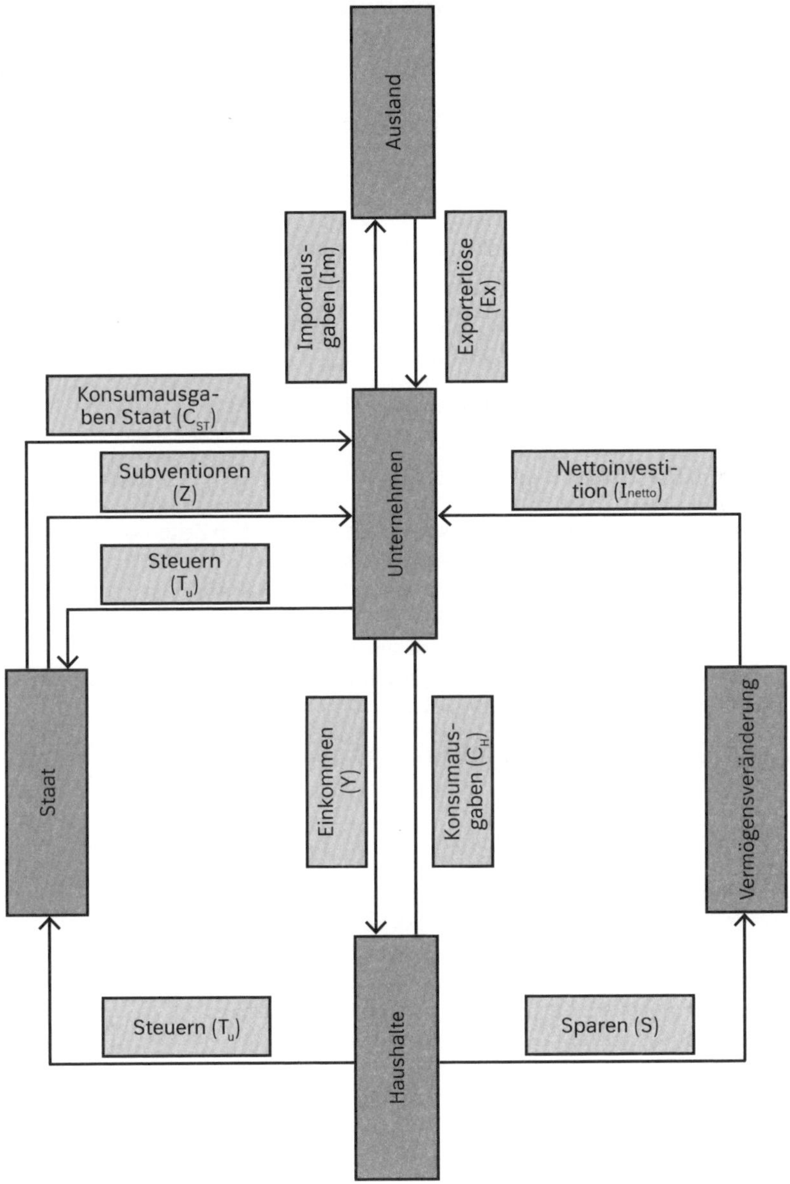

Kompetenzbereich III: Wirtschaftspolitische Einflüsse auf den Ausbildungsbetrieb, das Lebensumfeld und die Volkswirtschaft einschätzen

1 Konjunktur und Konjunkturpolitik

1.3 Aufgaben

1. wellenförmige Auf- und Abwärtsbewegungen der Wirtschaftstätigkeit (Konjunkturschwankungen, Konjunkturwellen) = Schwankungen des realen Bruttosozialprodukts (Bruttoinlandsprodukts)

2. Grad der Kapazitätsauslastung der Volkswirtschaft
Messung der Beschäftigung v. a. anhand der Arbeitslosenquote

3. **Arbeitslosenquote** = $\frac{\text{registrierte Arbeitslose} \cdot 100}{\text{(zivile) Erwerbspersonen} + \text{registrierte Arbeitslose}}$

4. Vollbeschäftigung, Unterbeschäftigung und Überbeschäftigung (vgl. Stofftelegramm)

5. Es handelt sich um eine Art **„Sockelarbeitslosigkeit“**, die auch in Zeiten guter Konjunkturentwicklung nicht unterschritten werden kann. **Ursachen:**
   - **Friktionelle Arbeitslosigkeit:** Sie tritt auf, wenn Arbeitskräfte kündigen bzw. entlassen werden und kurzfristig bis zum Antritt der neuen Stelle nicht beschäftigt sind („Sucharbeitslosigkeit“ bzw. „Fluktuationsarbeitslosigkeit“).
   - **Saisonale Arbeitslosigkeit:** Sie ist Folge jahreszeitlicher (saisonaler) Produktionsschwankungen (z. B. Landwirtschaft, Bauwirtschaft) und ist kaum bekämpfbar.

6.
   - Hochkonjunktur (Boom)
   - Abschwung (Rezession)
   - Tiefstand (Depression)
   - Aufschwung (Expansion)

7. Vgl. Stofftelegramm.

8. a) **Gründe für Konjunkturabschwung:**
   - Nachfrage der privaten Haushalte nach Konsumgütern sinkt.
   - Nachfrage der Unternehmen nach Investitionsgütern sinkt.
   - Nachfrage des Staates sinkt (Ausgabenkürzungen).
   - Nachfrage des Auslands nach Inlandsgütern (Exporte) sinkt.
   - stark steigende Zinssätze (restriktive Bundesbankpolitik)
   - sinkende Motivation der Marktteilnehmer

   b) **Gründe für Konjunkturaufschwung:** vgl. a) umgekehrt formuliert.

9. Vgl. Stofftelegramm.

10.
   - hohe Preissteigerungsraten
   - starke Umweltbelastungen
   - Überbeanspruchung von Mensch/Maschine
   - hohe Zinsen (ungünstig für Schuldner)
   - abnehmende Produktqualitäten
   - Abwerbung von Arbeitskräften

11. Anzeiger für den gegenwärtigen und zukünftigen Konjunkturverlauf. **Beispiele:** *Arbeitsmarkt, Zahl der Kurzarbeiter* ... (vgl. Stofftelegramm)

12. Erhöhungen des **nominalen** Bruttosozialprodukts können möglicherweise nur auf Preissteigerungen beruhen, ohne dass sich die reale Güterproduktion erhöht hat.

    Beim **realen** Bruttosozialprodukt wird diese Problematik ausgeschaltet, indem Preissteigerungsraten herausgerechnet werden. Eine Zunahme des realen Bruttosozialprodukts signalisiert somit eine tatsächliche Mehrleistung der Volkswirtschaft.

13. **Saisonale Schwankungen:**
    - jahreszeitlich bedingte Nachfrageänderungen (z. B. Ski im Winter, Surfbretter im Sommer; Weihnachtsgeschäft ...)
    - vorhersehbare, regelmäßige Schwankungen, somit planbar
    - betreffen nur einige Wirtschaftszweige

    Konjunkturelle Schwankungen:
    - wellenförmige Auf- und Abwärtsbewegungen der Wirtschaftstätigkeit im mehrjährigen Rhythmus – bereinigt um saisonale Schwankungen
    - nicht vorhersehbare Schwankungen, somit schwer planbar
    - betreffen nahezu die gesamte Wirtschaft

14. a) Vollbeschäftigung b) Rezession/Depression c) Vollbeschäftigung
    d) Aufschwung (Expansion) e) Depression f), g) Vollbeschäftigung

15. - **Saisonale Arbeitslosigkeit:** Sie ist Folge jahreszeitlicher (saisonaler) Produktionsschwankungen (z. B. Landwirtschaft, Bauwirtschaft) und ist kaum bekämpfbar.
    - **Strukturelle Arbeitslosigkeit:** Arbeitslosigkeit in best. Regionen, Branchen und/oder Berufen durch strukturellen Wandel auf diesen Teilarbeitsmärkten (z. B. Landwirtschaft, Arbeitslosigkeit durch Rationalisierung ...)
    - **Konjunkturelle Arbeitslosigkeit:** durch gesamtwirtschaftlichen Beschäftigungsrückgang hervorgerufene Arbeitslosigkeit (Rezessions- bzw. Depressionsphase)
    - **Friktionelle Arbeitslosigkeit:** Sie tritt auf, wenn Arbeitskräfte kündigen bzw. entlassen werden und kurzfristig bis zum Antritt der neuen Stelle nicht beschäftigt sind („Sucharbeitslosigkeit“ bzw. „Fluktuationsarbeitslosigkeit“).

      Ebenso wie die saisonale Arbeitslosigkeit zählt sie zur sog. „Sockelarbeitslosigkeit“, die auch in Zeiten guter Konjunktur nicht unterschritten werden kann.

16. Durch sinkende Gewinne und relativ geringe Lohnsteigerungen **sinkende Steuereinnahmen.** Gleichzeitig evtl. **steigende Staatsausgaben**, um die Konjunktur wieder anzukurbeln.

17. a) Konjunktur = das Auf und Ab der wirtschaftlichen Aktivität eines Landes in einer bestimmten Zeitspanne

       Indikator: BIP (Bruttoinlandsprodukt) = Wert aller Güter und Dienstleistungen, die in Deutschland innerhalb einer Periode hergestellt werden

b)

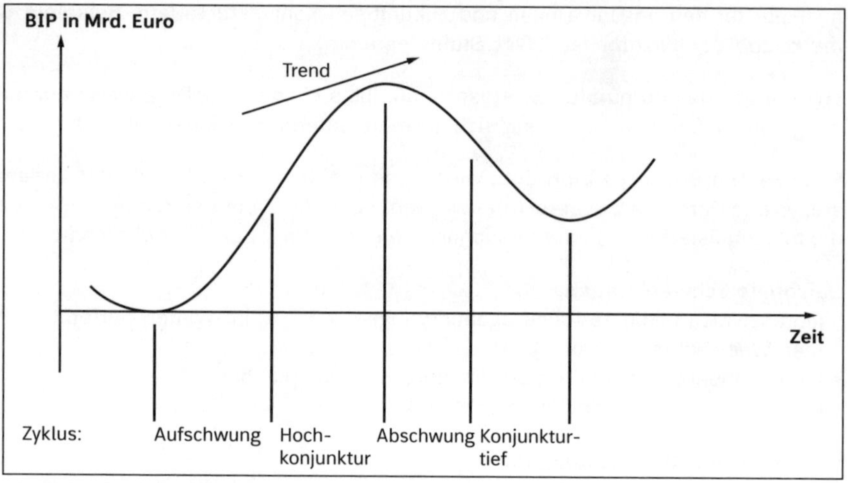

c) Schülerabhängige Antwort, z. B.
Aufschwung:
- Produktion und Handel nehmen zu.
- Arbeitslosigkeit nimmt ab.
- Stimmung ist optimistisch.

d) Situation: holprige Erholung (unterbeschäftigte Wirtschaft); mittelfristige Preisstabilität ist gesichert.
Wirkung: größere Geldmenge und somit niedrigere Zinsen → mehr/günstiges Geld → Nachfrage steigt. → Sparneigung geht zurück.
Ziele: Konjunktur und Nachfrage ankurbeln

e) Schülerabhängige Antwort, z. B.
- trotz niedriger Zinsen schlechte Zukunftserwartungen → keine Kreditaufnahme trotz niedriger Zinsen
- Banken geben niedrige Zinsen nicht weiter.

1.4 Konjunkturpolitische Maßnahmen

1.4.1 Möglichkeiten der staatlichen Konjunkturpolitik (= Fiskalpolitik)

1. staatliche Konjunkturpolitik (Einnahmen- und Ausgabenpolitik)

2. Vgl. Stofftelegramm.

3. a) staatliche Verschuldung zwecks Belebung der Konjunktur (Finanzierung von staatlichen Investitionen)
   b) Rezession, Depression

4. a) Der Staat senkt in der Hochkonjunktur die Ausgaben und erhöht sie in der Rezession.
   b) prozentuale Veränderung BIP

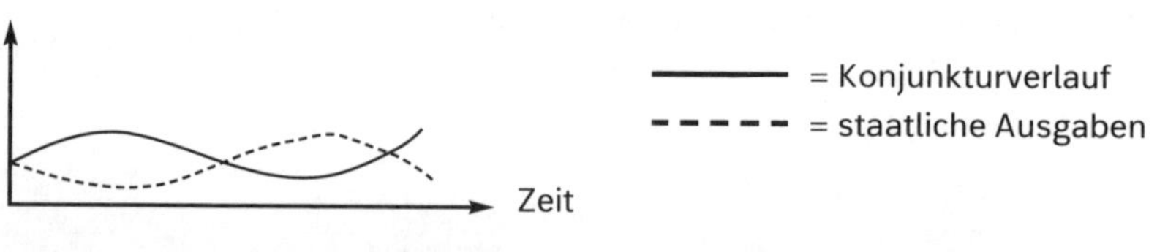

5. a) **Hochkonjunktur:** Einnahmenerhöhung des Staates (z. B. Steuererhöhungen) verschlechtern die Liquidität der Marktteilnehmer – Nachfrage sinkt – Preissteigerungsraten sinken. Werden die zusätzlichen Mittel einer Konjunkturausgleichsrücklage (vgl. § 7 StabG) bei der Bundesbank zugeführt („kaltgestellt“), sinkt die Geldmenge – Preisdämpfung.
   b) **Rezession:** Einnahmensenkungen des Staates (z. B. Steuersenkungen) verbessern die Liquidität der Marktteilnehmer – Nachfrage steigt – Konjunkturbelebung.

6. **Bildung:** in Zeiten der Hochkonjunktur (Durch Steuererhöhungen erzielte Mehreinnahmen werden bei der Bundesbank hinterlegt, um die Hochkonjunktur abzuschwächen.)

   Auflösung: in Zeiten der Rezession, um die erforderliche Erhöhung der Staatsnachfrage (staatliche Investitionen) zu fördern

7. Konjunkturbelebend = „+“, k’dämpfend = „–“ a) + b) – c) + d) + e) – f) – g) – h) +

8. **Im Boom:** Lohnforderungen, die über den Produktivitätsfortschritt hinausgehen, führen zu Preissteigerungen, da die Unternehmen aufgrund der hohen Nachfrage die höheren Lohnkosten problemlos auf die Preise abwälzen können. Dies widerspricht der Stabilitätspolitik in dieser Phase.

   In der Rezession: Gewerkschaften sollten mit Lohnforderungen zurückhaltend sein, damit die Gewinne der Unternehmen steigen und sich dadurch ihre Investitionsbereitschaft erhöht. Gewerkschaften argumentieren im Gegensatz dazu, dass erst aufgrund hoher Lohnerhöhungen über steigende Nachfrage die Konjunktur stimuliert wird.

9. Die **Arbeitslosenquote** erfasst nur solche Arbeitnehmer, die sich beim Arbeitsamt als arbeitslos registrieren lassen. Es werden diejenigen nicht berücksichtigt, die resigniert haben und sich gar nicht mehr um eine Arbeitsstelle bemühen.

   Die **Zahl der offenen Stellen** darf auf keinen Fall mit der Nachfrage der Unternehmen nach Arbeitskräften gleichgesetzt werden. Viele Unternehmen suchen sich ihre Arbeitskräfte nicht über das Arbeitsamt, sondern über Inserate oder Werbeaktionen.

10. **Strukturelle Arbeitslosigkeit:** Kann durch den Niedergang bestimmter Wirtschaftszweige oder durch tiefgreifende Wandlungen in der Bevölkerungsstruktur hervorgerufen werden. Diese Art von Arbeitslosigkeit kann gedämpft und bekämpft werden durch Subventionen an die noch vorhandenen Unternehmen zur Verhinderung weiterer Stilllegungen, Unterbringung der Arbeitslosen in anderen Branchen bzw. Schaffung neuer Produktionsstätten und damit neuer Arbeitsplätze.

    Konjunkturelle Arbeitslosigkeit: Arbeitslosigkeit ist auf eine allgemeine Wachstumsschwäche zurückzuführen. Die zu treffenden Maßnahmen müssen demnach die gesamte Wirtschaft als Ziel haben. Problem der Maßnahmen: Preisniveaustabilität gefährdet.

11. a) Investitionsförderungsgesetz, Zuschüsse für Investitionen, Steuervergünstigungen
    b) • Investitionsanreize und damit Einfluss auf Wachstum und Beschäftigung
       • Der Erfolg ist von den Zukunftserwartungen der Unternehmen abhängig. Bei pessimistischer Zukunftseinschätzung ist die Investitionsbereitschaft trotz Förderungsmaßnahmen gering.

12. a) Im Text wird die saisonale Arbeitslosigkeit genannt. Hierbei unterliegen Nachfrage oder Produktion in bestimmten Branchen jahreszeitlichen Schwankungen, wie z. B. bei der Baubranche oder der Landwirtschaft.
b) Durch die Zunahme der Arbeitslosigkeit sinken zum einen die staatlichen Einnahmen an Steuern und Sozialversicherungsbeiträgen. Zum anderen steigen die Ausgaben aufgrund der staatlichen Unterstützungsleistungen wie beispielsweise Arbeitslosengeld I.
c) Konjunkturelle Arbeitslosigkeit:
Der Staat kann in der Krise z. B. verstärkt als Nachfrager auftreten, indem er z. B. öffentliche Aufträge vergibt und die Investitionstätigkeit der Unternehmen durch Maßnahmen wie verbesserte Abschreibungsmöglichkeiten, Steuersenkungen, Subventionen etc. steigert.
d) Z. B.
- Bereitschaft zur Mobilität
- Fort- und Weiterbildungsmaßnahmen nutzen

1.5 Prüfungsaufgaben

Prüfungsaufgaben Winter 2014/2015 (Aufgabe 2, teilweise, verändert)

2.1 Messgröße: Steigerungsrate des BIP
Jahr 2013: Ist-Wert 0,4 %
Jahr 2014: Ist-Wert 1,8 %
Soll-Wert von ca. 3,0 %–4,0 % pro Jahr ist in beiden Jahren nicht erreicht.

2.2.1 Zielbeziehung: Zielharmonie
Eine Erhöhung der Produktion veranlasst die Unternehmen, mehr Mitarbeiter einzustellen. Daher führt ein wirtschaftlicher Aufschwung (Wachstum BIP) im Allgemeinen zu einem höheren Beschäftigungsstand (Abnahme der Arbeitslosenquote).

2.2.2 Es handelt sich um eine konjunkturelle Arbeitslosigkeit, da die Höhe der Arbeitslosigkeit von der wirtschaftlichen Entwicklung abhängig ist.

2.2.3 Die Gründe für Langzeitarbeitslosigkeit sind vielfältiger Natur, z. B. mangelnde Mobilität, geringe bzw. falsche Qualifikation der Arbeitslosen, Alter, gesundheitliche Probleme, aussterbender Beruf.

Prüfungsaufgaben Winter 2015/2016 (Aufgabe 2, teilweise, verändert)

2.2.1 Aufschwung (Expansion)

2.2.2 Konsum (steigt), Wirtschaftswachstum (steigt), Beschäftigung (steigt auf Höchststand seit Jahren), Einkommen (steigt, ist hoch), Stimmung (positiv, optimistisch)

2.2.3
- Rekordbeschäftigung, weiter sinkende Arbeitslosenquote
- steigende Einkommen auch bedingt durch den Mindestlohn, weiter steigende Kauflaune
- durch materielle und immaterielle Sicherheit weiter steigende Kauflaune

Prüfungsaufgaben Sommer 2019 (Aufgabe 2, verändert)

2.1 **Indikatoren:**

- Wachstum des Bruttoinlandsproduktes 2,4 % 2018, 2019 voraussichtlich 1,9 %
- Inflationsrate 2017 bei 1,8 %; 2018 und 2019 bei voraussichtlich 1,7 %

Die Einschätzung der Konjunkturphase zeigt, dass das Wachstum in Prozent sinkt, die Inflationsrate ist von 2017 auf 2018 auf 1,7 % gesunken, blieb dann gleich. Die Indikatoren deuten auf eine Boom-Phase hin.

2.2 Schülerabhängige Antwort:
Der Staat hat aufgrund des Wirtschaftswachstums in den letzten Jahren hohe Steuereinnahmen erzielt. Deshalb könnte man davon ausgehen, dass wichtige strukturelle Maßnahmen wie z.B. Straßen- und Brückenbau ab 2019 durchgeführt werden. Andererseits könnten aber auch die Tilgungen der Staatsschulden erhöht werden und so bliebe kein Geld für staatliche Aufträge übrig.

2.3
- Die niedrigen Leitzinsen ermöglichen den Geschäftsbanken eine günstige Refinanzierungsmöglichkeit für ihren Kreditbedarf.
- Diese können sie an ihre Kunden mit niedrigeren Kreditzinsen weitergeben.
- Dadurch können die Bankkunden Immobilien günstiger finanzieren.
- Die Nachfrage nach bestehenden Immobilien und Neubauten wird steigen.

2.4 2019 könnten sich Investitionen noch lohnen, wenn die Boom-Phase anhält und so zusätzliche Aufträge hereinkommen. Dagegen spricht, dass 2020 schon eine Rezession zu Auftragsrückgängen führen könnte und Investitionen sich dann nicht rentieren, da die zusätzlichen Kapazitäten nicht ausgelastet wären.

2.5 Schülerabhängige Antwort:
Die Renninger Hoch- und Tiefbau GmbH könnte mit Leiharbeitskräften arbeiten, die kurzfristig Zusatzaufträge erledigen könnten und dann wieder das Unternehmen verlassen. Auch Überstunden sind eine kurzfristige Lösung, die aber zu Überstundenzuschlägen führen und so zusätzliche Kosten erzeugen.

Prüfungsaufgaben Winter 2019/2020 (Aufgabe 2, teilweise)

2.2 Durch die Strafzölle verteuern sich die deutschen Automobile in den USA. Für die deutsche Automobilindustrie wird es somit schwieriger, Autos in den USA zu verkaufen. Dies kann zu Umsatzeinbußen bei der deutschen Automobilindustrie führen. Die Produktion geht zurück, es werden weniger Zuliefererteile benötigt. Dies trifft auch die Car Cool GmbH.

Für die Car Cool GmbH wird die Absatzsituation schwieriger, sie kann von Umsatzeinbußen ebenfalls betroffen sein. Die Produktion geht zurück, mittelfristig könnten Arbeitsplätze abgebaut werden. Aufgrund dessen ist die Übernahme nach der Ausbildung in Gefahr.

2.3 **Indikatoren und Beschreibung der konjunkturellen Phase:**

Da
- die Beschäftigung (verhalten) steigt/Vollbeschäftigung,
- die Löhne steigen und
- der private Konsum steigt,

deutet das auf einen Boom hin.

- Der schrumpfende Exportüberschuss und
- das sich abschwächende Wirtschaftswachstum

deuten evtl. auf den Beginn eines Abschwungs hin.

Argument für das Verschieben von Investitionen:

Abschwächender Außenhandel und (noch) robuste Binnenkonjunktur deuten auf einen Abschwung hin. Mit den bestehenden Produkten können keine Umsatzzuwächse erzielt werden. Von Erweiterungsinvestitionen bei gleichbleibendem Produktionsprogramm könnte abgesehen werden.

Argument gegen das Verschieben von Investitionen:

Bei derzeit guter Geschäftslage und guten Umsätzen müssen die Weichen für die zukünftigen Jahre gestellt werden. Sinnvoll sind Investitionen in neue Geschäftsfelder, neue zukunftsweisende Technologien oder in Maßnahmen zur Produktivitätssteigerung oder Kostensenkung.

2.4 In der Arbeitslosenstatistik erscheinen nur die tatsächlich gemeldeten Arbeitslosen (= offene Arbeitslosigkeit).

In der Arbeitslosenstatistik erscheinen die Arbeitslosen nicht, die Bezieher von Vorruhestands-, Altersteilzeit-, Kurzarbeitergeld sind oder an beruflichen Weiterbildungsmaßnahmen teilnehmen (= verdeckte Arbeitslosigkeit).

2 Wirtschaftspolitische Ziele

2.4 Aufgaben

1. Gesetz zur Förderung der Stabilität und des Wachstums der Wirtschaft; kurz: Stabilitätsgesetz

2. Beachtung des gesamtwirtschaftlichen Gleichgewichts

3. Ziele des magischen Vierecks laut Stabilitätsgesetz:
   - **Preisniveaustabilität:** Die Preissteigerungsrate sollte 2 % nicht überschreiten.
   - **Hoher Beschäftigungsstand (Vollbeschäftigung):** Die Arbeitslosenquote sollte ca. 2 % bis 3 % nicht übersteigen. Diese sog. „Sockelarbeitslosigkeit" kann auch in Zeiten guter Konjunkturlage nicht unterschritten werden. Ursachen der „Sockelarbeitslosigkeit":
     - **Friktionelle Arbeitslosigkeit:** Sie tritt auf, wenn Arbeitskräfte kündigen bzw. entlassen werden und kurzfristig bis zum Antritt der neuen Stelle nicht beschäftigt sind („Sucharbeitslosigkeit" bzw. „Fluktuationsarbeitslosigkeit").
     - **Saisonale Arbeitslosigkeit:** Sie ist Folge jahreszeitlicher (saisonaler) Produktionsschwankungen (z. B. Landwirtschaft, Bauwirtschaft) und ist kaum bekämpfbar.
   - **Außenwirtschaftliches Gleichgewicht:** Die Leistungsbilanz soll langfristig ausgeglichen sein (Exporte = Importe).
   - **Stetiges und angemessenes Wirtschaftswachstum:** Stetiges Wirtschaftswachstum bedeutet kontinuierliches Steigen des realen Bruttosozialproduktes (Bruttoinlandproduktes) ohne größere Konjunkturausschläge nach oben oder unten. Ein Wirtschaftswachstum von ca. 3 % bis 4 % wird als angemessen bezeichnet.

4. Vgl. Aufgabe 3.

5. - gerechte Einkommens- und Vermögensverteilung
   - Erhaltung einer lebenswerten Umwelt

6. **Zielkonflikt 1: Vollbeschäftigung – Preisniveaustabilität:**

Ausgangsbasis:	Rezession (Unterbeschäftigung, Arbeitslosigkeit)
Ziel:	Vollbeschäftigung
Maßnahmen Staat:	Exportförderung, Erhöhung der Staatsnachfrage, Förderung der privaten Nachfrage
Folge evtl.:	Vollbeschäftigung, jedoch Preissteigerungen

Zielkonflikt 2: Vollbeschäftigung – Außenwirtschaftliches Gleichgewicht:

Ausgangsbasis:	Rezession
Ziel:	Vollbeschäftigung
Maßnahmen Staat:	u. a. Exportförderung
Folge evtl.:	Vollbeschäftigung, jedoch evtl. Exportüberschuss

Zielkonflikt 3: Preisniveaustabilität – Wirtschaftswachstum:

Zunehmendes Wirtschaftswachstum bei Überbeschäftigung kann zu erheblichen Preissteigerungsraten führen.

Zielkonflikt 4: Wirtschaftswachstum – Umweltschutz:

Rein quantitatives Wirtschaftswachstum bedeutet Umweltbelastung.

7.
1. Arbeitslosengeld relativ niedrig: Einkommensverluste führen zu sinkender Nachfrage und damit sinkendem Wirtschaftswachstum.
2. sinkende Steuereinnahmen des Staates (Arbeitslose zahlen keine Lohn- bzw. Einkommensteuer, Gewinnverringerung bei Unternehmen.)
3. keine Sozialversicherungsbeiträge der Arbeitslosen
4. hohe Arbeitslosengeldzahlungen durch Arbeitslosenversicherung
5. evtl. zunehmende Schwarzarbeit durch Arbeitslose

8.
- Nachfrage steigt stärker als das Angebot = Nachfrageinflation.
- Angebotsverknappung
- Kostensteigerungen (z. B. Löhne, Steuern) = Kosteninflation
- zunehmende Konzentration mit nachgeschalteten Preiserhöhungen
- willkürliche Preiserhöhungen durch Monopole und Oligopole = Gewinninflation ...

9.
- Inlandspreise niedriger als Auslandspreise
- steigende Einkommen im Ausland, die eine steigende Nachfrage nach Inlandsgütern nach sich ziehen
- Standortvorteile betr. Bodenschätze, Verkehrslage ...
- Inlandsprodukte sind technisch den Auslandsprodukten überlegen ...

10.
- Grenzen des quantitativen Wachstums
- Umweltschutz
- strukturelle Arbeitslosigkeit
- gerechte Einkommens-/Vermögensverteilung

11. **Quantitatives Wachstum:** rein zahlenmäßiges Wachstum (zahlenmäßige Erhöhung des realen Bruttosozialprodukts/Bruttoinlandsprodukts)

Qualitatives Wachstum: quantitatives Wachstum unter gleichzeitiger Förderung von Umweltschutzmaßnahmen

12.
- Bevölkerungsentwicklung (Erwerbstätige)
- Erschöpfung von Rohstoff- und Energiequellen
- begrenzte volkswirtschaftliche Kapazität
- Zerstörung der natürlichen Umwelt, Abfallprobleme

13.
- umweltbedingte Erkrankungen
- Erschöpfung von Rohstoff- und Energiequellen
- Klimaveränderungen („Treibhauseffekt“)
- Zerstörung der natürlichen Umwelt, Abfallprobleme

14. Wirtschaftswachstum – Erhaltung einer lebenswerten Umwelt

15. Einsatz von alternativen Energien, Recycling, Senkung des Benzinverbrauchs, Katalysatoren, Verkehrsverlagerung (z. B. Pkw/Bahn), Gesetz gegen Umweltverschmutzung ...

16. Investitionen im Umweltschutzbereich (Produktion umweltfreundlicher Güter) erhöhen das Bruttoinlandsprodukt und fördern somit das quantitative Wachstum.

17. Stahlindustrie, Kohle, Werftindustrie, Landwirtschaft

18.
- Unterschiedliche Leistungsfähigkeit bewirkt unterschiedliche Einkommen.
- Bezieher hoher Einkommen können leichter Vermögen bilden.
- Unterschiedliche Vermögensbasis durch Erbschaften bewirkt unterschiedliche Vermögenseinkommen (Zinsen, Mieten, Pachten).
- Marktmachtunterschiede mit der Folge unterschiedlicher Gewinne ...

19.
- Die Vermögenshöhe beeinflusst das Einkommen (Zins, Miete, Pacht).
- Die Höhe des Einkommens beeinflusst das Vermögen (Sparen!).

20. Eine gleiche Einkommensverteilung wäre keine gerechte Einkommensverteilung, weil höhere Leistungen und Qualifikationen auch höher honoriert werden müssen.
Die Frage der gerechten Einkommensverteilung ist nicht objektiv beantwortbar (unterschiedliche Meinungen bei Gewerkschaften, Parteien usw.). Zu beachtende Prinzipien:
- Leistungsfähigkeit, Leistungsbereitschaft (= **Leistungsprinzip**): gleicher Lohn bei gleicher Leistung unter Beachtung sozialer Nebenbedingungen (z. B. unverschuldete Minderleistung durch Krankheit, Alter ...)
- **Risikoverzinsung:** Die Bereitschaft zur Übernahme des Unternehmerrisikos ist einkommensmäßig zu berücksichtigen.
- **Tendenz zur gleichmäßigeren Einkommensverteilung:** Die auf unterschiedlicher Leistungsfähigkeit basierenden Einkommensunterschiede sollten nicht zu extrem sein.
- Berücksichtigung von unterschiedlichem Familienstand, Zahl der Kinder, Arbeitsjahre, Alter usw. **(Bedarfsprinzip)**

21. a) Rezession ist ein Rückgang der wirtschaftlichen Gesamtaktivitäten bzw. eine konjunkturelle Phase, in der das reale Bruttoinlandsprodukt (BIP) zurückgeht.
b) Zahl der registrierten Arbeitslosen · 100 : Zahl der zivilen Erwerbspersonen
Hoher Beschäftigungsgrad: Arbeitslosenquote unter 4 %
c)
- konjunkturelle Impulse durch Steuersenkungen für private Haushalte und Unternehmen
- Förderung von Bildung und beruflicher Qualifikation

d) Weitere Unterziele:
- außenwirtschaftliches Gleichgewicht
- stetiges, angemessenes Wirtschaftswachstum
- Stabilität des Preisniveaus
- ggf. Umweltschutz

e) Zum Beispiel hoher Beschäftigungsgrad – Preisniveaustabilität
Maßnahmen:
- Steuersenkungen
- öffentliche Investitionen
- Subventionen

Wirkung:
- höhere Kaufkraft
- mehr Geld im Umlauf
- Nachfrageanstieg

Folge: Anstieg des Preisniveaus

2.5 Prüfungsaufgaben

Prüfungsaufgaben Winter 2015/2016 (Aufgabe 2, teilweise, verändert)

2.1 **Konjunkturindikatoren:**

Indikator	Begründung der Entwicklung
Investitionen	Das Stagnieren der Investitionstätigkeit deutet auf eine Unterbrechung des Aufschwungs bzw. auf das Eintreten in eine Abschwungphase hin.
Auftragseingänge	Rückläufige Auftragseingänge sind Anzeichen für einen beginnenden Abschwung.
Beschäftigung	Das gleichbleibende Beschäftigungsniveau weist ebenfalls auf eine Unterbrechung des Aufschwungs bzw. auf ein Eintreten in eine Abschwungphase hin, da die Beschäftigungsentwicklung der konjunkturellen Entwicklung hinterherhinkt.
Preisniveau	Stagnierende bzw. rückläufige Preissteigerungsraten sind Anzeichen für einen beginnenden Abschwung.

2.2 Gemeinsamkeiten, z. B.:
- Die wirtschaftliche Entwicklung ist durch regelmäßige Schwankungen gekennzeichnet.
- Ein Konjunkturzyklus umfasst mehrere Jahre.

Unterschiede, z. B.:
- Die Stärke der Schwankungen variiert.
- Phasen werden z. T. übersprungen.
- Spürbare negative Wachstumsraten sind in der Realität eher selten.

2.3 Die Investitionstätigkeit hängt maßgeblich von den zukünftigen Absatzchancen ab. Da die Auslandsnachfrage eingebrochen ist und sich die deutsche Wirtschaft in einer konjunkturellen Schwächephase befindet, sind diese für die TEC GmbH in nächster Zeit eher als negativ zu beurteilen. Investitionen in eine Erweiterung der Kapazität werden deshalb zunächst unterbleiben bzw. verschoben.

2.4 Z. B.
Es ist richtig, dass eine starke Exportorientierung zum Problem werden kann, weil die Abhängigkeit von der wirtschaftlichen und politischen Entwicklung im Ausland zunimmt. Andererseits bietet gerade diese Exportorientierung die Möglichkeit, nicht allein auf den begrenzten heimischen Markt zu setzen, sondern neue Absatzchancen in anderen Ländern wahrnehmen zu können. Meines Erachtens sind Exporte auch in Zukunft wichtig, wir sollten jedoch zukünftig mehr darauf achten, uns nicht nur auf wenige Länder zu beschränken, um das Risiko zu streuen.

Prüfungsaufgaben Sommer 2018 (Aufgabe 2, verändert)

2.1 Die expansive Geldpolitik der EZB wirkt sich positiv auf die Investitionsentscheidung der Papierwerke Häperle GmbH aus, da sie einen günstigen Kredit aufnehmen kann.
Mit der expansiven Geldpolitik will die EZB durch die Senkung der Leitzinsen Kredite verbilligen und die Geldmenge erhöhen: Leitzinsen sinken → Geschäftsbanken refinanzieren sich günstiger → Kreditzinsen sinken

2.2 Die Erfolgsaussichten für die Papierwerke Häperle GmbH sind positiv zu beurteilen. Die Prognose der Wirtschaftsweisen beschreibt fürs laufende Jahr die Konjunkturphase Aufschwung/Boom.

Konjunkturindikatoren:
- Preisniveau: Steigende Inflationsraten sind Anzeichen für einen Aufschwung/Boom.
- Beschäftigung: Eine sinkende Arbeitslosenquote deutet auf einen Aufschwung/Boom hin.
- Bruttoinlandsprodukt: Der Anstieg der realen Zuwachsrate des BIP um 1,4 % (Prognose für 2018 ist 1,6 %) deutet auf einen Aufschwung hin, daher sollte die Investition durchgeführt werden.

2.3 Z. B.
- Die Bundesregierung gibt Anreize zur Investitionstätigkeit durch ihre Förderbank KfW.
- Die Unternehmen erhalten Subventionen (z. B. Steuererleichterungen bzw. Finanzhilfen), wenn sie sich für eine Investition im Inland entscheiden, und werden somit am Standort Deutschland gehalten.

2.4 Z. B.
Zielbeziehung: Zielharmonie
Die Investitionsförderung erhöht die Produktion und veranlasst die Unternehmen, mehr Mitarbeiter einzustellen. Daher führt ein wirtschaftlicher Aufschwung zu Wirtschaftswachstum (Anstieg des BIP) und auch zu einem höheren Beschäftigungsstand (Abnahme der Arbeitslosenquote).

Zielbeziehung: Zielkonflikt
In Zeiten der Vollbeschäftigung bzw. der offenen Stellen auf dem Arbeitsmarkt haben Gewerkschaften eine starke Position bei Tarifverhandlungen. Höhere Löhne führen zu Kostendruck und Nachfragesog (Lohn-Preis-Spirale). Es besteht eine grundsätzliche Konfliktsituation zwischen den beiden wirtschaftspolitischen Zielen Wirtschaftswachstum/ Vollbeschäftigung und Preisniveaustabilität.

2.5 **Haushalte:** Mit steigenden Investitionen nehmen die Umsatzerlöse der Unternehmen zu, Arbeitskräfte werden eingestellt, die Einkommen der Haushalte steigen, Haushalte können mehr Vermögen bilden, mehr konsumieren oder sparen.

Staat: nimmt mehr Steuern ein, sodass er Schulden abbauen und/oder mehr Ausgaben tätigen kann

3 Beschäftigungs- und Arbeitsmarktpolitik

3.4 Aufgaben

1. Grad der Kapazitätsauslastung der Volkswirtschaft
   Messung der Beschäftigung v. a. anhand der Arbeitslosenquote

2. $$\textbf{Arbeitslosenquote} = \frac{\text{registrierte Arbeitslose} \cdot 100}{\text{abhängige Erwerbspersonen}}$$

3. Vollbeschäftigung, Unterbeschäftigung und Überbeschäftigung (vgl. Stofftelegramm)

4. Es handelt sich um eine Art **Sockelarbeitslosigkeit**, die auch in Zeiten guter Konjunkturentwicklung nicht unterschritten werden kann. **Ursachen**:
   - **Friktionelle Arbeitslosigkeit:** Sie tritt auf, wenn Arbeitskräfte kündigen bzw. entlassen werden und kurzfristig bis zum Antritt der neuen Stelle nicht beschäftigt sind (Sucharbeitslosigkeit bzw. Fluktuationsarbeitslosigkeit).
   - **Saisonale Arbeitslosigkeit:** Sie ist Folge jahreszeitlicher (saisonaler) Produktionsschwankungen (z. B. Landwirtschaft, Bauwirtschaft) und ist kaum bekämpfbar.

5. Vgl. Stofftelegramm.

6. Vgl. Stofftelegramm.

7. a) $\text{Arbeitslosenquote} = \frac{\text{registrierte Arbeitslose} \cdot 100}{\text{Erwerbspersonen}}$

   $\text{Erwerbspersonen} = \frac{\text{registrierte Arbeitslose} \cdot 100}{\text{Arbeitslose}} = 41.976.470$

   b) **Staat:**
   - generell höhere Ausgaben (Arbeitslosengeld usw.)
   - geringere Einnahmen (Steuern, SV-Beiträge usw.)

   Unternehmen: sinkende Nachfrage, steigende Lohnnebenkosten, sinkende Wettbewerbsfähigkeit

   c) Aktive Arbeitsförderung: Beratung; Vermittlung; Unterstützung (Bewerbungskosten etc.); Eignungsfeststellung; Bewerbertraining; Mobilitätshilfen (Reise-, Fahrt-, Umzugskosten etc.); Förderung der Selbstständigkeit (Gründungszuschuss etc.); Ausbildungshilfen während beruflicher Ausbildung, Berufsvorbereitung, Übernahme von Weiterbildungskosten etc.

   d) Schülerabhängige Antwort, z. B.
   fehlende Anerkennung, fehlende Zeitstruktur, Gefühl des Versagens → psychische/physische Krankheiten können entstehen

   Wirtschaftliche Folgen: sinkendes Einkommen → Lebensstandard sinkt

   Familiäre Probleme: Ehescheidung, Kinder leiden unter der Arbeitslosigkeit der Eltern

8. a) Arbeitsplätze in der Landwirtschaft, im Baugewerbe und in der Industrie nehmen prozentual gesehen ab, während sich der prozentuale Anteil der Beschäftigten im Dienstleistungssektor erhöht.

   b) Z. B.
   - Rationalisierung/technischer Fortschritt führen insbesondere in den Bereichen Landwirtschaft und Industrie zum Abbau von Arbeitsplätzen.
   - höherer Bedarf an Dienstleistungen (z. B. Spedition, Gesundheitssektor, Beratungsdienstleistungen ...)

   c) Schülerindividuelle Lösung

   d) Z. B.
   - Bereitschaft zum lebenslangen Lernen
   - räumliche Mobilität

4 Der Wert des Geldes und seine Messung

4.1 Preisniveau und Kaufkraft

1. a)

100 %	=	1.000,00 EUR	
x %	=	200,00 EUR	
x	=	20 %	Preissteigerung in fünf Jahren = 4 %/Jahr

b)

100 %	=	1.200,00 EUR	
x %	=	200,00 EUR	
x	=	16,67 %	Kaufkraftverlust in fünf Jahren = 3,33 %/Jahr

2. a)

100 %	=	1.000,00 EUR	
x %	=	–200,00 EUR	
x	=	–20 %	Preisrückgang in zwei Jahren = –10 %/Jahr

b)

100 %	=	800,00 EUR	
x %	=	–200,00 EUR	
x	=	–25 %	Kaufkraftgewinn in zwei Jahren = –12,25 %/Jahr

4.6 Aufgaben (Grundwissen)

1. a) **Kaufkraft:** Wie viel Güter kann man für eine Geldeinheit kaufen?
   Preisniveau: Wie hoch ist der Preis für ein Gut?
   b) Reziprokes (umgekehrtes) Verhältnis, d. h.,
   - steigendes Preisniveau bedeutet sinkende Kaufkraft,
   - sinkendes Preisniveau bedeutet steigende Kaufkraft.

2. - Betrachtung der jährlichen prozentualen Veränderungen (Preissteigerungsrate)
   - Berechnung von Preisindizes. Der Kaufpreis des Warenkorbs wird im Basisjahr mit 100 Punkten angesetzt und fortgeschrieben.

3. a) Preissteigerungsrate: 100,00 EUR = 100 %
   10,00 EUR = **10 %**
   b) Kaufkraftverlust: 110,00 EUR = 100 %
   10,00 EUR = **9,09 %**

4. **Alter Preis:** 100,00 EUR 108,00 EUR = 100 %
   Neuer Preis: 108,00 EUR 8,00 EUR = 7,4 % Kaufkraftverlust

5. 100 % – 6 % = 94 % 94 % = 100,00 EUR
   100 % = 106,38 EUR Preissteigerungsrate 6,38 %

6. - Preisindex für die Lebenshaltung der priv. Haushalte
   - Index der Erzeugerpreise gewerblicher Produkte
   - Baupreisindex
   - Index der Einzelhandelspreise

7. **Warenkorb:** Ausgewählte (repräsentative) Güter und Leistungen, die von einem durchschnittlichen Haushalt üblicherweise gekauft werden. Der Kaufpreis für den Warenkorb (ca. 600 Güterarten) wird in einem bestimmten Jahr (Basisjahr) mit 100 Punkten (%) angesetzt und in den Folgejahren fortgeschrieben, sodass die Preisentwicklung dieses Warenkorbes ersichtlich wird.

   Basisjahr: Das Jahr, in dem das Gütersortiment des Warenkorbs festgelegt wird. Der Kaufpreis des Warenkorbs wird mit 100 Punkten (%) festgelegt und in den Folgejahren fortgeschrieben. Momentanes Basisjahr vgl. Stofftelegramm.

8. Entwicklung der Kaufkraft seines Geldeinkommens bzw. Geldvermögens im Zeitablauf. Er ist also eine Art „Inflationsbarometer".

9. wegen Änderungen im Güterangebot und Ausgabeverhalten

10. a) 2.000 = 100 %; 40 = **2 %**
    b) 2.040 = 100 %; 61 = **3 %**
    c) 2.101 = 100 %; 105 = **5 %**
    d) **100 %**
    e) 2.000 = 100 (%); 2.040 = **102 (%)**
    f) 2.000 = 100 (%); 2.101 = **105,1 (%)**
    g) 2.000 = 100 (%); 2.206 = **110,3 (%)**

11. **Nominallohn:** gezahlter Lohn – ohne Berücksichtigung der Kaufkraft

    Reallohn: Die Menge von Konsumgütern, die mit einem bestimmten Nominallohn gekauft werden kann. Die Kaufkraft des Geldes wird also berücksichtigt: Der Teil der Lohnerhöhung, der durch Preissteigerungen wieder „vernichtet" wird, wird herausgerechnet.
    Kurz: Reallohn = um die Preissteigerungsrate berichtigter Nominallohn.

12. a) Preissteigerungen b) Preissenkungen c) Preisniveaustabilität

13.

Jahr	01	02	03	04	05	06
Index	100	102,6	105,68	108,85	113,42	117,05

Rechenweg: 100 · 102,6 % = 102,6 · 103 % = 105,68 · 103 % = 108,85 ...

14. Geldmenge M, Preisniveau P, Umlaufgeschwindigkeit des Geldes U, Handelsvolumen H

15. a) Bei Inflation und gleichbleibenden Nominallöhnen sinkt der Reallohn. Die Einkommen der Lohnempfänger bleiben unverändert, während der Wert des Geldes abnimmt.
    ba) Ein solcher Durchschnittspreis würde die unterschiedliche Gewichtung der nachgefragten Güter unberücksichtigt lassen. Daher fallen Preisänderungen auch verschieden stark ins Gewicht.
    Eine Erhebung aller Preise einer Volkswirtschaft wäre wegen der Vielzahl der Daten nicht möglich. Daher werden nur bestimmte Güter der Lebenshaltung ausgewählt, und nur deren Preise sind für die Indexermittlung der Lebenshaltungskosten von Bedeutung.
    bb) Mit steigendem Einkommen nehmen die Ausgaben für Nahrungsmittel relativ ab. Da die lebensnotwendigen Bedürfnisse befriedigt sind, verwenden Haushalte immer mehr Teile ihres Einkommens für andere Zwecke.
    bc)

Veränderung des Preisniveaus:	106,5	=	100,00 %	
	4,4	=	**4,13** %	Preisniveauanstieg
Veränderung der Kaufkraft:	104,13	=	100,00 %	
	4,13	=	**3,97 %**	Kaufkraftminderung
Alternativrechnung:	110,9	=	100,00 %	
	4,4	=	**3,97 %**	

c) • Anhaltend hohe Exportüberschüsse, die insbesondere bei höherer Auslandsinflationsrate entstehen können, führen zur Geldmengensteigerung im Inland und somit zu Preissteigerungen (importierte Inflation).
   • hohe Kreditaufnahmen (Haushalte, Untern., Staat) für Nachfragezwecke (Nachfrageinflation)

16. **Inflation** = anhaltendes Steigen des Preisniveaus (Geldentwertung)

17. **Ursachen der Inflation:**
    - Nachfrage steigt stärker als das Angebot = **Nachfrageinflation**.
    - Angebotsverknappung
    - Kostensteigerungen (z. B. Löhne, Steuern) = **Kosteninflation**
    - übermäßige Geldschöpfung der Kreditbanken und der Zentralbank
    - importierte Inflation (vgl. Aufgabe 3!)
    - zunehmende Konzentration mit nachgeschalteten Preiserhöhungen
    - willkürliche Preiserhöhungen durch Monopole und Oligopole = **Gewinninflation**

18. **Importierte Inflation:** Ausgangsbasis: Inflationsrate des Auslands ist höher als die des Inlands. Folge: Exporte steigen, da inländische Waren für Ausländer billiger werden.

    Möglicherweise entsteht im Inland ein Exportüberschuss (positiver Außenbeitrag), sodass durch die vermehrten Zahlungszuflüsse die Geldmenge steigt. Entsprechend steigen die Preise im Inland. Die Inflation des Auslands wurde also praktisch importiert.

19. **Lohn-Preis-Spirale:** Es liegt ein Doppeleffekt vor:
    - Lohnerhöhungen bedeuten erhöhte Kosten, die in die Preise kalkuliert werden (Löhne steigen – Kosten steigen – Preise steigen).
    - Lohnerhöhungen bedeuten evtl. steigende Nachfrage, was wiederum Preissteigerungen zur Folge haben kann (Löhne steigen – Nachfrage steigt – Preise steigen).
    - Die gestiegenen Preise führen häufig wieder zu erhöhten Lohnforderungen, sodass sich Löhne und Preise gegenseitig nach oben treiben (Spiralwirkung).

20. **Auswirkungen der Inflation:**
    - sinkende Kaufkraft
    - sinkendes Vertrauen in die Währung
    - Vorteile für Schuldner: Rückzahlung des nominalen, vereinbarten Geldbetrages; der reale Betrag sinkt mit zunehmender Inflation
    - Nachteile für Gläubiger: sinkender realer Wert des Rückzahlungsbetrages
    - Flucht in die Sachwerte: Eigentümer von Sachvermögen erhalten ihren Vermögenswert im Gegensatz zu Eigentümern von Geldvermögen.
    - Evtl. Stagflation (Inflation bei Stagnation): steigende Arbeitslosigkeit bei steigenden Preisen

21. a) **Stag**nation bei gleichzeitiger In**flation**
       (Stagnation = stagnierende, stationäre Wirtschaft; kein Wachstum)
    b) • Maßnahmen zur Bekämpfung der Stagnation (Ankurbelung der Wirtschaft z. B. durch Förderung der Nachfrage) wirken inflatorisch.
       • Maßnahmen zur Dämpfung der Inflation (z. B. Verringerung der Staatsnachfrage) verschärfen die Stagnation.

22. **Offene Inflation:** Die Inflation ist für alle erkennbar.

    Verdeckte Inflation: Die Inflation wird durch staatl. Festlegung von Höchst- oder Festpreisen (Preisstopp) oder Lohnstopp verhindert.
    Problem: Nachfrageüberschuss

23. **Schleichende Inflation:** langsames, aber länger anhaltendes Steigen der Preise

    Galoppierende Inflation: hohe Preissteigerungsraten

24. anhaltendes Sinken des Preisniveaus

25. - Kürzung der Staatsausgaben
    - Pessimistische Zukunftserwartungen: geringe Nachfrage, hohes Sparen, geringe Investitionsneigung

26. - Flucht in die Geldwerte
    - Nachteile für Schuldner, Vorteile für Gläubiger
    - Betriebsstilllegungen, Kurzarbeit, Arbeitslosigkeit wegen sinkender Nachfrage
    - Steuereinnahmen sinken, öffentliche Nachfrage sinkt ...

27. a) schleichende Inflation

    b) Schleichende Inflation durch:
    - Exportüberschüsse
    - Lohn-Preis-Spirale
    - Kostensteigerungen (Erdöl ...)
    - steigende Staatsverschuldung

5 Geldtheorie und Geldpolitik

5.1 Das Europäische System der Zentralbanken (ESZB)

1. ESZB = EZB + nationale Zentralbanken (NZB) der Mitglieder der Europäischen Wirtschafts- und Währungsunion (EWWU = „Euroland")

2. Vorrangig: Preisstabilität sichern („Hüterin der Eurowährung")
   - einheitliche Währungs-(Geld-)politik: Leitzinsen festlegen, Geldmenge steuern ...
   - Devisengeschäfte durchführen
   - Verwaltung der Währungsreserven der Mitgliedstaaten
   - reibungslosen Zahlungsverkehr im Euroland organisieren
   - Banknotenausgabe (Eurogeld)
   - Höhe der Münzausgabe steuern
   - Überwachung des Kreditwesens
   - Unterstützung der Wirtschaftspolitik der Euroländerregierungen, sofern hierdurch keine Gefährdung der Preisstabilität

3. Preissteigerung unter, aber nahe der 2 %-Marke

4. Aufteilung des Gesamtsystems in EZB und nationale Zentralbanken

5. Die EZB ist **unabhängig** von Regierungen und EU-Organen (autonome Stellung der EZB).

6. **Organe der EZB:**
   - Europäischer Zentralbankrat (Rat der EZB)
   - Direktorium
   - ZB-Präsidenten aller Euroländer

5.2 Geldpolitik der EZB

5.2.4 Aufgaben

1. Zinssätze und Liquidität am Markt steuern; Signale setzen

2. **Befristete Transaktionen:**
   - Pensionsgeschäfte (EZB kauft Wertpapiere mit Rückkaufsvereinbarung.)
   - Pfandkredite (Kredit der EZB gegen Verpfändung von Wertpapieren)

   Definitive Käufe bzw. Verkäufe: endgültiger Kauf bzw. Verkauf refinanzierungsfähiger Aktiva (zur Beeinflussung der strukturellen Liquidität und Feinsteuerung)

3. **Leitzinsen:** Entscheidender Leitzinssatz ist der Zinssatz für die Hauptrefinanzierungsgeschäfte.

   Oft werden auch die Zinssätze für die Spitzenrefinanzierungsfazilität sowie Einlagefazilität als weitere Leitzinsen genannt.

   Bei Änderung signalisiert die EZB den Banken ihre geplante Politik und erwartet ein gleichgerichtetes Verhalten.

Signalwirkung: Mit einer Leitzinsänderung (s. o.) signalisiert die EZB den Banken ihre geplante Politik und erwartet ein gleichgerichtetes Verhalten.

4. **Offenmarktpolitik:**
   - Hauptrefinanzierungssatz erhöhen
   - vermehrt Wertpapierverkäufe durch die EZB

   Wirkungen: Zinsen steigen.

   → Kreditnachfrage sinkt.
   → Geldmenge sinkt.
   → Nachfrage sinkt.
   → Konjunkturdämpfung
   → (hoffentlich) stabile(re) Preise

5. **Offenmarktpolitik:**
   - Hauptrefinanzierungssatz senken
   - vermehrt Wertpapierkäufe durch die EZB

   Wirkungen: Zinsen sinken.

   → Kreditnachfrage steigt.
   → Geldmenge steigt.
   → Nachfrage steigt.
   → Konjunkturerholung
   → (hoffentlich) geringere Arbeitslosigkeit

6. **Störfaktoren bei Leitzinserhöhung:**
   - positive Zukunftserwartungen der Unternehmer → trotz „teuren Geldes“ intensive Kreditaufnahmen
   - evtl. Kapitalzufluss vom Ausland, falls inländischer Zinssatz höher als der ausländische Zinssatz ist → Geldmenge steigt.
   - Steigende Zinsen bewirken Kostensteigerungen. → evtl. steigende Preise
   - Banken versorgen sich anderweitig mit Liquidität (z. B. im Ausland). → Geldmenge steigt.

7. a) Zentralbankrat
   b) EZB ergreift die Initiative, indem sie in vierzehntägigem Rhythmus Ausschreibungen vornimmt. Die Kreditinstitute geben Gebote ab, indem sie das gewünschte Kreditvolumen (Mengentender) bzw. Kreditvolumen und Zinssatz (Zinstender) angeben.
   Die EZB teilt zu.
   c) Z. B. Verbesserung der Refinanzierungsmöglichkeiten der Kreditinstitute
   → Kreditinstitute können günstigere Kredite vergeben.
   → Nachfrage nach Investitions- und Konsumgüterkrediten steigt.
   → Belebung der gesamtwirtschaftlichen Nachfrage
   → usw.

8. a) Steuersenkungen → mehr Einkommen der privaten Haushalte → höhere Nachfrage → steigende Investitionen → mehr Beschäftigung → höheres BIP
   b) Senkung der Leitzinsen durch die EZB → günstigere Kredite → höhere Investitionstätigkeit → höheres BIP

c) Problem bei a):
Einnahmeausfall des Staates → zunehmende Verschuldung → Verletzung der EU-Konvergenzkriterien → Geldstrafe → Eurostabilität gefährdet (Außenhandel)
Zusätzlich: Verlagerung der Probleme auf spätere Generationen

Problem bei b):
Ausweitung des Geldvolumens → Inflationsgefahr → Benachteiligung bestimmter Bevölkerungsgruppen (Sparer)
Angebotene Zinssenkung wird von der Wirtschaft nicht angenommen (Angebotscharakter).

9. niedrige Zinsen → billige Kredite für Unternehmen → Neuinvestitionen → höhere Beschäftigung

Alternativ:
niedrige Zinsen → niedrigerer Zins für Spareinlagen → Konsumneigung steigt. → höhere Produktion/Beschäftigung

10.
- Unternehmen investieren nur, wenn ausreichende Rendite erwartet werden kann; andernfalls spielt die Höhe der Zinsen für Kredite eine stark untergeordnete Rolle.
- Kaufzurückhaltung der Konsumenten z. B. aufgrund
  - drohender Deflation,
  - drohender Arbeitslosigkeit,
  - fehlender Verlässlichkeit in der Politik und Gesetzgebung.
- Marktsättigung

11. a) Preisstabilität darf nicht gefährdet werden.
b) EZB senkt den Hauptrefinanzierungssatz → Geschäftsbanken haben dadurch günstige Refinanzierungsmöglichkeit. → Geschäftsbanken bieten der Wirtschaft günstigere Kredite an. → Nachfrage nach Krediten steigt. → Nachfrage nach Konsum- und Investitionsgütern steigt = Konjunkturbelebung.

5.3 Prüfungsaufgaben

Prüfungsaufgaben Winter 2014/2015 (Aufgabe 2, teilweise, verändert)

2.1 **Inflation:** anhaltende Steigerung des Preisniveaus → Geldentwertung

Deflation: anhaltendes Sinken des Preisniveaus → steigende Kaufkraft

2.2 **Auswirkungen einer Deflation:**
z. B. Nachfragerückgang, steigende Arbeitslosigkeit, Löhne werden gekürzt

Auswirkungen einer Inflation:
z. B. sinkende Kaufkraft, Flucht in Sachwerte, sinkende Sparquote

Maßnahmen zur Inflationsbekämpfung:
z. B. Senkung der staatlichen Nachfrage, Zinserhöhung durch EZB

Prüfungsaufgaben Sommer 2015 (Aufgabe 2, teilweise)

2.4 **Hauptaufgabe:** für Preisstabilität (Inflationskontrolle) zu sorgen, insbesondere in den Ländern, die den Euro verwenden

Instrument: z. B. Offenmarktpolitik, d. h. der Kauf bzw. Verkauf von Wertpapieren zur Steuerung der Geldmenge

Auswirkungen Kletter Hans e. K.: Die Auswirkungen auf das Unternehmen können vielseitig sein. Das Unternehmen kann z. B. zu günstigen Konditionen Fremdkapital aufnehmen und so unterschiedliche Investitionen tätigen, z. B. Renovierungen, Erweiterungen.

6 Europäische Integration, Globalisierung, Freihandel, Protektionismus, WTO

6.5 Aufgaben

1. Es existieren keine Grenzen für Menschen, Waren, Dienstleistungen und Kapital.
2. Eine WWU verlangt zusätzlich zum Binnenmarkt: Abstimmung der Wirtschaftspolitik, unabhängige europäische Zentralbank mit einheitlicher Geldpolitik, einheitliche Währung.
3. Vgl. Stofftelegramm.
4.
   - Bis 01.01.1999 sollte die Europäische Wirtschafts- und Währungsunion errichtet werden.
   - Nennung der Voraussetzungen für Aufnahme in die EWWU (Konvergenzkriterien, vgl. 7.)
   - Drei-Stufen-Plan (vgl. 5.)
5. 1. Stufe (1990–93):
   - Liberalisierung Kapitalverkehr
   - Realisierung des europäischen Binnenmarktes

   2. Stufe (1994–98):
   - Annäherung (Konvergenz) in Wirtschafts-, Finanz- und Geldpolitik; best. Konvergenzkriterien (vgl. 7.) müssen von jedem Land erfüllt werden zwecks Aufnahme in die EWWU.
   - keine Finanzierung öffentlicher Haushalte durch Notenbanken
   - Überführung der nationalen Notenbanken in die Unabhängigkeit
   - Entscheidung über den Beginn der EWWU und die Teilnehmer
   - Errichtung des Europäischen Systems der Zentralbanken (ESZB)

   3. Stufe (1999–02):
   - Start der Währungsunion am 01.01.1999
   - Festlegung der Wechselkurse der Teilnehmerwährungen
   - einheitliche Geldpolitik durch das Europ. Zentralbanksystem
   - Noten-/Münzausgabe in Euro
6. Annäherung der einzelnen Teilnehmerländer hinsichtlich Preisniveaustabilität, stabile Staatsfinanzen, stabile Wechselkurse und Zinsniveau
7.
   - **Stabiles Preisniveau:** Inflat.rate max. 1,5 % über Durchschnitt der 3 stabilsten Länder
   - **Gesunde Staatsfinanzen:** jährl. Neuverschuldung max. 3 % des Bruttoinlandsprodukts sowie Staatsschulden insgesamt max. 60 % des BIP
   - **Stabile Wechselkurse:** mind. zwei Jahre EWS-Teilnahme ohne große Kursschwankung
   - **Angemess. Zinsniveau:** durchschnittl. lfr. Zinssatz 1997 max. 2 % über dem Satz der drei preisstabilsten Länder

8. a) Die Konvergenzkriterien sollen nicht nur zu einem bestimmten Stichtag erreicht sondern auch nach Aufnahme in die EWU erfüllt werden.

   b) Im schlimmsten Falle drohen bei Nichteinhaltung der Kriterien Geldbußen.

9. Vgl. Stofftelegramm (Vor-, Nachteile).

10. **Vorteile:** Erreichung einer stabilen gesamtwirtschaftlichen Lage (Preisniveaustabilität, gesunde Staatsfinanzen, stabile Wechselkurse, angemessenes Zinsniveau)

    Nachteile: In einer Konjunkturflaute bewirkt das Anstreben von Konvergenzkriterien eine Verschärfung der Situation: Verhinderung konjunkturfördernder Staatsausgaben und Steuersenkungen → Aufschwung evtl. verhindert.

11. Vgl. 10. (Nachteile). 12. Vgl. Stofftelegramm.

6.6 Prüfungsaufgaben

Prüfungsaufgaben Sommer 2014 (Aufgabe 2, teilweise)

2.4.1 Verzahnung der Weltwirtschaft zu einem Weltmarkt (oder ähnliche Erklärungen)

2.4.2 **Für den Verbraucher:** größeres und günstigeres Angebot, Waren aus aller Welt

Für den Arbeitsmarkt: mehr Konkurrenz auf dem Arbeitsmarkt, Arbeitskräfte aus dem europäischen Ausland kommen nach Deutschland, Unternehmen verlegen Produktion in Billiglohnländer

Für den Einzelhandel: Unternehmen müssen sich international ausrichten, neue Märkte können erschlossen werden.

Komplette Prüfungsaufgaben Kundenbeziehungsprozesse seit Sommer 2017

1 Prüfungsaufgaben Kundenbeziehungsprozesse Sommer 2017

Aufgabe 1

1.1.1 Lösungsvorschlag z. B.

Unser Programm

11:00 Uhr – 12:00 Uhr 14:00 Uhr – 15:00 Uhr	Reifenwechselkursus
11:00 Uhr – 12:00 Uhr 14:00 Uhr – 15:00 Uhr	Vorführung zur Demonstration einer Notbremsung
13:00 Uhr – 16:00 Uhr	Malwettbewerb für Kinder mit anschließender Preisverleihung
13:00 Uhr – 13:45 Uhr	Vortrag „So fahren Sie sicher" Herr Simon Bacher
15:00 Uhr – 18:00 Uhr	Livemusik mit der Band „Red Trio Sunday"
15:30 Uhr	Vorstellung und Verlosung des neues Automodells „Chilly 3"
16:00 Uhr – 16:30 Uhr	Einführungskurs „Zumba" durch die Fitness Company
16:30 Uhr – 17:00 Uhr	Kurs „Jumping" durch die Fitness Company

Ganztägig:
- ✓ Überschlagsimulator
- ✓ Kinderhüpfburg
- ✓ Karussell
- ✓ Bewirtung
- ✓ Oldtimerausstellung

1.1.2

<table>
<tr><td>Stuhlreihen</td><td rowspan="2">• Stuhlreihen sind platzsparend.
• Alle Teilnehmer/Teilnehmerinnen blicken in eine Richtung, daher hat man eine gute Sicht auf den Referenten und die Projektionswand.
• Tische für Unterlagen und zum Schreiben bei der Parlamentarischen Form</td></tr>
<tr><td>Parlamentarische Form</td></tr>
</table>

1.2.1 Die außerordentliche Kündigung nach § 626 BGB ist ausgeschlossen, da ein wiederholtes Zuspätkommen kein wichtiger Grund für eine außerordentliche Kündigung ist. Bei einer außerordentlichen Kündigung muss das Vertrauensverhältnis zwischen Arbeitgeber und Arbeitnehmer eklatant verletzt sein. Dies ist aufgrund der wiederholten Verspätung nicht gegeben.

Voraussetzungen einer ordentlichen Kündigung:

- Aufgrund der Betriebsgröße mit 120 Mitarbeitern und Mitarbeiterinnen ist das KSchG anzuwenden (§ 23 KSchG). Danach ist die Kündigung aufgrund des Verhaltens zulässig, wenn der Arbeitnehmer seine Pflicht verletzt. Da der Mitarbeiter wiederholt zu spät kam und bereits zwei Abmahnungen wegen Zuspätkommens vorliegen, ist eine ordentliche Kündigung gerechtfertigt.
- Der Betriebsrat wurde gemäß § 102 Abs. 1 BetrVG gehört und hat der Kündigung zugestimmt.
- Die Kündigung ist schriftlich unter Angabe des Kündigungsgrundes auszusprechen (§ 623 BGB).

1.2.2 Herr Weilert ist seit 01.09.2006 im Unternehmen und hat als langjähriger Mitarbeiter bei einer Beschäftigungsdauer von zehn Jahren eine Kündigungsfrist von vier Monaten zum Ende des Kalendermonates (§ 622 BGB). Mit der Übergabe oder Zustellung der Kündigung bis zum 31.05.2017 wird die Kündigung zum 30.09.2017 wirksam.

Herrn Weilert scheidet nach dem 30.06. aus dem Unternehmen aus. Die Regelung zum Teilurlaub ist hier nicht heranzuziehen. Vielmehr hat Herr Weilert einen Anspruch auf den vollen gesetzlichen Mindesturlaub bei einer 5-Tage-Woche von 20 Urlaubstagen. Dies ergibt sich aus § 5 Abs. 1 c BUrlG im Umkehrschluss. Laut Personalstammblatt gewährt das Unternehmen den gesetzlichen Mindesturlaub von 20 Urlaubstagen. Herr Weilert hat für dieses Jahr bereits sechs Urlaubstage genommen, somit stehen ihm noch 14 Urlaubstage bis zum Ausscheiden zu.

1.3

Gehaltsabrechnung			
	Prozent	Euro	Euro
Gehalt Brutto		2.500,00	2.500,00
– Lohnsteuer		335,37	
– Solidaritätszuschlag		8,30	
– Kirchensteuer		12,07	
Steuer gesamt			355,74
– Krankenversicherung	8,4	210,00	
– Pflegeversicherung	1,275	31,87	
– Rentenversicherung	9,35	233,75	
– Arbeitslosenversicherung	1,5	37,50	
Sozialversicherung gesamt			513,12
Gehalt netto/Auszahlungsbetrag			1.631,14

Aufgabe 2

2.1	2400	Forderungen a. LL.	3.006,83	an	5000	Umsatzerlöse f. Erz.	2.526,75
					4800	Umsatzsteuer	480,08
	5001	Preisn. u. Rücks.	885,00	an	2400	Forderungen a. LL.	1.053,15
	4800	Umsatzsteuer	168,15				
	4800	Umsatzsteuer	4.867,00	an	2800	Bank	4.867,00
	6050	Aufw. Energie u. Treibst.	51,00	an	2800	Bank	60,69
	2600	Vorsteuer	9,69				
	2800	Bank	761,45	an	2400	Forderungen a. LL.	785,00
	5002	Kundenskonti	19,79				
	4800	Umsatzsteuer	3,76				

2.2.1

Beschreibung	Rucksack	Reisetasche	Geldbörse
Absatzmenge ohne Zusatzauftrag	1.245 Stück	1.620 Stück	2.945 Stück
Beschäftigungsgrad ohne Zusatzauftrag	75 %	90 %	95 %
verbleibende Kapazität	415 St.	180 St.	155 St.
im Zusatzauftrag gewünscht	400 St.	175 St.	160 St.
1. Bedingung: Kapazität	**reicht**	**reicht**	**reicht nicht**

Verkaufspreis netto je Stück im Zusatzauftrag in Euro	75,00	119,95	49,95
– variable Stückkosten in Euro	77,20	99,00	48,70
= Deckungsbeitrag je Stück in Euro	–2,20	20,95	1,25
Deckungsbeitrag gesamt in Euro	–880,00	3.666,25	200,00
2. Bedingung: positiver db/DB	**nein**	**ja**	**ja**

Die 400 Rucksäcke sollten nicht angeboten werden, da der Deckungsbeitrag für diesen Zusatzauftrag negativ ist.

Die 175 Reisetaschen sollten in das Angebot aufgenommen werden, da der Deckungsbeitrag positiv ist und auch freie Kapazitäten zur Verfügung stehen.

Bezüglich der 160 Geldbörsen ergibt sich zwar ein positiver Deckungsbeitrag, jedoch reicht die Kapazität nicht aus; daher können wir die gewünschte Menge nicht liefern. Allerdings sollten wir dem Kunden die mögliche Stückzahl von 155 Geldbörsen anbieten.

2.2.2

Beschreibung	Handtasche	Rucksack	Reisetasche	Geldbörse	Gesamt
Verkaufspreis netto je Stück in Euro	99,50	89,50	149,00	59,00	–
– variable Stückkosten in Euro	80,40	77,20	99,00	48,70	–
= Deckungsbeitrag je Stück in Euro	19,10	12,30	50,00	10,30	–
Menge	2.760	1.245	1.620	2.945	
Deckungsbeitrag gesamt in Euro	52.716,00	15.313,50	81.000,00	30.333,50	179.363,00
– Fixkosten in Euro	–	–	–	–	62.300,00
= Betriebsergebnis in Euro	–	–	–	–	117.063,00
+ Zusatzauftrag lt. 2.2.1 (zusätzlicher Gewinn) in Euro	–	–	–	–	3.666,25
= Betriebsergebnis mit Zusatzauftrag in Euro	–	–	–	–	**120.729,25**

Alternative Lösung:

= Betriebsergebnis in Euro	–	–	–	–	117.063,00
+ Zusatzauftrag in Euro	–	–	–	–	3.200,00
= Betriebsergebnis mit Zusatzauftrag in Euro	–	–	–	–	**120.263,00**

Aufgabe 3

3.1

Musterlösung – alternative Schülerlösungen möglich bspw. Reihenfolge der Frage	Frageform	Hinweis für Lehrkraft
Wie ist Ihre aktuelle **Wohnsituation?** ☐ Miete ☐ Eigentum	Geschlossene Frage – Alternativfrage, da nur eine Angabe möglich ist	„Und die **Wohnsituation** an sich ist zu beachten, jemand, der z. B. ein Haus mit Garten ...“
Wie **wichtig** ist Ihnen Gartenarbeit? ☐ sehr wichtig ☐ wichtig ☐ nicht so wichtig ☐ gar nicht wichtig	Geschlossene Frage – Skalenfrage, Grad des Zutreffens verbal auszuwählen	„... ich denke, dass nicht jeder, der einen Garten hat, auch **gerne im Garten arbeitet.“**
Wie groß ist Ihr Garten? ☐ bis 300 m^2 ☐ bis 500 m^2 ☐ bis 700 m^2 ☐ über 700 m^2	Geschlossene Frage – Skalenfrage, Grad des Zutreffens in Zahlen	„Je nach Größe des Gartens werden manche tatsächlich die Arbeit **nicht selbst** erledigen und beauftragen einen Dienstleister.“
Welche Gartenarbeiten **erledigen Sie selbst?** ☐ Rasen mähen ☐ Hecke schneiden ☐ Unkraut jäten ☐ Obstbäume schneiden	Geschlossene Frage – Mehrfachauswahlfragen, da mehrere Antworten möglich sind	
Welche elektronischen Gartengeräte **besitzen** Sie bereits? ☐ Rasenmäher ☐ Heckenschere ☐ Rasentrimmer ☐ Kettensäge	Geschlossene Frage – Mehrfachauswahlfragen, da mehrere Antworten möglich sind	„Auch ist der Markt ja nicht neu, das heißt, die Kunden **besitzen ja** durchaus auch schon Geräte.“
Planen Sie in nächster Zeit eine Neuanschaffung? ☐ ja ☐ nein	Geschlossene Frage – Alternativfrage, da nur eine Angabe möglich ist	
Wenn ja, welches Gerät möchten Sie kaufen?	Offene Frage, da keine Antwortmöglichkeit vorgegeben werden kann	
Wie viel sind Sie bereit, für dieses Gerät auszugeben? ☐ bis 150,00 EUR ☐ bis 200,00 EUR ☐ bis 300,00 EUR ☐ bis 500,00 EUR	Geschlossene Frage – Skalenfrage, Grad des Zutreffens in Zahlen	„... wie viel die Kunden bereit sind für **ein gutes Gartengerät auszugeben.“**
Wie **oft** nutzen Sie Ihre Gartengeräte? ☐ 1 × pro Woche ☐ 3 × pro Woche ☐ 1 × pro Monat ☐ 3 × pro Monat	Geschlossene Frage – Alternativfrage, da nur eine Angabe möglich ist	„... Kunden die Geräte **immer bis zum Äußersten beanspruchen,** dass wir die Belastungsgrenze ...“

3.2.1 $$\text{EK – Rentabilität} = \frac{\text{Gewinn} \cdot 100}{\text{Eigenkapital}} = \frac{43.850{,}00 \cdot 100}{314.800{,}00} = 13{,}93\ \%$$

Eine Eigenkapitalrentabilität von 13,93 % bedeutet, dass das Unternehmen im vergangenen Geschäftsjahr für 100,00 EUR eingesetztes Kapital 13,93 EUR Zinsen erhält. Im Vergleich zum marktüblichen Zinssatz verzinst sich das investierte Kapital sehr gut.

$$\text{Liquidität 2. Grades} = \frac{\text{liquide Mittel + kurzfristige Forderungen}}{\text{kurzfristige Verbindlichkeiten}} \cdot 100$$

$$= \frac{14.200 + 3.850 + 4.200}{17.650 + 11.000} \cdot 100 = 77{,}66\ \%$$

Die Liquidität 2. Grades sollte mindestens 100 % betragen (1 : 1-Regel). Eine Liquidität 2. Grades von 77,66 % deutet auf einen Liquiditätsengpass hin.

3.2.2

Bilanzposition		Bilanzwert	Maximale Beleihung
Grundstücke und Gebäude	70 %	von 280.000,00 EUR	196.000,00 EUR
Maschinen (40 % von 71.000,00 EUR = 28.400,00 EUR)	50 %	von 28.400,00 EUR	14.200,00 EUR
Forderungen	50 %	von 4.200,00 EUR	2.100,00 EUR
		Beleihungshöchstwert	212.300,00 EUR

Erforderlicher Darlehensbetrag: 210.000,00 EUR
Die vorhandenen Sicherheiten sind ausreichend.

3.3

Listeneinkaufspreis netto	**258,75**
– Liefererrabatt 15 %	38,81
= Zieleinkaufspreis	219,94
– Liefererskonto 2 %	4,40
= Bareinkaufspreis	215,54
+ Bezugskosten	0,00
= Einstandspreis (Bezugspreis)	215,54
+ Handlungskosten 25 %	53,89
= Selbstkosten	269,43
+ Gewinn 12 %	32,33
= Barverkaufspreis	301,76
+ Kundenskonto	0,00
= Zielverkaufspreis	301,76
+ Kundenrabatt 10 %	33,53
= Nettoverkaufspreis	335,29
+ Umsatzsteuer 19 %	63,71
= Bruttoverkaufspreis	399,00

2 Prüfungsaufgaben Kundenbeziehungsprozesse Winter 2017/2018

Aufgabe 1

1.1 **Anlage 1**

2400 Forderungen a. LL.	6.545,00	an	5010 Umsatzerl. Handelsw.	5.500,00
			4800 Umsatzsteuer	1.045,00

Anlage 2

5011 Rücksendungen HW	75,00	an	2400 Forderungen a. LL.	89,25
4800 Umsatzsteuer	14,25			

Anlage 3

• 6700 Mietaufwand	4.000,00	an	2800 Bank	4.000,00

- Rechnung 6.545,00 EUR abzüglich Gutschrift 89,25 EUR = 6.455,75 EUR verbleibender Rechnungsbetrag abzüglich 2 % Skonto = 6.326,64 EUR

2800 Bank	6.326,64	an	2400 Forderungen a. LL.	6.455,75
5012 Kundenskonti	108,50			
4800 Umsatzsteuer	20,61			

Hinweis: Statt dem Konto 2400 Forderungen a. LL. kann auch das spezielle Forderungskonto 240889 Forderungen an (Color Farben KG) genommen werden.

1.2.1 **Rechnung Nr. 10.984**

Berechnung der Tage: Rechnung am 20.10.2017 fällig, vom 21.10.2017–09.11.2017 = 19 Tage (kaufmännische Zinsrechnung mit 360 Tagen)

Berechnung des Zinssatzes: Der Zinssatz beträgt 8,12 Prozentpunkte (§ 288 Abs. 2 BGB für Kaufleute).
9 % + (–0,88 %) = 8,12 %

Berechnung der Zinsen: $\text{Zinsen} = \frac{\text{Kapital} \cdot \text{Zinssatz} \cdot \text{Tage}}{360 \cdot 100} = \frac{1.838,28 \cdot 8,12 \cdot 19}{360 \cdot 100}$

$= 7,88 \text{ EUR}$

Die korrekte Forderung beträgt 1.838,29 EUR + 7,88 EUR = 1.846,17 EUR.

Rechnung Nr. 11.149
Die Rechnung ist zwar am 01.11.2017 fällig und in Verzug, Rechnungen werden jedoch bei der BüroKomTech GmbH erst zehn Tage nach Fälligkeit gemahnt; am heutigen Tag, dem 09.11.2017, wird die fällige Rechnung noch nicht gemahnt.

Die **Bearbeitungsgebühr** bis 40,00 EUR ist nach § 288 Abs. 5 BGB zulässig, da der Schuldner kein Verbraucher und bei 30 Tagen Zahlungsziel mit der Forderung aus Rechnung Nr. 10.984 in Zahlungsverzug ist.

Gesamtforderung der Mahnung: 1.846,17 EUR + 40,00 EUR = 1.886,17 EUR

1.2.2 Eine geeignete Maßnahme zur Sicherung der Zahlungseingänge bei säumigen Kunden ist Vorauszahlung, Sofortzahlung/Zahlung bei Lieferung. Eine weitere geeignete Maßnahme ist z. B. die Bonitätsprüfungen oder Überprüfung der Neukunden mit Auskunftei.

Weitere Antwortmöglichkeiten sind:
- Verkauf der Forderungen an Factoring-Unternehmen
- Einschaltung von Inkasso-Unternehmen
- höherer Skontosatz, z. B. 3 % als Anreiz für die Kundenzahlung, nur bedingt zur Sicherung von Zahlungen geeignet

1.3 **EPK für das Travel-Management**

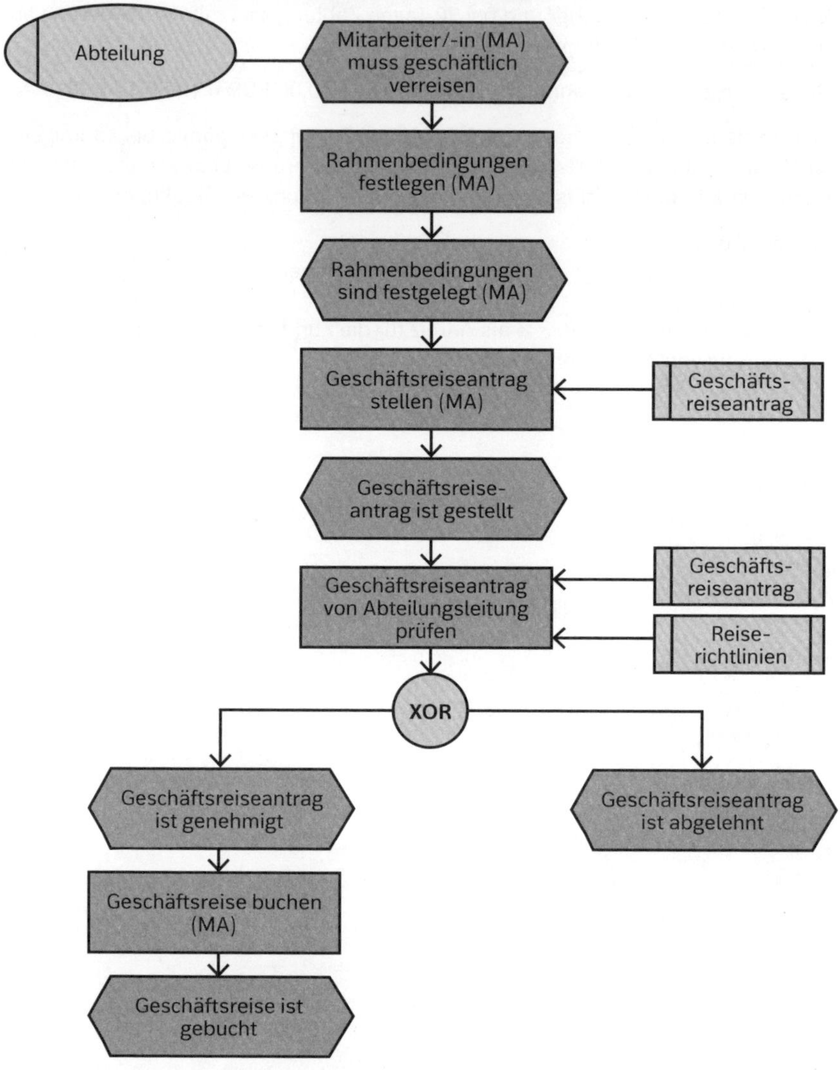

Ziele der Prozessoptimierung eines effizienten Travel-Managements:

- effiziente und fehlerfreie Arbeitsabläufe
- Beschleunigung der Arbeitsabläufe
- Vereinheitlichung des Prozessablaufes:
  - Jede Mitarbeiterin/jeder Mitarbeiter weiß sofort, wie vorzugehen ist.
  - Neue Mitarbeiterinnen/Mitarbeiter können sich anhand der EPK orientieren.
- Optimierung des Qualitätsmanagements
- Schwachstellen/Fehler können identifiziert werden.

Aufgabe 2

2.1.1 Siehe **Anlage.**

Erläuterung der Ergebnisse:

Abgrenzungsergebnis/neutr. Ergebnis:	104.500,00 EUR (66.500,00 EUR + 38.000,00 EUR)
+ Betriebsergebnis (= Verlust):	−122.300,00 EUR
Unternehmensergebnis (= Verlust):	−17.800,00 EUR

Im vergangenen Quartal wurde ein Unternehmensverlust in Höhe von 17.800,00 EUR erwirtschaftet (Rechnungskreis I). Der neutrale Gewinn beträgt 104.500,00 EUR. Der Betriebsverlust beträgt 122.300,00 EUR, d.h., dieser Verlust ist durch die eigentliche betriebliche Tätigkeit des Unternehmens entstanden. Dass der Verlust insgesamt „nur" 17.800,00 EUR beträgt, liegt am neutralen Ergebnis. Dieser Gewinn kann u. a. auf einen einmaligen Vorgang (Erträge aus Abgang von Vermögensgegenständen) zurückgeführt werden.

2.1.2 Die kalkulatorische Abschreibung ist höher als die bilanzielle Abschreibung:

- Die tatsächliche Nutzungsdauer ist geringer als die gesetzliche Nutzungsdauer laut AfA-Tabelle.
- Der tatsächliche Wertverlust ist höher als der Wertverlust durch die bilanzielle Abschreibung.
- Die kalkulatorische Abschreibung erfolgt vom meist höheren Wiederbeschaffungswert.

Anlage

Ergebnistabelle zum 30.09.2017 in Euro (3. Quartal)								
Rechnungskreis I							Rechnungskreis II	
Geschäftsbuchführung			Abgrenzungsbereich				Kosten- u. Leistungsbereich	
GuV-Konto			Unternehmensbezogene Abgrenzung		Kostenrechnerische Korrekturen		Betriebsergebnisrechnung	
Kontenbezeichnung	Aufwendungen	Erträge	neutrale Aufwendungen	neutrale Erträge	verrechnete Aufwendungen	verrechnete Kosten	Kosten	Leistungen
Umsatzerlöse		962.500,00						962.500,00
Zinserträge		13.000,00		13.000,00				
Erträge aus dem Abgang von Sachanlagen		119.000,00		119.000,00				
Aufwendungen für Rohstoffe	642.000,00						642.000,00	
Löhne, Gehälter	210.000,00		27.000,00				183.000,00	
Arbeitgeberanteil zur Sozialversicherung	55.000,00						55.000,00	
Abschreibungen auf Sachanalagen	98.000,00				98.000,00	106.000,00	106.000,00	
Verluste aus dem Abgang von Sachanlagen	29.500,00		29.500,00					
Aufwendungen für Mieten	30.000,00						30.000,00	
Aufwendungen für Büromaterial	6.500,00						6.500,00	
Zinsaufwendungen	18.700,00						18.700,00	
Gewerbesteuer	22.600,00		9.000,00				13.600,00	
Kalkulatorischer Unternehmerlohn						30.000,00	30.000,00	
Summe	1.112.300,00	1.094.500,00	65.500,00	132.000,00	98.000,00	136.000,00	1.084.800,00	962.500,00
Ergebnis		17.800,00	66.500,00		38.000,00			122.300,00
Summe	1.112.300,00	1.112.300,00	132.000,00	132.000,00	136.000,00	136.000,00	1.084.800,00	1.084.800,00

Aufgabe 3

3.1.1 Zwischen der Profi-Büro GmbH und der Schmidt KG wurde ein Kaufvertrag abgeschlossen; die Schmidt KG hat entsprechend dem verbindlichen Angebot bestellt gem. § 433 BGB. Aufgrund der Schlechtleistung hat die Schmidt KG das Recht auf Nacherfüllung gem. § 439 BGB.

Die Profi-Büro GmBH muss – innerhalb einer angemessenen Nachfrist – die fehlenden drei Aktenvernichter „office shredder" liefern, da hier gem. § 434 Abs. 3 BGB ein Sachmangel aufgrund zu geringer Menge vorliegt.

Bei der fehlerhaften Montageanleitung für die Regale liegt ein Sachmangel gem. § 434 Abs. 2 BGB vor.

3.1.2 Bei der Gesprächsvorlage sollen die Schülerinnen und Schüler die folgenden Kriterien für die beschriebene Situation in **wörtlicher Rede** formulieren.

Korrekturhilfe	Anforderungen	Schülerindividuelle Lösungen
Gesprächsregeln einhalten, positive Gesprächsatmosphäre beachten	• freundliche Begrüßung • Gesprächspartner mit Namen ansprechen • Bedauern ausdrücken, dass die Schmidt KG überhaupt Grund für eine Reklamation hat • entschuldigen und ihm eine schnelle Abhilfe zusagen; einen möglichst konkreten Termin zusagen	„Guten Tag, Herr Schmidt. Entschuldigen Sie bitte die Unannehmlichkeiten, die Sie mit der letzten Lieferung hatten – wir kümmern uns darum, dass Ihre Reklamation umgehend bearbeitet wird."
Interessen des Geschäftsführers der Schmidt KG ermitteln (gezielte Fragestellungen, aktives Zuhören)		„Zu welchem Termin benötigen Sie alle drei fehlenden Aktenvernichter?" „Habe ich Sie richtig verstanden ...?" „Können wir Ihnen die Ware nachliefern?"

Korrekturhilfe	Anforderungen	Schülerindividuelle Lösungen
Strategien zur Konfliktlösung für einen verständnisvollen Umgang mit der Schmidt KG	• versuchen, während des Gesprächs eine für beide Seiten tragfähige Lösung zu finden, z. B. eine Nachlieferung oder eine alternative Lösung • gezielt nachfragen, ob der Gesprächspartner mit der Lösung zufrieden ist oder ob er eine „andere Lösung“ für notwendig hält	„Hinsichtlich der fehlenden Abbildungen bei der Montageanleitung der Regale habe ich bereits unseren Lieferanten kontaktiert. Der Lieferant mailt uns heute die Montageanleitung als pdf – diese werde ich an Sie unverzüglich weiterleiten.“ „Die Aktenvernichter werden von unserem Lieferanten erst wieder in KW 47 geliefert. Es besteht die Möglichkeit, die drei fehlenden Aktenvernichter nachzuliefern. Wenn Sie die Aktenvernichter sofort benötigen, könnten wir Ihnen – alternativ – das Modell ‚professional shredder‘ sofort liefern.“

3.2 **Berechnungen für das Jahr 2016:**

Berechnung der gesamten Fehlstunden: 36.600 + 93 = 36.693 Stunden

Berechnung der Soll-Stunden: 241 · 2.000 = 482.000 Stunden

Fehlzeitenquote: $\frac{\text{gesamte Fehlstunden} \cdot 100}{\text{Soll-Stunden}} = \frac{36.693 \cdot 100}{242.000} = 7{,}6\ \%$

Fluktuationsquote: $\frac{\text{Personalabgänge} \cdot 100}{\text{Personalbestand}} = \frac{23 \cdot 100}{241} = 9{,}54\ \%$

Erläuterung der ermittelten Kennzahlen mit möglichen Ursachen:

Die Fehlzeitenquote ist seit dem Jahr 2014 jedes Jahr angestiegen. Ein Grund hierfür könnte die erhöhte Arbeitsbelastung der Mitarbeiterinnen und Mitarbeiter durch die steigenden Auftragseingänge und der damit einhergehende höhere Stress sein. Auch das Führungsverhalten der neuen Geschäftsführung könnte sich auf die Fehlzeitenquote negativ auswirken.

Die Fluktuationsquote ist in den Jahren 2014 und 2015 relativ konstant und stieg im Jahr 2016 sprunghaft an. Sie korrespondiert mit der Fehlzeitenquote. Die zunehmende Arbeitsbelastung könnte zu Überlastung der Mitarbeiterinnen und Mitarbeiter geführt haben, das Führungsverhalten könnte das Betriebsklima verschlechtert haben. Die Zahl der arbeitnehmerseitigen Kündigungen nimmt dann erfahrungsgemäß zu.

3.3

Arbeitszeugnis **Profi-Büro GmbH**

Herr Sergej Petrow, geboren am 25.02.1981, trat am 01.09.2009 in unser Unternehmen ein und war seitdem als Buchhalter in der Abteilung Rechnungswesen/Controlling tätig.

Zu seinen Aufgaben zählten:
- Verwaltung und Überprüfung der gestellten Rechnungen inklusive Mahnwesen
- Klärung von Differenzen
- Buchung der Zahlungsein- und -ausgänge
- Überwachung der offenen Posten
- Zahlungsabwicklung und Zahlungsverkehr (Kreditoren/Debitoren)
- Erstellung von Monatsberichten und Statistiken

Er arbeitete mit großem Engagement und stets sehr selbstständig, und wendete sein ***sehr gutes*** Fachwissen erfolgreich in seiner Arbeit an. Die Arbeitsleistung von Herrn Petrow war durch ***sehr*** hohe Zuverlässigkeit, Sorgfalt und Pflichtbewusstsein geprägt. Er identifizierte sich mit seinen Aufgaben und nahm regelmäßig erfolgreich an Weiterbildungsmaßnahmen teil.

Die Arbeitsleistung von Herrn Petrow war auch bei wechselnden Anforderungen und in schwierigen Fällen stets von ***guter*** Qualität. Herr Petrow erledigte die ihm übertragenen Aufgaben stets zu unserer ***vollen*** Zufriedenheit.

Sein Verhalten gegenüber ***Vorgesetzten,*** Mitarbeitern und Kunden war ***einwandfrei.***

Herr Petrow verlässt unser Unternehmen auf eigenen Wunsch zum 31.10.2017. Wir bedauern sein Ausscheiden und danken ihm für seine Arbeit. Für seinen weiteren Berufs- und Lebensweg wünschen wir ihm viel Erfolg.

Kehl, ***31.10.2017***

Karl Rein
Geschäftsführer

3 Prüfungsaufgaben Kundenbeziehungsprozesse Sommer 2018

Aufgabe 1

1.1

Personalbedarfsmatrix drittes Quartal			
aktueller Planstellenbestand			132
+ neue Planstellen			13
= **künftiger Planstellenbedarf** (**Personal-Sollbestand/Brutto-Personalbedarf**)			**145**
− aktueller Personalbestand (Personal-Istbestand)			132
= **Personalunterdeckung**			**13**
+ zu ersetzende Abgänge	in Ruhestand	5	
	vorliegende Kündigungen	1	
	Todesfall	1	
	Summe		7
− feststehende Zugänge	Übernahme aus Ausbildung	2	
	Rückkehr aus Mutterschutz/ Elternzeit	1	
	Neueinstellung	1	
	Summe		4
= **Netto-Personalbedarf**			**16**

1.2
- Qualifikation: abgeschlossenes Studium der Betriebswirtschaftslehre oder vergleichbare Weiterbildungen für die Leitung der Vertriebsabteilung
- Berufserfahrung: mehrjährige Erfahrung in der Entwicklung von Vertriebsstrategien und Erschließung neuer Vertriebskanäle
- Fremdsprachenkenntnisse: verhandlungssicheres Englisch und vorzugsweise eine weitere Fremdsprache für den Auf- und Ausbau des internationalen Vertriebs
- Führungskompetenz: strukturiertes, überzeugendes, durchsetzungsstarkes und motivierendes Auftreten, um ein Team zu führen
- Kommunikationsfähigkeit: für die adäquate Betreuung von Handelspartnern und Kunden

1.3.1 Siehe **Anlage**.

1.3.2
- Unser Kreditspielraum wird geschont und steht für unsere weiteren Investitionen zur Verfügung.
- Unsere Eigenkapitalquote steigt durch die offene Selbstfinanzierung an; dadurch verbessert sich unsere Kreditwürdigkeit.
- Für unvorhersehbare Ausgaben im Zuge der Expansion ist es von Vorteil, dass unsere Liquidität nicht durch Zins- und Tilgungszahlungen belastet wird; außerdem bestehen bereits Verbindlichkeiten in Höhe von 700.000,00 EUR, die zukünftig zurückgezahlt werden müssen.
- Wir sind unabhängig von Fremdkapitalgebern, d. h., die Gläubiger haben keinen Einfluss auf unser Unternehmen und unsere Expansionspläne.
- Wenn wir die Maschine über einbehaltene Gewinne selbst finanzieren, beansprucht das nicht unsere verfügbaren Kreditsicherungsmöglichkeiten.

Aufgabe 2

2.1.1 **Anlage 7:**

0710 Maschinen	452.000,00	an	4400 Verbindlichkeiten a. LL.	537.880,00
2600 Vorsteuer	85.880,00			

Anlage 8:

2400 Forderungen a. LL.	2.999,99	an	5010 Umsatzerlöse Handelswaren	2.521,00
			4800 Umsatzsteuer	478,99

Anlage 9:

5011 Preisn. u. Rücks. HW	111,60	an	2400 Forderungen a. LL.	132,80
4800 Umsatzsteuer	21,20			

2.1.2 Prüfung der Restforderung:

Rechnungsbetrag	2.999,99 EUR
– Gutschrift	132,80 EUR
= Zwischensumme	2.867,19 EUR
– Skonto 3 %	86,02 EUR
= zu überweisender Betrag	2.781,17 EUR
– tatsächlich überwiesener Betrag	2.778,00 EUR
= Differenz	3,17 EUR

Die Differenz wird toleriert, da es sich um einen Stammkunden handelt und der Differenzbetrag sehr gering ist. Die Differenz von 3,17 EUR entspricht ca. 0,1 % des Rechnungsbetrages. Im nächsten Gespräch mit dem Stammkunden soll auf die Differenz hingewiesen werden, diese wird aber nicht eingefordert.

Hinweis: Kein angemessener Lösungsansatz bei 3,17 EUR wäre die Kontaktaufnahme mit der Abteilungsleitung oder die Versendung einer Mahnung bei einem Stammkunden.

2.2.1 Beträge in Euro

MGK-Zuschlagsatz =	$\frac{\text{Materialgemeinkosten} \cdot 100}{\text{Fertigungsmaterial}}$	= 30.000 : 120.000 · 100 **= 25 %**
FGK-Zuschlagsatz =	$\frac{\text{Fertigungsgemeinkosten} \cdot 100}{\text{Fertigungslöhne}}$	= 108.000 : 90.000 · 100 **= 120 %**
Herstellkosten =	Fertigungsmaterial + Materialgemeinkosten + Fertigungslöhne + Fertigungsgemeinkosten	120.000,00 + 30.000,00 + 90.000,00 + 108.000,00 **= 348.000,00**
VerwGK-Zuschlagsatz =	$\frac{\text{Verwaltungsgemeinkosten} \cdot 100}{\text{Herstellkosten}}$	= 48.720 : 348.000 · 100 **= 14 %**
VertGK-Zuschlagsatz =	$\frac{\text{Vertriebsgemeinkosten} \cdot 100}{\text{Herstellkosten}}$	= 52.200 : 348.000 · 100 **= 15 %**

2.2.2

		Normal-zuschlag-sätze	Normalkosten	Ist-Zu-schlag-sätze	Ist-Kosten	Kostenüberdeckung/ Kostenunterdeckung	
	Fertigungsmaterial		120.000,00 EUR		120.000,00 EUR		
+	MGK	22 %	26.400,00 EUR	25 %	30.000,00 EUR	−3.600,00 EUR	Kostenunterdeckung
=	Materialkosten		146.400,00 EUR		150.000,00 EUR		
	Fertigungslöhne		110.000,00 EUR		90.000,00 EUR		
+	FGK	93 %	102.300,00 EUR	120 %	108.000,00 EUR	−5.700,00 EUR	Kostenunterdeckung
=	Fertigungskosten		212.300,00 EUR		198.000,00 EUR		
=	Herstellkosten		358.700,00 EUR		348.000,00 EUR		
+	VwGK	15 %	53.805,00 EUR	14 %	48.720,00 EUR	5.085,00 EUR	Kostenüberdeckung
+	VtGK	14,5 %	52.011,50 EUR	15 %	52.200,00 EUR	−188,50 EUR	Kostenunterdeckung
=	Selbstkosten		464.516,50 EUR		448.920,00 EUR		

Alternativlösung unter Verwendung der Angaben:

		Normal-zuschlag-sätze	Normalkosten	Ist-Zu-schlag-sätze	Ist-Kosten	Kostenüberdeckung/ Kostenunterdeckung	
	Fertigungsmaterial		120.000,00 EUR		120.000,00 EUR		
+	MGK	22 %	26.400,00 EUR	30 %	36.000,00 EUR	−9.600,00 EUR	Kostenunterdeckung
=	Materialkosten		146.400,00 EUR		156.000,00 EUR		
	Fertigungslöhne		110.000,00 EUR		90.000,00 EUR		
+	FGK	93 %	102.300,00 EUR	125 %	112.500,00 EUR	−10.200,00 EUR	Kostenunterdeckung
=	Fertigungskosten		212.300,00 EUR		202.500,00 EUR		
=	Herstellkosten		358.700,00 EUR		358.500,00 EUR		
+	VwGK	15 %	53.805,00 EUR	12 %	43.020,00 EUR	10.785,00 EUR	Kostenüberdeckung
+	VtGK	14,5 %	52.011,50 EUR	15 %	53.775,00 EUR	−1.763,50 EUR	Kostenunterdeckung
=	Selbstkosten		464.516,50 EUR		455.295,00 EUR		

Die Anschaffung ist insgesamt positiv zu bewerten, da die Selbstkosten um 15.596,50 EUR (*Alternativ: 9.221,50 EUR*) sinken. Durch die vollautomatisierte Produktionsmaschine sinken die Fertigungslöhne dauerhaft um 20.000,00 EUR, die Fertigungsgemeinkosten steigen jedoch um 5.700,00 EUR (*Alternativ: 10.200,00 EUR*). Gründe für die Steigung der Fertigungsgemeinkosten könnten z. B. erhöhte Abschreibung aufgrund der Neuanschaffung oder höherer Energieverbrauch infolge der Vollautomatikfunktion sein.

Der Anteil der Fertigungsgemeinkosten an den Fertigungskosten hat sich deutlich erhöht. Diese Abweichung ist keine Zufallsschwankung, sondern eine dauerhafte Änderung. Deshalb muss der Normalkostenzuschlagsatz der Kostenstelle Fertigung angepasst werden.

Aufgabe 3

3.1

Phasen	Ziffer/-n	Prüfung der Aussagen (mit Begründung)	Verbesserungsvorschläge (in wörtlicher Rede)
Begrüßungsphase	1	Schlecht – Frau Berger meldet sich nicht mit dem Firmennamen, ein „Hallo“ ist zu salopp.	„Schnaithahn Bürotechnik GmbH, Sabine Berger, guten Tag, was kann ich für Sie tun?“
	2	gut – korrekte Begrüßung mit Nennung des Namens des Kunden	
Spannungsphase/ „Dampfablassphase“	3	Schlecht – Frau Berger nimmt die Ängste und Emotionen ihres Gesprächspartners nicht wahr, heizt Emotionalität an.	„Es tut mir sehr leid Herr Abele, dass Sie Probleme mit unserem Gerät haben.“
Beruhigungsphase	4	Gut – Die erste Reaktion zeigt Verständnis. Schlecht – anschließend folgt eine erneute Provokation des Kunden.	„Könnten Sie mir bitte genau schildern, welche Probleme aufgetreten sind?“
	7	Frau Berger geht in die Verteidigungshaltung. Gut – Sie entschuldigt sich, aber trägt nicht zur Problemlösung bei. *Hinweis: Ziffer 7 kann auch der Lösungsphase zugeordnet werden.*	
Lösungsphase	5	gut – zeigt Verständnis, leitet Lösungsphase ein	„Natürlich werden wir Ihnen als Stammkunden entgegenkommen.“
	6	anfangs gut – sachlich richtig; anschließend schlecht – Art der Reaktion unangemessen und unhöflich, Kunde möchte individuell behandelt werden	
	8	gut – bittet um Verständnis, unterbreitet Vorschlag	
Ausstiegsphase	9	schlechte Formulierung – viel zu salopp, keine abschließende Zusammenfassung der gefundenen Lösung	„Herr Abele, ich werde Ihnen heute Vormittag noch einen Techniker vorbeischicken, der sich um das Gerät kümmert. Ich melde mich später noch einmal bei Ihnen, um zu erfahren, ob alles zu Ihrer Zufriedenheit erledigt wurde.“
	10	gut – freundliche Verabschiedung	

3.2 Checkliste

- ❑ Reservierung der Unterkunft für die Referentin
- ❑ Betreuung für die Referentin festlegen
- ❑ Schulungsinhalte mit der Referentin klären
- ❑ Tagesordnung festlegen
- ❑ Tagungsprogramm erstellen
- ❑ Teilnehmerliste erstellen
- ❑ Teilnehmer über Schulung informieren
- ❑ Schulungsunterlagen bereitstellen
- ❑ Feedbackbögen erstellen
- ❑ Namensschilder erstellen
- ❑ Räume reservieren
- ❑ Räumlichkeiten für Mittagessen/Abendessen reservieren
- ❑ Räume vorbereiten (z. B. technische Ausstattung, Bestuhlung)
- ❑ Getränke/Snacks organisieren und bereitstellen

Anlage

Gesellschafter/-in	Anfangskapital in Euro	Tätigkeitsvergütung in Euro	Verzinsung 4 % in Euro	Restgewinn in Euro	Gesamter Gewinnanteil in Euro	Endkapital in Euro
Franz Sommer	355.000,00	48.000,00	14.200,00	38.200,00	52.400,00	407.400,00
Simone Kasper	215.000,00	48.000,00	8.600,00	28.650,00	37.250,00	252.250,00
Harald Fischer	120.000,00		4.800,00	9.550,00	14.350,00	120.000,00
Summe	690.000,00	96.000,00	27.600,00	76.400,00	104.000,00	779.650,00

Jahresüberschuss in Euro	200.000,00
Restgewinn in Euro	76.400,00
Verteilung:	4 : 3 : 1

Jahresüberschuss – Tätigkeitsvergütung – Verzinsung

Offene Selbstfinanzierung (SF):

Jahresüberschuss in Euro	200.000,00
– Tätigkeitsvergütung in Euro	96.000,00
– Ausschüttung Fischer in Euro	14.350,00
= offene SF in Euro	89.650,00

oder

Endkapital in Euro	779.650,00
– Anfangskapital in Euro	690.000,00
= offene SF in Euro	89.650,00

oder

Gewinn Franz Sommer in Euro	52.400,00
+ Gewinn Simone Kasper in Euro	37.250,00
= offene SF in Euro	89.650,00

Die offene Selbstfinanzierung beträgt 89.650,00 EUR und reicht zur Anschaffung der Maschine in Höhe von 80.000,00 EUR aus

4 Prüfungsaufgaben Kundenbeziehungsprozesse Winter 2018/2019

Aufgabe 1

1.1.1 Z. B.

Extern:

- schnell wachsendes Unternehmen, deshalb sind im Unternehmen keine freien Mitarbeiter/-innen vorhanden
- größere Bewerberauswahl für Leitungsposition, genau auf Anforderungsprofil zugeschnitten
- neue Impulse von außen
- Berufserfahrung im Vertrieb

Intern:

- Mitarbeiter/- in kennt das Unternehmen und die Produkte schon
- Unternehmen kennt den/die Mitarbeiter/-in, und seine/ihre Arbeitsweise
- Motivation für den/die Mitarbeiter/-in, sich im Unternehmen weiterzuentwickeln

1.1.2 Z. B.

Wir, die FreshVegan GmbH, sind ein schnell wachsendes, deutschlandweit tätiges, Großhandelsunternehmen in Stuttgart, das sich auf den Vertrieb von veganen Fertiggerichten spezialisiert hat. Wir suchen für unseren Außendienst zum März 2019 eine/-n

Vertriebsleiter/-in für den Bereich Südbaden

Ihre Aufgaben:

- Planung und Steuerung des Vertriebs in Abstimmung mit der Geschäftsleitung
- Aufnahme von Kundenreklamationen
- Betreuung und Neugewinnung von Premiumkunden
- Wettbewerbsbeobachtung und Strategieentwicklung
- Führung von Mitarbeitern

Sie bieten:

- eine abgeschlossene kaufmännische Berufsausbildung oder ein betriebswirtschaftliches Studium
- mehrjährige Berufserfahrung im Vertrieb
- Führungsqualitäten
- sehr gute Kommunikationsfähigkeit
- sehr gute Deutschkenntnisse in Wort und Schrift

Wir bieten eine überdurchschnittliche, erfolgsorientierte Vergütung. Zusätzlich erhalten Sie einen Dienstwagen der oberen Mittelklasse, der auch zur Privatnutzung zur Verfügung steht.

Wenn Sie diese Aufgabe als neue Herausforderung und Sie in einem dynamischen Unternehmen Ihre berufliche Zukunft sehen, dann bewerben Sie sich bis zum 15.01.2019 per E-Mail.

FreshVegan GmbH
Ringbergstraße 171 a
70184 Stuttgart
E-Mail: personalabteilung@freshvegan-gmbh.com

1.1.3 Schülerindividuelle Lösungen möglich, z. B.:

Kriterien	Begründung
Berufserfahrung im Vertrieb	Da es sich um eine leitende Position handelt, ist Berufserfahrung im Vertrieb eine wesentliche Anforderung.
Kommunikationsfähigkeit	Bei der Führung von Mitarbeitern und der Kommunikation mit Kunden ist eine sehr gute Kommunikationsfähigkeit gefordert.
Nachweis von Führungsqualitäten	Der neue Vertriebsleiter hat Personalverantwortung für sieben Mitarbeiter, sodass dies eine entscheidende Qualifikation ist.
sicheres und kompetentes Auftreten	Sicheres und kompetentes Auftreten ist insbesondere beim Umgang mit Premiumkunden von Bedeutung.

Hinweis: Merkmale wie z. B. unvollständige Bewerbung, Lücken im Lebenslauf sind keine stellenspezifischen Anforderungen.

1.2

Reisekostenabrechnung FreshVegan GmbH		
Name des Abrechnenden:	*Yilmaz Umut*	
Abteilung:	*Vertrieb*	
Reiseziel:	*Karlsruhe*	
Beginn der Reise (Datum): *Montag, 8. Oktober 2018* Ende der Reise (Datum): *Mittwoch, 10. Oktober 2018*	Inlandsreise: ☒ Auslandsreise: ☐	Reisemittel: Mietwagen ☐ Privat-Pkw ☐ Bahn ☒ Flugzeug ☐
Fahrtkosten		Euro
Verkehrsmittel (mit Beleg): *Deutsche Bahn*		*39,80*
Verkehrsmittel (mit Beleg): *KVV Karlsruher Verkehrsverbund 24-Stunden-Karte, city solo*		*6,60*
Privater Pkw (gefahrene Kilometer):		
Übernachtungskosten		
Aufwendungen für Unterbringung: *Hotel am Schlossplatz (2 Nächte)*		*184,00*
Reisenebenkosten		
Art (mit Beleg): *Mittagessen Ni Hao*		*16,20*
Art (mit Beleg): *Abendessen Gasthaus zur Linde*		*36,20*
Pauschbeträge bei Verpflegungsmehraufwand		
Mehrtägige Auswärtstätigkeit: Anreisetag: *8. Oktober 2018*		*12,00*
Abreisetag: *10. Oktober 2018*		*12,00*
24 Stunden: Anzahl Tage: *ein Tag*		*24,00*
Kürzung Verpflegungsmehraufwand: *zweimal Frühstück à 4,80 EUR* *Mittag- und Abendessen à 9,60 EUR*		*– 9,60* *– 19,20*
Zwischensumme:		*302,00*
Abzüglich des vom Unternehmen bereits übernommenen Betrags:		*0,00*
Gesamtauszahlungsbetrag		*302,00*
Datum, Unterschrift		

1.3

Bruttogehalt	2.370,00 EUR
+ Arbeitgeberanteil VL	20,00 EUR
= steuer- und sozialversicherungspflichtiges Entgelt	2.390,00 EUR
– Lohnsteuer	281,16 EUR
– Solidaritätszuschlag	15,46 EUR
– Kirchensteuer	0,00 EUR
– Rentenversicherung (9,3 %)	222,27 EUR
– Pflegeversicherung (1,525 %)	36,45 EUR
– Arbeitslosenversicherung (1,5 %)	35,85 EUR
– Krankenversicherung (8,3 %)	198,37 EUR
Nettogehalt	1.600,44 EUR
– Sparrate VL	40,00 EUR
Zwischensumme	1.560,44 EUR
+ Reisekosten	302,00 EUR
Überweisungsbetrag	1.862,44 EUR

1.4 Schülerindividuelle Lösungen möglich, z. B.:

Förderungsmaßnahmen für Herrn Yilmaz:

- Beim Mentoring bekommt Herr Yilmaz einen erfahrenen Mitarbeiter (Mentor) über einen längeren Zeitraum zur Seite gestellt, der bei der Einarbeitung hilft, im Lernprozess begleitet, stets für Fragen zur Verfügung steht, Feedback gibt und Kontakte zu einem eigenen persönlichen inner- und außerbetrieblichen Netzwerk herstellt, so z. B. zu Führungskräften der angrenzenden Abteilungen. Dies führt zu einer Entlastung von Herrn Yilmaz.
- Individuelles Personalentwicklungskonzept (Fördergespräche mit Zielvereinbarungen) mit Aufstiegschancen über das Mentoring hinaus bzw. im Anschluss daran, damit wird Herrn Yilmaz Wunsch nach Weiterentwicklung im Unternehmen entsprochen.
- Jobrotation (Aufgabenwechsel) in die Abteilung Wareneinkauf. Hierbei übernimmt Herr Yilmaz zeitweise Tätigkeiten in diesem Bereich. Er erhält somit Einblicke in die dortigen Strukturen und Abläufe, lernt Kollegen/Kolleginnen und Führungskräfte persönlich kennen und kehrt dann wieder in den Vertrieb zurück. So können Kommunikationswege verkürzt und verbessert werden, neue Ideen können ausgetauscht werden. Herr Yilmaz erweitert seinen Horizont und ist zudem flexibler einsetzbar und könnte Vertretungen übernehmen.

Aufgabe 2

2.1 **Anlage 8:**

6800	Aufw. für Büromaterial	3.693,00	an	4400	Verbindlichkeiten a. LL.	4.394,67
2600	Vorsteuer	701,67				

Anlage 9:

6080	Aufwendungen HW	6.709,50	an	4400	Verbindlichkeiten a. LL.	7.984,31
2600	Vorsteuer	1.274,81				

Anlage 10:

2400	Forderungen a. LL.	3.111,71	an	5010	Umsatzerl. Handelsw.	2.614,88
				4800	Umsatzsteuer	496,83

Anlage 11:

5011	Rücksendungen	84,28	an	2400	Forderungen a. LL.	100,29
4800	Umsatzsteuer	16,01				

2.2.1

Rechnungsbetrag	4.394,67 EUR
– 3 % Skonto	131,84 EUR
Überweisungsbetrag	4.262,83 EUR

Kosten für Kontokorrentkredit:
$Z = (K \cdot P \cdot T) : (100 \cdot 360) = (4.262,83 \text{ EUR} \cdot 9,75 \cdot 46) : (100 \cdot 360) = 53,11 \text{ EUR}$

Finanzieller Vorteil:
110,79 EUR – 53,11 EUR = 57,68 EUR

2.2.2 **Kurzfristige Maßnahmen:**

- Factoring: Verkauf der offenen Forderungen an eine Factoring-Gesellschaft, dadurch erhält das Unternehmen sofort den Forderungsbetrag abzüglich einer Provision
- Umschuldung von Kontokorrentkrediten in Darlehen

Langfristige Maßnahme:

Umstellung der Zahlungsbedingungen, z. B. Vorkasse, Anzahlung, kürzeres Zahlungsziel, Zahlung bei Lieferung

2.3 Beträge in Euro

Alternative 1 – Vergleich der Einstandspreise aus Bezugs- und Rückwärtskalkulation

Listeneinkaufspreis	21,30
– Liefererrabatt 10 %	2,13
= Zieleinkaufspreis	19,17
– Liefererskonto 3 %	0,58
= Einstandspreis	18,59
Einstandspreis	17,47
+ HKZ 24 %	4,19
= Selbstkosten	21,66
+ Gewinnzuschlag 16 %	3,47
= Barverkaufspreis	25,13
+ Kundenskonto 2 %	0,51
= Zielverkaufspreis	25,64
+ Kundenrabatt 5 %	1,35
= Netto-Verkaufspreis	26,99

Der Einstandspreis bei gegebenem Verkaufspreis ist geringer als der Einstandspreis bei unserem Lieferanten.

Alternative 2 – Vorwärtskalkulation

Listeneinkaufspreis	21,30
– Liefererrabatt 10 %	2,13
= Zieleinkaufspreis	19,17
– Liefererskonto 3 %	0,58
= Einstandspreis	18,59
+ HKZ 24 %	4,46
= Selbstkosten	23,05
+ Gewinnzuschlag 16 %	3,69
= Barverkaufspreis	26,74
+ Kundenskonto 2 %	0,55
= Zielverkaufspreis	27,29
+ Kundenrabatt 5 %	1,44
= Netto-Verkaufspreis	28,73

Der kalkulierte Netto-Verkaufspreis ist höher als der vom Kunden gewünschte Preis.

Alternative 3 – Rückwärtskalkulation

20,01
2,00
18,01
0,54
17,47
4,19
21,66
3,47
25,13
0,51
25,64
1,35
26,99

Der kalkulierte Listeneinkaufspreis ist niedriger als der vom Lieferanten angebotene Preis.

Der vom Kunden gewünschte Preis könnte unter den gegebenen Bedingungen nicht angeboten werden.

Da es sich um einen A-Kunden und Stammkunden mit einem Umsatzvolumen von 85.367,80 EUR handelt, sollen die Kundenbeziehungen nicht gefährdet werden und zum gewünschten Preis angeboten werden.

Dadurch sinkt unser Gewinn. Bei diesem Auftragsvolumen von knapp über 1.000,00 EUR ist es nur eine sehr geringe Minderung des Gewinns, die bei einem Stammkunden zu verkraften ist.

Hinweis: Eine Ablehnung des Angebots ist bei Berücksichtigung dieser Bedingungen keine adäquate Lösung.

Aufgabe 3

3.1 Z. B.

- Unternehmen hat nicht das notwendige Know-how eine Marktanalyse durchzuführen
- Marktanalyse ist sehr zeit- und personalaufwendig, Kapazität nicht vorhanden
- erweiterter Blickwinkel von unabhängigen Institutionen

3.2 **Kostenorientierung:**
Bei einem Verkaufsziel von 600 Stück ergeben sich Stückkosten von

(180.000,00 EUR : 600 Stück) + 378,00 EUR = 678,00 EUR

Bei einem Preis, der über 678,00 EUR liegt, erzielt das Unternehmen einen Gewinn.

Nachfrageorientierung:
Aufgrund der Marktanalyse erreichen wir unser Verkaufsziel bei einem Preis von 850,00 EUR. Dieser Preis liegt oberhalb des Marktführers.

Konkurrenzorientierung:
Laut Marktanalyse ist unser Produkt anhand der vier überprüften Kriterien vergleichbar mit dem der Müller KG. Diese ist als derzeitiger Marktführer am Markt bekannt und etabliert. Die Müller KG verkauft das Konkurrenzprodukt zu einem Preis von 839,00 EUR. Diesen Preis sollten wir nicht übertreffen, da sonst wahrscheinlich die Kunden den Marktführer vorziehen werden.

Preisvorschlag:
800,00 EUR bis 830,00 EUR. Dieser Preis liegt unter dem Preis des Marktführers Müller KG, deckt unsere Kosten und ermöglicht es dem Unternehmen, einen angemessenen Gewinn zu erwirtschaften. Da wir ein qualitativ hochwertigeres Produkt als die Carving OHG anbieten, können wir deren Preis überbieten.

3.3 **Argumente für das Potenzial des Einsatzes Sozialer Netzwerke,** z. B.:

- Durch den Einsatz sozialer Medien kann eine direkte und schnelle Kommunikation, im Idealfall in Echtzeit, erfolgen. Ein schnelles Feedback ist möglich.
- Sie bieten auf einer Plattform breite Möglichkeiten durch Textnachrichten, Bilder, Videos, Gewinnspiele u. a., Zielgruppen gezielt anzusprechen.
- Der Auftritt in sozialen Medien ist, verglichen mit herkömmlichen Werbemaßnahmen, sehr günstig.
- Mit dem Einsatz entsteht eine positive Eigendynamik. Durch das Teilen und Liken besteht ein großes Streupotenzial von Beiträgen.

Risiken des Einsatzes Sozialer Netzwerke, z. B.:

- Die Gefahr auf Social-Media-Plattformen besteht darin, dass sich Meinungen unkontrolliert verbreiten und schwer steuerbare Masseneffekte (Shitstorms) auslösen können. Dies kann zu einem Imageschaden für das Unternehmen führen.
- Die Hemmschwelle für Negativäußerungen ist durch die Anonymität des Internets deutlich herabgesenkt.
- Des Weiteren ist die Kontrolle über gepostete Inhalte nur schwer möglich und erfordert eine permanente Überprüfung und Reaktion durch Mitarbeiter.

5 Prüfungsaufgaben Kundenbeziehungsprozesse Sommer 2019

Aufgabe 1

1.1 Werte in Euro

Angebot 1

Jahr	Darlehensschuld am Jahresanfang	Zinsen 3 %	Tilgung	Liquiditäts-belastung
1	120.000,00	3.600,00	–	3.600,00
2	120.000,00	3.600,00	–	3.600,00
3	120.000,00	3.600,00	–	3.600,00
4	120.000,00	3.600,00	120.000,00	123.600,00
Summe		**14.400,00**	**120.000,00**	**134.400,00**

Angebot 2

Jahr	Darlehensschuld am Jahresanfang	Zinsen 3 %	Tilgung	Liquiditäts-belastung
1	120.000,00	3.600,00	28.683,25	32.283,25
2	91.316,75	2.739,50	29.543,75	32.283,25
3	61.773,00	1.853,19	30.430,06	32.283,25
4	31.342,94	940,29	31.342,94	32.283,23
Summe		**9.132,98**	**120.000,00**	**129.133,00**

Wird die Liquiditätsbelastung insgesamt betrachtet, ist das Annuitätendarlehen die günstigere Alternative, jedoch müssen hier vom ersten bis zum dritten Jahr hohe Raten geleistet werden. Da die Liquidität des Unternehmens durch bereits getätigte Investitionen sehr angespannt ist, sollte das Fälligkeitsdarlehen in Betracht gezogen werden. Es hat in den ersten drei Jahren eine geringe Liquiditätsbelastung.

1.2 **Anlage 3:**

0840 Fuhrpark	99.950,00	an	4400 Verb. a. LL.	118.940,50
2600 Vorsteuer	18.990,50			

Anlage 4:

0840 Fuhrpark	50,00	an	2820 Kasse	50,00

Anlage 5:

6050 Aufw. für Energie	109,16	an	2820 Kasse	129,90
2600 Vorsteuer	20,74			

Zahlung Anlage 3:

4400 Verb. a. LL.	118.940,50	an	2800 Bank	115.372,29
			0840 Fuhrpark	2.998,50
			2600 Vorsteuer	569,71

Hinweis: Rundungsdifferenz von einem Cent möglich

1.3 **Ermittlung der Anschaffungskosten:**

Lkw LMX	99.950,00 EUR
– Skonto (3 % von 99.950,00 EUR)	2.998,50 EUR
+ Zulassung	50,00 EUR
= Anschaffungskosten	97.001,50 EUR

Anlagenkarte Fuhrpark Nr. 14			
Bezeichnung: Lkw – LMX 2360JTD		Anschaffungsdatum: 29.04.2019	
Lieferant: Autohaus Frenzel			
Anschaffungskosten: **97.001,50 EUR**	Voraussichtliche Nutzungsdauer: 9 Jahre		
Abschreibungsmethode: linear		AfA-Satz in %: **11,11**	
Abschreibungsverlauf			
Datum	**Buchwert**	**Abschreibung**	**Restbuchwert**
29.04.2019	97.001,50 EUR		
31.12.2019	97.001,50 EUR	8.083,46 EUR	88.918,04 EUR

Berechnung der Abschreibung 2019:

Jahresabschreibung: 97.001,50 EUR : 9 Jahre = 10.777,94 EUR

Zeitanteilige Abschreibung im ersten Jahr: 10.777,94 EUR/12 Monate · 9 Monate = 8.083,46 EUR

Buchungssatz:

6500 Abschreibung auf Sachanlagen	8.083,46	an	0840 Fuhrpark	8.083,46

1.4

Artikelnummer	Soll-Werte (in Euro)	Ist-Werte (in Euro)	Differenz (in Euro)	
10005	279,50	279,50	–	
10007	2.975,00	3.115,00	+140,00	Bestandsmehrung
10014	585,00	121,68	–463,32	Bestandsminderung

Mögliche Gründe Bestandsmehrung:
- zu geringe Anzahl bei der Warenannahme erfasst
- Zugang nicht gebucht
- Warenrücksendung nicht erfasst

Mögliche Gründe Bestandsminderung:
- Diebstahl
- Schäden/Bruch nicht erfasst
- zu hohe Anzahl bei der Warenentnahme erfasst

Aufgabe 2

2.1.1 Das Kündigungsschutzgesetz ist bei dieser betriebsbedingten Kündigung anzuwenden, da mehr als zehn Arbeitnehmer beschäftigt sind. Bei allen vier Mitarbeitern übersteigt die Betriebszugehörigkeit sechs Monate (§§ 1,23 KSchG).

Herr Winter ist seit 2014 Mitglied im Betriebsrat, daher gilt für ihn der besondere Kündigungsschutz (§ 15 KSchG).

Bei Herrn Färber sollten wir uns auf die Leistungsträgerklausel berufen (§ 1 Abs. 3 S. 2 KSchG). Nach dieser können wir ihn von der Sozialauswahl ausnehmen, da seine Weiterbeschäftigung wegen seiner Kenntnisse, Fähigkeiten und Leistungen im betrieblichen Interesse liegt.

Für eine Kündigung kommen demnach nur Herr Tevez und Herr Broder infrage.

Voraussetzung für die Kündigung ist die Durchführung einer Sozialauswahl. Bei dieser müssen die Kriterien Alter, Betriebszugehörigkeit, Unterhaltspflicht und Schwerbehinderung berücksichtigt werden (§ 1 Abs. 3 S. 1 KSchG). Eine schwere Behinderung liegt bei keinem der beiden vor. Herr Broder ist jünger, hat eine kürzere Betriebszugehörigkeit und ist nur für ein Kind unterhaltspflichtig.

Bei der Berücksichtigung der sozialen Gegebenheiten muss die Kündigung für Herrn Broder ausgesprochen werden.

Ermittlung der Kündigungsfrist (§ 622 Abs. 2 BGB):

Name	Geboren	Im Betrieb seit	Betriebs-zugehörigkeit	Kündi-gungsfrist	Frühester Kündigungstermin
Broder	22.08.1985	01.09.2013	5 Jahre	2 Monate	31.07.2019

2.1.2
- Zustimmung des Betriebsrates zur Kündigung einholen
- Mitarbeitergespräch führen
- Kündigung schreiben
- Resturlaub berechnen
- Schlüsselrückgabe organisieren
- Zeugnis erstellen
- Sozialversicherung abmelden
- Übergabe fortzuführender Aufgaben organisieren
- Kündigung übergeben
- Verabschiedung des Mitarbeiters

2.2 **Ursachen des Konflikts:**
- Herr Huber und Frau Sommer sind genervt und ungeduldig.
- Unterstellungen – Herr Huber hat das Gefühl, dass seine Anliegen ignoriert werden.
- Frau Sommer lässt Herrn Huber nicht ausreden.
- Herr Huber macht Frau Sommer Vorwürfe.
- Frustration – Herr Huber erhält Druck von den betroffenen Mitarbeitern und kann ihnen keine Lösungsalternative anbieten.
- Herr Huber und Frau Sommer verfügen über unterschiedliche Informationen. Herr Michel hat die Informationen nicht an Herrn Huber weitergegeben.

Gesprächsregeln:
- Zeigen Sie Interesse an Ihrem Gesprächspartner.
- Hören Sie aktiv zu.
- Lassen Sie Ihren Gesprächspartner ausreden.
- Verhalten Sie sich Ihrem Gesprächspartner gegenüber wertschätzend und respektvoll.
- Fragen Sie nach, wenn Sie etwas nicht verstanden haben.
- keine Unterstellungen
- Informieren Sie Ihren Gesprächspartner deutlich über Ihre Anliegen.
- etc.

Aufgabe 3

3.1.1

Fertigungsmaterial	235,00 EUR	
+ Materialgemeinkosten	109,28 EUR	46,50 %
= Materialkosten	344,28 EUR	
Fertigungslöhne	310,00 EUR	
+ Fertigungsgemeinkosten	201,50 EUR	65,00 %
= Fertigungskosten	511,50 EUR	
= Herstellkosten	855,78 EUR	
+ Verwaltungsgemeinkosten	136,92 EUR	16,00 %
+ Vertriebsgemeinkosten	64,18 EUR	7,50 %
= Selbstkosten	1.056,88 EUR	
+ Gewinnzuschlag	211,38 EUR	20,00 %
= Barverkaufspreis	1.268,26 EUR	
+ Kundenskonto	0,00 EUR	0,00 %
= Zielverkaufspreis	1.268,26 EUR	
+ Kundenrabatt	223,81 EUR	15,00 %
= Listenverkaufspreis	1.492,18 EUR	

3.1.2 Der Listenverkaufspreis von 1.492,07 EUR (1.400,00 EUR) liegt deutlich über den Preisen der Mitbewerber.

Betrachtet man die Qualität, Funktionalität und das Design des Schreibtisches „Elegance", konkurrieren wir nur mit der König & Klever GmbH. Bei der Nachhaltigkeit sind wir deutlich besser als unsere vier Konkurrenten. Marktforschungsergebnisse weisen auf eine höhere Zahlungsbereitschaft für nachhaltige Möbel hin. Ein Angebotspreis über dem der König & Klever GmbH ist daher gerechtfertigt.

Da in der Kalkulation noch ein Kundenrabatt von 223,81 EUR enthalten ist, können wir der Schwarz GmbH einen Preis von 1.268,26 EUR anbieten, ohne dass wir auf unseren Gewinn verzichten müssen. Damit liegt unser Preis knapp 70,00 EUR über dem Preis der König & Klever GmbH.

Mein Vorschlag für den Listenverkaufspreis liegt daher bei einer Spanne von 1.200,00 EUR bis 1.268,26 EUR.

3.2 **Prozessorientierte Darstellung:**

Projektstrukturplan Messeauftritt

1. Planung	2. Durchführung	3. Nachbereitung
1.1 Personaleinsatzplan erstellen	2.1 Standaufbau/-abbau durchführen	3.1 Messeprotokolle auswerten
1.2 Übernachtungen buchen	2.2 Messestand dekorieren	3.2 Pressebericht anfertigen
1.3 Infoschreiben/ Einladung an Kunden verschicken	2.3 Verkaufsgespräche führen	3.3 Kostenanalyse Messeauftritt auswerten

Hinweis: alternative Darstellung nach Objekten oder Funktionen möglich

Weitere Aufgaben:
- Messestand buchen
- Aufbau Messestand organisieren
- Angebote für Übernachtungsmöglichkeiten einholen
- Stammkunden/Lieferanten auf Messe besuchen
- An- und Abreise organisieren
- Messestand auf Schäden untersuchen
- Mitarbeiter über Verlauf informieren
- neue Kunden in Datenbank einpflegen
- etc.

6 Prüfungsaufgaben Kundenbeziehungsprozesse Winter 2019/2020

Aufgabe 1

1.1 Durch den Blumenfachhandel generieren wir 2018 über 50 % unseres Umsatzes. In dieser Branche weisen die Ergebnisse der Marktforschung einen Umsatzrückgang um 23 % aus. Dies könnte zu starken Umsatzrückgängen in unserem Unternehmen geführt haben. Unser Umsatz im Einzelhandel beträgt 44 %. In dieser Branche beträgt das Marktwachstum jedoch nur 1,5 %. In den Wachstumsbranchen Eventagenturen und Tankstellen generieren wir keine Umsätze.

Zielgruppe: Tankstellen und Eventagenturen; bei Eventagenturen und Tankstellen sind die Wachstumsraten mit 17 % bzw. 10 % sehr hoch. Beide Branchen müssen wir für uns gewinnen.

Streugebiet: Großraum Stuttgart; in Stuttgart gibt es 85 Tankstellen und 41 Eventagenturen. In diesem Gebiet sollten wir Kunden gewinnen.

Hinweis: Aufgrund des starken Marktwachstums sind nur diese beiden Branchen zu nennen.

Streuzeit: Ende März bis Anfang Mai sowie Oktober bis Anfang Dezember. In diesen Zeiträumen vergeben die Eventagenturen ihre Aufträge für Blumendekorationen für den umsatzstärksten Monat Mai und die umsatzstarken Monate November und Dezember.

Dieser Zeitraum deckt sich mit den Umsatzspitzen bei den Tankstellen in der Vorweihnachtszeit (November–Dezember), an Ostern (April) und am Muttertag (Mai). Der zu erwartende Umsatz ist in der Advents- und Weihnachtszeit mit 160 Mio. EUR am höchsten. Weiter folgen die Umsatzspitzen am Muttertag mit 120 Mio. EUR und Ostern mit ca. 80 Mio. EUR.

Die Tankstellen sollten auch im Januar bis zum Valentinstag im Februar beworben werden, da der Valentinstag mit 80 Mio. EUR Umsatz ein weiterer umsatzstarker Zeitpunkt für Blumen und Gestecke ist.

1.2

BAB			Kostenstellen	
Kostenart	**Handlungskosten**	**Verteilungsschlüssel**	**Schnittblumen**	**Fertiggestecke**
Gehälter	15.518,75 EUR	2 : 1		5.172,92 EUR
Aufw. f. Energie	1.571,41 EUR	Verbrauch		628,50 EUR
sonstige Kosten	7.447,12 EUR	2 : 1		2.482,37 EUR
Raumkosten	1.248,67 EUR	m^2		499,47 EUR
Summe Handlungskosten	25.785,95 EUR			8.783,26 EUR
Einzelkosten	34.844,30 EUR			11.498,62 EUR
Handlungskostenzuschlagsatz				76,39 %

Vorwärtskalkulation	Euro	Alternative	Euro
Listeneinkaufspreis	9,00		9,00
– Liefererskonto 2 %	0,18		0,18
Zieleinkaufspreis/Bareinkaufspreis	8,82		8,82
+ Bezugskosten 25,00 EUR	0,13		0,13
Bezugspreis/Einstandspreis	8,95		8,95
+ Handlungskosten 76,39 %	6,84	HKZ: 80 %	7,16
Selbstkostenpreis	15,79		16,11
+ Gewinnzuschlag 5 %	0,79		0,81
Barverkaufspreis	16,58		16,92
+ Kundenskonto 3 %	0,51		0,52
Zielverkaufspreis	17,09		17,44
+ Kundenrabatt 5 %	0,90		0,92
Listenverkaufspreis (netto)	17,99		18,36

1.3 **Anlage 4:**

6080	Aufw. für Handelsw.	1.800,00	an	4400	Verb. a. LL.	1.952,75
6081	Bezugskosten	25,00				
2600	Vorsteuer	127,75				

Anlage 5:

6050	Aufw. für Energie u. Treibstoffe	58,82	an	2820	Kasse	70,00
2600	Vorsteuer	11,18				

Anlage 6:

6800	Büromaterial	91,98	an	2820	Kasse	109,46
2600	Vorsteuer	17,48				

Anlage 7:

4400	Verb. a. LL.	1.952,75	an	2800	Bank	1.913,70
				6083	Skonto HW	36,50
				2600	Vorsteuer	2,55

1.4 Umsatzsteuer: 5.062,55 EUR – 259,53 EUR = 4.803,02 EUR
– Vorsteuer 3.912,39 EUR – 23,45 EUR = 3.888,94 EUR
= Zahllast 914,08 EUR

4800	Umsatzsteuer	3.888,94	an	2600	Vorsteuer	3.888,94
4800	Umsatzsteuer	914,08	an	2800	Bank	914,08

Die Zahlung der Umsatzsteuer ist eine Liquiditätsbelastung, da ein Mittelabfluss vorliegt.

Die Zahlung der Umsatzsteuer ist ergebnisneutral, da sie keine Auswirkung auf den Gewinn hat.

Aufgabe 2

2.1

Finanzplan der DrinKing GmbH			
	Januar	**Februar**	**März**
Zahlungsmittelbestand am 1. des Monats	28.000,00 EUR	24.200,00 EUR	56.201,00 EUR
Einzahlungen aus			
Umsatzerlösen	500.000,00 EUR	525.000,00 EUR	551.250,00 EUR
sonstige Einzahlungen		12.000,00 EUR	
Summe	500.000,00 EUR	537.000,00 EUR	551.250,00 EUR
Auszahlungen für			
Schutzverpackungen	– EUR	3.999,00 EUR	– EUR
Investitionen	57.200,00 EUR	4.000,00 EUR	2.000,00 EUR
Materialeinkauf	230.000,00 EUR	260.000,00 EUR	330.000,00 EUR
Miete/Nebenkosten	6.000,00 EUR	6.000,00 EUR	6.000,00 EUR
Werbung	18.000,00 EUR	20.000,00 EUR	22.000,00 EUR
Patent für Bio-Limonade	– EUR	3.500,00 EUR	– EUR
BIO-Zertifizierung	– EUR	– EUR	450,00 EUR
Kfz-Betriebskosten	8.000,00 EUR	3.000,00 EUR	3.000,00 EUR
Energie	2.500,00 EUR	2.500,00 EUR	2.500,00 EUR
Personal inkl. Nebenkosten	180.000,00 EUR	202.000,00 EUR	212.000,00 EUR
sonstige Auszahlungen	2.100,00 EUR	– EUR	35.000,00 EUR
Summe	**503.800,00 EUR**	**504.999,00 EUR**	**612.950,00 EUR**
Überschuss/Fehlbetrag	**24.200,00 EUR**	**56.201,00 EUR**	**–5.499,00 EUR**

Annuitätendarlehen								Leasing	
Jahr	Darlehensbetrag am Jahresanfang	Zinsen	Tilgung	Liquiditätsbelastung/ Annuität	Abschreibung	Gesamtaufwand	Restschuld am Jahresende	Liquiditätsbelastung	Aufwand
1	120.000,00	3.360,00	28.768,99	32.128,99	12.000,00	15.360,00	91.231,01	32.880,00	32.880,00
2	91.231,00	2.554,47	29.574,52	32.128,99	12.000,00	14.554,47	61.656,49	32.880,00	32.880,00
3	61.656,49	1.726,38	30.402,61	32.128,99	12.000,00	13.726,38	31.253,88	32.880,00	32.880,00
4	31.253,88	875,11	31.253,88	32.128,99	12.000,00	12.875,11	0,00	32.880,00	32.880,00
Summe		8.515,96	120.000,00	128.515,96	48.000,00	56.515,96		131.520,00	131.520,00

Das Ergebnis der Finanzplanung zeigt, dass unsere liquiden Mittel nicht ausreichen, um Ende März die Abfüllanlage aus eigenen Mitteln zu kaufen, da das Unternehmen einen Fehlbetrag von 5.499,00 EUR aufweist.

Die Abfüllanlage sollte geleast werden, denn die Leasingraten stellen eine um 75.004,04 EUR höhere Aufwandsbelastung als die Kreditfinanzierung dar und mindern damit den zu versteuernden Gewinn. Zwar hat die Kreditfinanzierung eine niedrigere Liquiditätsbelastung, da diese jedoch lediglich 3.004,04 EUR beträgt, ist sie für die Entscheidung unwesentlich.

Darüber hinaus sind bei Annahme des Leasingvertrags die Wartungs- und Serviceleistungen bereits einkalkuliert. Dadurch werden keine unvorhergesehenen Kosten auf uns zukommen.

Die geleaste Abfüllanlage kann nach der Grundmietzeit zurückgegeben werden und durch eine neue Anlage mit Anpassung an den neuesten Stand der Technik ersetzt werden.

Die Kreditwürdigkeit für weitere Investitionen bleibt erhalten

2.2.1
- Durch die Nacht- und Sonderzuschläge erhalten die Arbeitnehmer/-innen einen höheren Lohn.
- Der Arbeitsplatz ist langfristig gesichert, weil mit der Schichtarbeit eine hohe Auslastung in der Produktion besteht und dadurch die Kosten sinken.
- Die wechselnden Arbeitszeiten durch Früh-, Spät- und Nachtschichten ermöglichen es beispielsweise, Termine auch vormittags bzw. am frühen Nachmittag wahrzunehmen.

2.2.2 **Berechnung Fluktuationsquote 2018:**

$$\frac{14 \cdot 100}{311} = 4{,}5\ \%$$

Berechnung Fehlzeitenquote 2018:

Sollstunden Mitarbeiterinnen und Mitarbeiter insgesamt:
2.200 · 311 = 684.200 Stunden

Fehlstunden Mitarbeiterinnen und Mitarbeiter insgesamt:
38.100 + 108 = 38.208 Stunden

Fehlzeitenquote 2018:

$$\frac{38.208 \cdot 100}{684.200} = 5{,}6\ \%$$

Es zeigt sich, dass sowohl die Fluktuationsquote mit 4,5 % als auch die Fehlzeitenquote mit 5,6 % nahe an den Branchenwerten von 4,2 % bzw. 5,7 % vor Einführung der Schichtarbeit liegen.

Es kann davon ausgegangen werden, dass beide Kennzahlen nach Einführung der Schichtarbeit sich entsprechend des Branchendurchschnitts um ca. 3 Prozentpunkte erhöhen.

- Lohnanreize, z. B. Bonusprogramme
- Sachleistungen, z. B. ein kostenloses Essen und Getränke in der Kantine, Tankgutscheine, private Paketannahme- und -absendemöglichkeiten, kostenloses Fitnessstudio, 24-Stunden-Kinderbetreuung
- Angebote zur Gesundheitserhaltung
- trotz Schichtarbeit möglichst große Flexibilität, z. B. Schichttausch, Berücksichtigung von Mitarbeiterwünschen

Aufgabe 3

3.1 Ergebnistabelle: siehe **Anlage 1**.

Im vergangenen Quartal wurde ein geringer Unternehmensgewinn von 21.000,00 EUR erwirtschaftet. Der neutrale Gewinn beträgt allerdings 222.000,00 EUR. Dadurch verschlechtert sich das Betriebsergebnis und es wird ein Verlust in Höhe von 201.000,00 EUR erwirtschaftet.

Die Gründe für die Abweichung des Betriebsergebnisses vom Unternehmensergebnis sind vor allem die höheren Kosten bei der kalkulatorischen Abschreibung in Höhe von 250.000,00 EUR und die Berücksichtigung des kalkulatorischen Unternehmerlohnes in Höhe von 54.000,00 EUR sowie die Erträge aus der Vermietung der Lagerhallen in Höhe von 120.000,00 EUR, die nicht zum Kerngeschäft des Fahrradherstellers zählen.

Das Betriebsergebnis der Kosten- und Leistungsrechnung ist im Vergleich zum Unternehmensergebnis um 180.000,00 EUR schlechter. Ein Verlust beim Betriebsergebnis sollte immer vermieden werden, da dies die wirtschaftliche Leistung des Unternehmens abbildet.

3.2.1
- Eine Möglichkeit wäre, einen Verleihservice anzubieten. So könnten Kunden für Besucher und Freunde ein entsprechendes Rad für eine Tour leihen.
- Ersatzgerät bei Reparatur: Wenn man sein Fahrrad zur Durchsicht oder Reparatur bringt, bekommt man ein Leihfahrrad, um seinen gewohnten Rhythmus beibehalten zu können.
- Sinnvoll wäre auch das Angebot einer kostenlosen SMS nach Fertigstellung der Reparatur, sodass der Kunde nicht nachfragen muss.

Weitere Möglichkeiten

- Hol- und Bring-Service
- Zu-Hause-Reparatur-Service
- 24-Stunden-Service
- Reparatur innerhalb einer Stunde

- Finanzierungsservice (Leasing, Ratenzahlung)
- Lieferservice
- Versicherung
- Service-Hotline

3.2.2 EPK: siehe **Anlage 2**.

3.3 **Freie Kapazität:**

Aktuelle Produktion: 60 % = 540 Stück

Kapazitätsgrenze: 100 % = 900 Stück, die freie Kapazität beträgt 360 Stück.

Die Anfrage nach 150 Stück kann aus Sicht der Produktion angenommen werden, da die Kapazitätsgrenze noch nicht erreicht ist. Mit Annahme des Auftrages beträgt die Auslastung 76,7 %.

Listenverkaufspreis	1.600,00 EUR/Stück
– 30 %-Rabatt	480,00 EUR/Stück
= Umsatzerlöse	1.120,00 EUR/Stück

Zusatzauftrag	
Umsatzerlöse $UE_{ges.}$	150 Stück · 1.120,00 EUR = 168.000,00 EUR
– variable Kosten $K_{var.}$	150 Stück · 870,00 EUR = 130.500,00 EUR
= Deckungsbeitrag $DB_{ges.}$	37.500,00 EUR

Freie Kapazitäten werden genutzt. Der Zusatzauftrag weist einen positiven Deckungsbeitrag von 37.500,00 EUR aus. Dieser verbessert das Betriebsergebnis um 37.500,00 EUR und trägt in dieser Höhe zur Deckung der Fixkosten bei.

Begründung: Die Annahme des Zusatzauftrages ist sinnvoll, da es sich bei dem Kunden um einen Stammkunden handelt. Wenn wir den Zusatzauftrag annehmen, sind ggf. Folgeaufträge zu erwarten. Es werden Marktanteile gehalten und Mengenrabatte im Einkauf können genutzt werden. Falls eine bessere Absatzlage erwartet wird, müssen die Fixkosten nicht abgebaut werden.

Risiken:
- Der Kunde verlangt dauerhaft diesen niedrigen Preis. Weitere Händler fordern diesen hohen Rabatt.
- Nur bei Annahme des Zusatzauftrages bei freien Kapazitäten ist die kurzfristige Preisuntergrenze, bestimmt durch die variablen Kosten, als Preisgrenze heranzuziehen. Langfristig müssen die gesamten fixen Kosten gedeckt sein, um keine Verluste zu machen.

Anlage 1

Ergebnistabelle des 3. Quartals 2019 – Avantis Radwelt KG (in Tausend Euro)									
Finanzbuchhaltung (= Regelkreis I)				Kosten- und Leistungsrechnung (= Regelkreis II)					
Geschäftsbuchführung				Abgrenzungsrechnung				Kosten- und Leistungsrechnung	
				unternehmensbezogene Abgrenzungen		kostenrechnerische Korrekturen			
Konto-Nr.	Konto	Aufwendungen	Erträge	neutrale Aufwendungen	neutrale Erträge	betriebliche Aufwendungen	verrechnete Kosten	Kosten	Leistungen
500	Umsatzerlöse für Erzeugnisse		2.950						2.950
540	Erträge aus Vermietung		120		120				
600	Aufwendungen f. Rohstoffe u. Fremdbauteile	983						983	
620/630	Löhne/Gehälter	1.463						1.463	
640	Soziale Abgaben	293						293	
650	Abschreibungen auf Sachanlagen	197				197	250	250	
680	Büromaterial	23						23	
687	Werbung	82						82	
770	Gewerbesteuer	8		5				3	
	Kalkulatorischer Unternehmerlohn						54	54	
	Summen	3.049	3.070	5	120	197	304	3.151	2.950
	Gewinn/Verlust	21		115		107			201
	Summen	3.070	3.070	120	120	304	304	3.151	3.151

Unternehmensergebnis	**Neutrales Ergebnis**	**Betriebsergebnis**
Gewinn 21	115 + 107 = 222	Verlust 201

Anlage 2

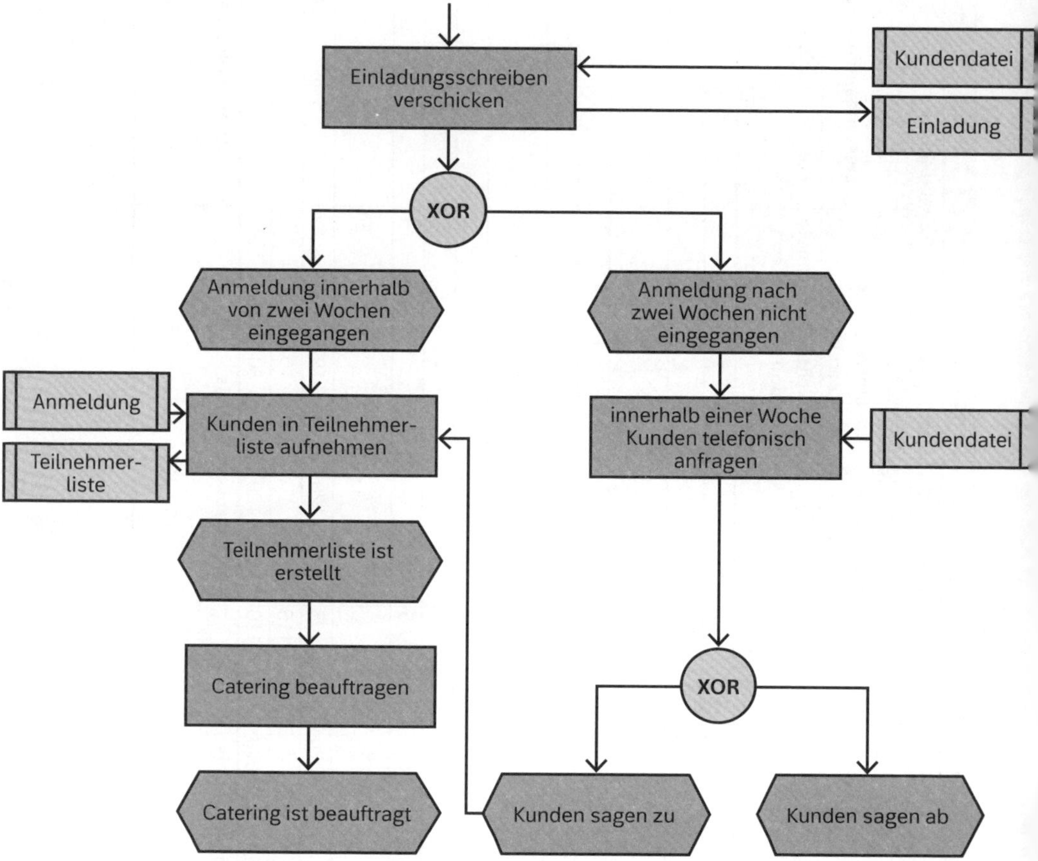

7 Prüfungsaufgaben Kundenbeziehungsprozesse Sommer 2020

Aufgabe 1

1.1 Der Pro-Kopf-Konsum von isotonischen Getränken ist in den Jahren 2014 bis 2019 von 20 auf 35 Liter pro Jahr stark gestiegen. Der Trend zu einem gesundheitsbewussteren Konsumverhalten unterstützt die Nachfrage nach isotonischen Getränken.

→ Entscheidung: Um an dem Marktwachstum teilzuhaben ist zu empfehlen, isotonische Erfrischungsgetränke in das Produktprogramm aufzunehmen.

1.2.1 Z. B.:
- Wie alt sind Sie?
- Sind Sie Sportler/-in?
- Trinken Sie regelmäßig (mind. einmal pro Woche) isotonische Getränke?
- Wie viel Geld würden Sie höchstens für ein isotonisches Erfrischungsgetränk ausgeben?
- Welche Verpackung würden Sie für ein isotonisches Getränk bevorzugen?
- Welche Geschmacksrichtung würden Sie bevorzugen?

1.2.2 **Spot in einem lokalen Radiosender**
- Primär werden Menschen aus der Region von einem lokalen Radiosender angesprochen.
- Aufgrund der kleineren Größe des Senders halten sich die Kosten für den Spot in Grenzen.

Regionales Event-Marketing

z. B. kostenlose Ausgabe von Erfrischungsgetränken bei Sportevents
- Bei Sportevents erreicht man die passende Zielgruppe.
- Die Umsetzung der Maßnahme ist einfach und kostengünstig.

Hinweis: Die Liquiditätslage des Unternehmens hat sich verschlechtert, daher ist ein kostengünstigeres Instrument der Kommunikationspolitik zu wählen. Überregionale Fernseh-, Radio- und Zeitschriftenwerbung etc. sind nicht möglich, da das Unternehmen seine Produkte regional anbietet.

1.3.1

Finanzplan in Euro			
	2020	**2021**	**2022**
Zahlungsmittelbestand Anfang der Periode	80.000,00	120.000,00	159.380,00
Einzahlungen			
Umsätze und Zahlungseingänge	290.000,00	319.000,00	382.800,00
Miete Lagerhalle	84.000,00	84.000,00	84.000,00
Erlös Fuhrpark			8.000,00
Summe Einzahlungen	374.000,00	403.000,00	474.800,00
Auszahlungen			
Roh-, Hilfs- und Betriebsstoffe	103.000,00	107.120,00	111.404,80
Gehaltszahlungen	210.000,00	210.000,00	210.000,00
Reparaturen	12.000,00	12.000,00	
Werbemaßnahmen	9.000,00	3.000,00	1.000,00
auszuzahlender Gewinn		31.500,00	33.075,00
Summe Auszahlungen	334.000,00	363.620,00	355.479,80
Überschuss/Defizit laufende Periode	40.000,00	39.380,00	119.320,20
Zahlungsmittelbestand Ende der Periode	120.000,00	159.380,00	278.700,20

Im Jahr 2020 wird ein Überschuss von 40.000,00 EUR erwirtschaftet. Da 80.000,00 EUR als Zahlungsmittelstand im Unternehmen verbleiben müssen, stehen (120.000,00 EUR–80.000,00 EUR) 40.000,00 EUR zur Finanzierung der Produktionsanlage zur Verfügung. (Damit sind Ende 2020 nicht genügend Mittel für die Anschaffung der Anlage vorhanden.)

Die finanzielle Entwicklung und damit die Liquiditätslage ist jedoch positiv:
Ende des Jahres 2021 wird ein Überschuss in Höhe von 39.380,00 EUR erwirtschaftet. → Es stehen damit 159.380,00 EUR liquide Mittel zur Verfügung.
Ende des Jahres 2022 wird ein Überschuss in Höhe von 119.320,20 EUR erwirtschaftet.

1.3.2 **Alternative 1:** (Fälligkeitsdarlehen, in Euro)

Jahr	Darlehen Jahresanfang	Zinsen	Tilgung	Geldmittelabfluss
2021	90.000,00	7.200,00	0,00	7.200,00
2022	90.000,00	7.200,00	0,00	7.200,00
2023	90.000,00	7.200,00	90.000,00	97.200,00
Summe		21.600,00	90.000,00	111.600,00

Alternative 2: (Ratendarlehen, in Euro)

Jahr	Darlehen Jahresanfang	Zinsen	Tilgung	Geldmittelabfluss
2021	90.000,00	4.950,00	30.000,00	34.950,00
2022	60.000,00	3.300,00	30.000,00	33.300,00
2023	30.000,00	1.650,00	30.000,00	31.650,00
Summe		9.900,00	90.000,00	99.900,00

Das Ratentilgungsdarlehen ist hinsichtlich der Zinsbelastung und der Liquidität günstiger als das Fälligkeitsdarlehen. Die Liquiditätslage des Unternehmens ist schlecht. Erst ab dem Jahr 2022 wird eine erhebliche finanzielle Verbesserung erwartet. Das Fälligkeitsdarlehen hat den Vorteil, dass in den ersten Jahren die Liquiditätsbelastung gering ist, da nur Zinsen und keine Tilgung anfallen. Dieser Vorteil des Fälligkeitsdarlehens muss allerdings durch den Nachteil einer Zinsmehrbelastung von 11.700,00 EUR erkauft werden. Da wir voraussichtlich genügend finanzielle Mittel im Jahr 2023 zur Verfügung haben, können wir das Gesamtdarlehen Ende des Jahres 2023 sehr gut tilgen. Für das Unternehmen ist es daher ratsamer, das Fälligkeitsdarlehen zu wählen.

Aufgabe 2

2.1 k_v = 1.200.000,00 EUR/10.000 Stück
k_v = 120,00 EUR

$k_v \cdot x + K_f = p \cdot x$
120,00 EUR · x + 560.000,00 EUR = 200,00 EUR · x
560.000,00 EUR = 80,00 EUR · x
7.000 Stück = x (Break-even-point)

Ab einer Stückzahl von 7.001 wird Gewinn erwirtschaftet.

2.2 Kapazitätsgrenze liegt bei 10.000 Stück, die aktuelle Auslastung liegt bei 7.500 Stück.
→ Die Kapazität reicht aus, um die 2.000 Stück des Zusatzauftrages zu produzieren.

Umsatz/Stückzahl = Preis pro Stück
240.000,00 EUR/2.000 Stück = 120,00 EUR/Stück

$p - k_v = db$
120,00 EUR – 120,00 EUR = 0 (kurzfristige Preisuntergrenze)

Der Deckungsbeitrag pro Stück liegt bei dem Zusatzauftrag bei 0. Die Annahme des Zusatzauftrages verbessert unser Betriebsergebnis nicht, da nur die variablen Kosten gedeckt sind.

Der Auftrag sollte trotzdem aus folgenden Gründen angenommen werden:
- Sicherung von Marktanteilen, v. a. im Hinblick auf die Konkurrenz aus China
- Neukundengewinnung und Kundenbindung
- Verhinderung von Maschinenstillstand
- Auslastung der Personalkapazität

Alternativ:
Der Auftrag sollte aus folgenden Gründen abgelehnt werden:
- *keine Deckung der fixen Kosten*
- *keine Kapazitäten mehr für weitere Aufträge zu besseren Konditionen*
- *Kunde wünscht zukünftig immer bevorzugte Konditionen*
- *andere Geschäftspartner fordern diese bevorzugten Konditionen ebenfalls*

2.3.1 Rechnungsbetrag – 2 % Skonto = Soll-Überweisungsbetrag
59.500,00 EUR – 1.190,00 EUR = 58.310,00 EUR

Soll-Überweisungsbetrag – Ist-Überweisungsbetrag = Differenzbetrag
58.310,00 EUR – 50.215,22 EUR = 8.094,78 EUR

Elektrofachhandel Götz OHG hat 8.094,78 EUR zu wenig überwiesen.

Weiteres Vorgehen gegenüber dem Kunden:
Elektrofachhandel Götz OHG ist zwar ein Stammkunde, aber der Überweisungsbetrag ist deutlich zu niedrig, sodass nicht aus Kulanzgründen auf den Differenzbetrag in Höhe von 8.094,78 EUR verzichtet werden kann. Die DIGITAL OHG sollte Kontakt mit dem Kunden aufnehmen, ihn freundlich auf den offenen Betrag hinweisen und bitten, den Differenzbetrag zu überweisen.

2.3.2 **Posten 1:**

4800	Umsatzsteuer	4.200,00	an	2800	Bank	4.200,00

Posten 2:

6050	Aufw. für Energie	800,00	an	2800	Bank	952,00
2600	Vorsteuer	152,00				

Posten 4:

4200	Darlehen	5.200,00	an	2800	Bank	6.000,00
7510	Zinsaufwendungen	800,00				

Aufgabe 3

3.1 **Vorstellungsgespräch**

In einem persönlichen Gespräch soll Entscheidungssicherheit erlangt werden, welcher Bewerber zur Stelle und zum Unternehmen passt. Das Unternehmen kann den Kandidaten

- persönlich kennenlernen,
- sein Interesse und seine Wünsche genauer erfahren und
- seine fachlichen Qualifikationen sowie die
- persönliche Eignung prüfen.
- Der Bewerber informiert sich über seinen zukünftigen Arbeitsplatz und das soziale Umfeld.

Kombination des Vorstellungsgesprächs bei der Führungsstelle „Vertrieb Deutschland“ mit:

Assessment-Center

In diesem ein- oder mehrtätigen Verfahren stehen nicht die fachlichen Qualifikationen im Vordergrund, sondern es geht um die Persönlichkeitsmerkmale der Bewerber. Sie werden bei verschiedensten Arbeits- und Verhaltensaufgaben beobachtet und bewertet. Die gestellten Aufgaben müssen von den Bewerbern in Gruppen- und Einzelarbeit gelöst werden (z. B. Rollenspiele, Präsentation und Vortrag). Die Anforderungen Teamfähigkeit, Analysefähigkeit, Führungsverhalten und Stressresistenz können durch ein Assessment-Center überprüft werden, um dadurch die geeignete Führungskraft zu ermitteln.

Kombination des Vorstellungsgesprächs bei der Fachkraft für Lagerlogistik mit:

„Probearbeiten“

Im Anschluss an das Vorstellungsgespräch wird der Favorit zum „Probearbeiten“ eingeladen. Dabei kann der Bewerber seine Kenntnisse und Fähigkeiten unter Beweis stellen. Neben der Fachkompetenz kann zudem die Sozialkompetenz im Arbeitsumfeld, z. B. der Umgang mit Mitarbeitern/Lieferanten überprüft und somit die Entscheidung des Vorstellungsgesprächs bestätigt oder nicht bestätigt werden.

Weitere geeignete Kombinationen für beide Stellen sind:

- Telefon- und/oder Videointerview
- Eignungstests
- Gruppendiskussion

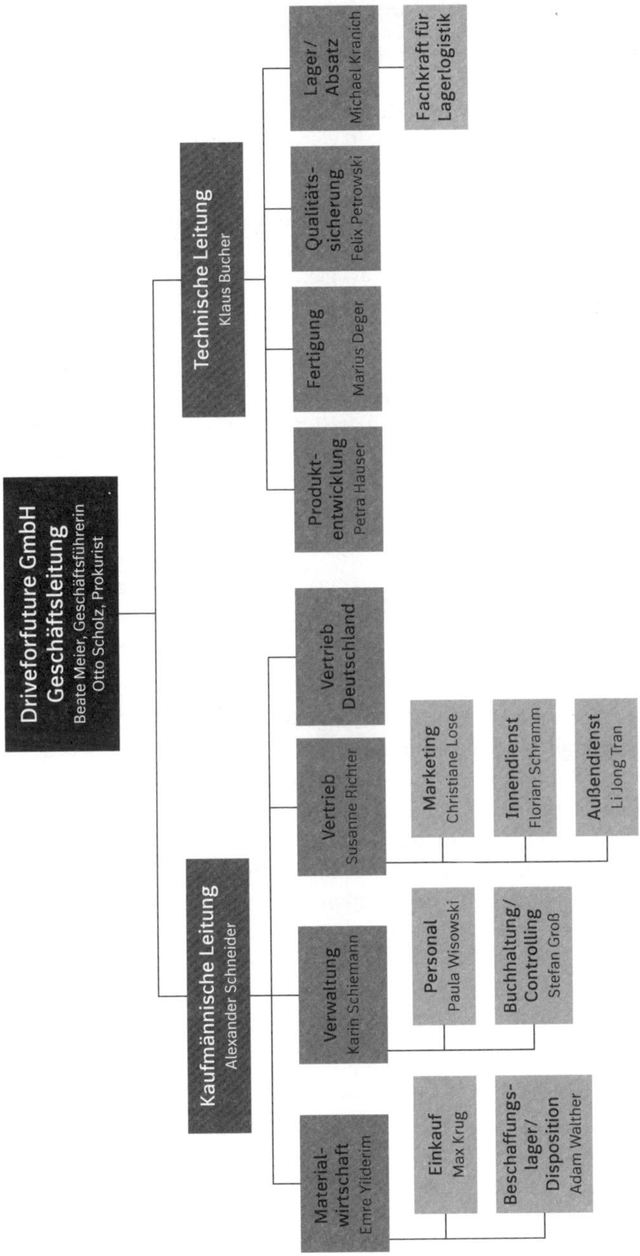
Driveforfuture GmbH
Geschäftsleitung
Beate Meier, Geschäftsführerin
Otto Scholz, Prokurist
Technische Leitung
Klaus Bucher
Kaufmännische Leitung
Alexander Schneider
Produkt-entwicklung
Petra Hauser
Fertigung
Marius Deger
Qualitäts-sicherung
Felix Petrowski
Lager/Absatz
Michael Kranich
Fachkraft für Lagerlogistik
Vertrieb Deutschland
Vertrieb
Susanne Richter
Marketing
Christiane Lose
Innendienst
Florian Schramm
Außendienst
Li Jong Tran
Verwaltung
Karin Schiemann
Personal
Paula Wisowski
Buchhaltung/Controlling
Stefan Groß
Material-wirtschaft
Emre Yilderim
Einkauf
Max Krug
Beschaffungs-lager/Disposition
Adam Walther

3.2

Korrektur	Erläuterung
zu wenig Urlaub	Gemäß § 3 Abs. 1 BUrlG beträgt der Urlaub jährlich mindestens 24 Werktage/20 Arbeitstage.
Probezeit zu lang	Nach § 622 Abs. 3 BGB kann die Probezeit maximal für die Dauer von sechs Monaten vereinbart werden. Eine Verlängerung dieser Dauer ist nicht möglich.
Kündigungsfrist	Alternative 1: Das Vertragsverhältnis kann vom Arbeitnehmer laut § 622 Abs. 1 BGB innerhalb einer Frist von vier Wochen zum Fünfzehnten oder zum Ende des Kalendermonats gekündigt werden. Sechs Monate ist eine zu lange Kündigungsfrist. Alternative 2: Laut § 622 Abs. 6 BGB darf für die Kündigung des Arbeitsverhältnisses durch den Arbeitnehmer keine längere Frist vereinbart werden als für die Kündigung durch den Arbeitgeber. Wurde die Kündigungsfrist von sechs Monaten im Arbeitsvertrag einzelvertraglich vereinbart, so muss für den Arbeitgeber eine mindestens genauso lange Frist gelten.

3.3.1 **Ursachen:**

Das Unternehmen ist nach dem Einliniensystem organisiert. Dieses Leitungssystem weist jeder Stelle einen Vorgesetzten zu. Informationen werden nur an die übergeordnete Stelle weitergegeben und die Vorgesetzten sind nur Mitarbeitern ihrer Abteilung weisungsbefugt.

Es gibt keine Informationswege auf der gleichen Hierarchieebene. Dies hat zur Folge, dass die Informationswege sehr lang sind und es zwischen den einzelnen Mitarbeitern der verschiedenen Abteilungen keinen Austausch gibt. Informationen, die ein Außendienstmitarbeiter an die Abteilung Einkauf geben möchte, müssen über den Vorgesetzten Herrn Tran an die Vertriebsleiterin gegeben werden. Diese leitet die Informationen über die kaufmännische Leitung an die Materialwirtschaftsleitung weiter. Von hier gehen die Informationen weiter an die Abteilung Einkauf. Für die Angebotsabgabe muss die Abteilung Einkauf den Preis über den gleichen Melde- und Befehlsweg zurück an den Außendienst weiterleiten.

Lösung:

Der Informationsfluss zwischen den Mitarbeitern der einzelnen Abteilungen sollte verbessert werden. Zur Lösung des Problems könnte in regelmäßigen Abständen ein Austausch der zuständigen Mitarbeiter zwischen den Abteilungen erfolgen. Denkbar wären wöchentliche Sitzungen, sogenannte Jour-fixe zwischen Mitarbeitern der Abteilung Vertrieb und Materialwirtschaft. Die Bedürfnisse der Kunden nach Sonderwünschen können zeitnah angesprochen und umgesetzt werden.

Weitere Lösungsmöglichkeit:
unternehmensinterne Plattform

3.3.2 **Tätigkeiten zur Vorbereitung der internen Schulung:**

- Teilnehmerliste erstellen
- Referent festlegen/einladen
- evtl. Hotelzimmer buchen
- Ort der Veranstaltung festlegen, Raum reservieren
- Veranstaltungstechnik organisieren/überprüfen
- Bewirtung organisieren
- Veranstaltungsunterlagen erstellen und vervielfältigen

Verhaltensregeln für eine angemessene Gesprächsführung bei Beschwerden:

- Sachbearbeiter macht sich sofort mit dem Sachverhalt vertraut; fehlende Informationen werden unverzüglich beschafft
- mit gezielter Fragetechnik, z. B. offene Fragen, genauen sachlichen Hintergrund der Beschwerde erfahren
- durch aktives Zuhören Verständnis und Aufmerksamkeit zeigen; positive Gesprächsatmosphäre erzeugen
- Forderungen des Kunden auf Rechtmäßigkeit überprüfen
- Verständnis zeigen und entschuldigen
- gemeinsam mit dem Kunden eine realistische und für beide Seiten akzeptable Lösung finden
- auf verbindliche Zusagen und positive Formulierungen achten
- bei Regelungen auf Kulanzbasis die Interessen des Kunden und des Unternehmens gegeneinander abwägen
- ein sachlicher Gesprächston
- keine Äußerung von Vermutungen
- kein Vorbringen von Unterstellungen
- ein respektvoller Umgang
- Akzeptanz des Standpunktes der anderen Seite

8 Prüfungsaufgaben Kundenbeziehungsprozesse Winter 2020/2021

Aufgabe 1

1.1.1 *Hinweis zum Operator „berechnen/ermitteln“: Aufgabe anhand vorgegebener Daten und Sachverhalte mit bekannten Operationen lösen*

Aktueller Personalbestand

	aktueller Planstellenbestand	173
+	neue Planstellen	20
–	Stellenabbau	3
=	künftiger Personalstellenbedarf	190
	Personalbedarf brutto	17
+	Ruhestand/Einkauf	6
–	Rückkehr aus Elternzeit/Verwaltung	3
–	Übernahme Azubis	4
=	**Personalbedarf netto**	**16**

1.1.2 *Hinweis zum Operator „vorschlagen“: ein Ergebnis, einen Standpunkt oder eine Frage knapp, präzise und in eigenen Worten zum Ausdruck bringen*

Hinweis zum Operator „begründen“: für einen gegebenen Sachverhalt einen folgerichtigen Zusammenhang zwischen Ursache(n) und Wirkung(en) herstellen

Herr Rosenstern entspricht dem Anforderungsprofil. Er hat den geforderten Führerschein der Klasse CE sowie einen Führerschein der Klasse L. Er arbeitet selbstständig und zuverlässig, ist gut organisiert, sodass er in der Lage ist, die Fahrten mit dem Lkw zu planen. Zudem hat er genügend EDV-Kenntnisse und ist bereit sich fortzubilden.

Hinweis: Herr Aldur entspricht nicht dem geforderten Profil, da er nicht über den Führerschein der Klasse CE verfügt. Herr Baier verfügt zwar über den Führerschein der Klasse CE, arbeitet allerdings nur auf Anweisung und seine EDV-Kenntnisse sind nur mäßig.

1.2 *Hinweis zum Operator „beurteilen“: den Stellenwert von Sachverhalten und Prozessen in einem Zusammenhang bestimmen, um theorie- und kriterienorientiert zu einem begründeten Sachurteil zu gelangen.*

Hinweis zum Operator „begründen“: für einen gegebenen Sachverhalt einen folgerichtigen Zusammenhang zwischen Ursache(n) und Wirkung(en) herstellen.

Nach § 11 Abs. 5 Nr. 1, 2 MuSchG darf Frau Schaller ohne mechanische Hilfe keine Lasten von mehr als 5 kg tragen. Daher muss der Betrieb dafür sorgen, dass sie diese Tätigkeiten nicht mehr ausführen muss. Sollte für sie im Lager keine alternative Aufgabe mehr gefunden werden, muss sie in einem anderen Unternehmensbereich beschäftigt werden, sodass Gefährdungen für Mutter und Kind vermieden und ausgeschlossen werden (§ 13 Abs. 1 i. V. m. § 9 Abs. 2 MuSchG). Nach § 5 Abs. 1 MuSchG darf Frau Schaller erst ab 06:00 Uhr mit der Arbeit beginnen.

Nach § 3 Abs. 1 MuSchG beginnt für Frau Schaller sechs Wochen vor errechnetem Geburtstermin die Schutzfrist. Nach der Entbindung ist nach § 3 Abs. 2 Nr. 2 MuSchG eine Schutzfrist von zwölf Wochen bei Mehrlingsgeburten einzuhalten.

1.3.1 *Hinweis zum Operator „darstellen“: einen Sachverhalt durch Text bzw. grafische Mittel strukturiert wiedergeben, sodass Beziehungen bzw. Entwicklungen deutlich werden*

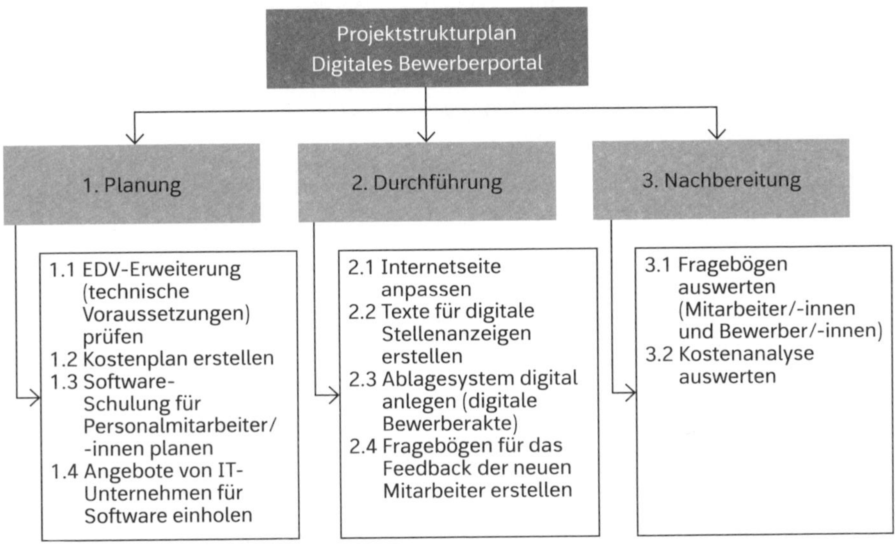

Hinweis: alternative Darstellung nach Objekt- oder Funktionenprinzip möglich

1.3.2 *Hinweis zum Operator „(zu)ordnen“: Inhalte auf Basis ihrer Gemeinsamkeiten in Gruppen ordnen und mit entsprechenden Oberbegriffen versehen*

Zurzeit befinden wir uns in der Phase der Projektplanung.

Hinweis zum Operator „charakterisieren“: spezifische Eigenheiten von Sachverhalten, Vorgängen, Personen etc. herausstellen

Nachfolgende Phasen sind:

- **Projektdurchführung und -steuerung:**
  In dieser Phase werden der Projektplan freigegeben, die geplanten Arbeitspakete durchgeführt sowie die Projektschritte kontrolliert und eventuelle Abweichungen analysiert. Die Geschäftsleitung wird regelmäßig über alle wichtigen Schritte informiert.

- **Projektabschluss:**
  Zum Prozessabschluss wird eine Abschlusssitzung (zeitnah) mit allen Beteiligten stattfinden. Dabei wird das zurückliegende Projekt bewertet und Handlungsempfehlungen für künftige Projekte entwickelt.

1.3.3 *Hinweis zum Operator „erläutern": einen Sachverhalt durch zusätzliche Informationen oder Beispiele einsichtig machen, veranschaulichen/verdeutlichen*

Der Umstieg auf ein digitales Bewerberportal ist sinnvoll, da sich dadurch der Zeitaufwand für das Personal bei der Sichtung der Bewerbungsunterlagen erheblich minimieren lässt. Durch das neue IT-System werden der Bewerberin/dem Bewerber direkt bei Eingabe fehlende Unterlagen und/oder Angaben angezeigt. Diese müssen nicht mehr vor Ort von unserem Personal überprüft werden.

Dadurch lassen sich Bewerber/-innen besser vergleichen, da die Daten entsprechend unserer Wünsche vorstrukturiert sind und analysiert werden können. Die Digitalisierung der Bewerberdaten ermöglicht einen ständigen Zugriff aller am Bewerberprozess Beteiligten.

Hinweis: Das Hervorheben des Umweltaspektes kann aufgrund der Aufgabenstellung nicht als Lösung akzeptiert werden.

1.4 *Hinweis zum Operator „nennen": zielgerichtet Informationen zusammentragen, ohne diese zu kommentieren*

Z. B.

- **Konzeption:**
  Ziele formulieren, Budget klären, Termin mit den Beteiligten absprechen, Programm und Inhalte festlegen, Raum frühzeitig reservieren
- **Raummanagement:**
  Bestuhlung und Sitzordnung klären, Rednerpult mit Mikro aufstellen, Ablagetische für Laptop und Material bereitstellen, Flipchart und Präsentationswand organisieren, Moderationsmaterial überprüfen
- **Technik:**
  Laptop und Beamer prüfen, Mikrofon testen, Fernbedienung für Beamer prüfen, Boxen für Sound aufstellen, Verlängerungskabel besorgen, WLAN überprüfen bzw. LAN-Verbindung prüfen

Aufgabe 2

2.1.1 *Hinweis zum Operator „ermitteln": Aufgabe anhand vorgegebener Daten und Sachverhalte mit bekannten Operationen lösen*

$$\text{Materialgemeinkosten-Zuschlagsatz} = \frac{\text{Materialgemeinkosten} \cdot 100}{\text{Fertigungsmaterial}} = \frac{120.000{,}00 \cdot 100}{450.000{,}00} = 26{,}7\ \%$$

$$\text{Fertigungsgemeinkosten-Zuschlagsatz} = \frac{\text{Fertigungsgemeinkosten} \cdot 100}{\text{Fertigungslöhne}} = \frac{318.920{,}00 \cdot 100}{280.000{,}00} = 113{,}9\ \%$$

Herstellkosten (in Euro):

	FM	450.000,00
+	MGK	120.000,00
+	FL	280.000,00
+	FGK	318.920,00
=	Herstellkosten	1.168.920,00

$$\text{Verwaltungsgemeinkosten-Zuschlagsatz} = \frac{\text{Verwaltungsgemeinkosten} \cdot 100}{\text{Herstellkosten}}$$

$$= \frac{87.669,00 \cdot 100}{1.168.920,00} = 7,5\ \%$$

$$\text{Vertriebsgemeinkosten-Zuschlagsatz} = \frac{\text{Vertriebsgemeinkosten} \cdot 100}{\text{Herstellkosten}}$$

$$= \frac{127.412,00 \cdot 100}{1.168.920,00} = 10,9\ \%$$

2.1.2 *Hinweis zum Operator „ermitteln“: Aufgabe anhand vorgegebener Daten und Sachverhalte mit bekannten Operationen lösen*

		Lösung ohne Vorgabe (in Euro)		**Lösung mit Vorgabe (in Euro)**	
	FM		980,00		980,00
+	MGK	26,7 %	261,66	25,4 %	248,92
+	FL		319,00		319,00
+	FGK	113,9 %	363,34	110,3 %	351,86
=	Herstellkosten		1.924,00		1.899,78
+	VwGK	7,5 %	144,30	7,1 %	134,88
+	VtGK	10,9 %	209,72	10,2 %	193,78
=	Selbstkosten		2.278,02		2.228,44
+	Gewinnzuschlag	20,0 %	455,60	20,0 %	445,69
=	Barverkaufspreis		2.733,62		2.674,13

2.2.1 *Hinweis zum Operator „ermitteln/berechnen“: Aufgabe anhand vorgegebener Daten und Sachverhalte mit bekannten Operationen lösen*

Hinweis zum Operator „beschreiben“: Sachverhalte in eigenen Worten strukturiert und fachsprachlich richtig wiedergeben

Gewinn bei Preisdifferenzierung in Frankreich			In Euro
	Selbstkosten		2.307,16
+	Gewinn		492,84
=	Barverkaufspreis		2.800,00
	Erwarteter Gesamtgewinn 2021	1.000 Stück · 492,84 EUR	**492.840,00**

Gewinn bei Preisdifferenzierung	Stück	Gewinn in Euro	Gesamt in Euro
USA	2.000	192,84	385.680,00
Norwegen	500	892,84	446.420,00
Deutschland	1.500	692,84	1.039.260,00
Frankreich	1.000	492,84	492.840,00
Erwarteter Gesamtgewinn 2021	**5.000**		**2.364.200,00**

Gewinn ohne Preisdifferenzierung			In Euro
	Selbstkosten		2.307,16
+	Gewinn	20,0 %	461,43
=	Barverkaufspreis		2.768,59
	Erwarteter Gesamtgewinn 2021	5.000 Stück · 461,43 EUR	**2.307.150,00**

Vergleich erwarteter Gewinn mit und ohne Preisdifferenzierung	In Euro
mit Preisdifferenzierung	2.364.200,00
ohne Preisdifferenzierung	2.307.150,00
= Gewinnvorteil der Preisdifferenzierung	**57.050,00**

Aufgrund der Nachfragesituation und der Preise auf den vier Absatzmärkten kann in Deutschland, Frankreich und Norwegen ein höherer Barverkaufspreis gefordert werden. In den USA sollte der Barverkaufspreis niedriger angesetzt werden.

Die Gewinnvorteile in den drei europäischen Ländern übersteigen die Gewinneinbuße auf dem größten Absatzmarkt, den USA.

Aufgrund der Preisdifferenzierung wird sich unser Gewinn voraussichtlich um 57.050,00 EUR erhöhen.

2.2.2 *Hinweis zum Operator „vorschlagen/formulieren“: ein Ergebnis, einen Standpunkt oder eine Frage knapp, präzise und in eigenen Worten zum Ausdruck bringen*

Z. B.:
Zeitliche Preisdifferenzierung: günstigerer Verkaufspreis des E-Loaders im Winter aufgrund der geringeren Nachfrage

Personelle Preisdifferenzierung: günstigerer Verkaufspreis des E-Loaders für Wiederverkäufer

Mengenmäßige Preisdifferenzierung: günstigerer Verkaufspreis des E-Loaders für Großabnehmer

2.3 *Hinweis zum Operator „prüfen“: einen Sachverhalt im Hinblick auf Richtigkeit, Akzeptabilität untersuchen*

Hinweis zum Operator „begründen“: für einen gegebenen Sachverhalt einen folgerichtigen Zusammenhang zwischen Ursache(n) und Wirkung(en) herstellen

Hinweis zum Operator „erläutern“: einen Sachverhalt durch zusätzliche Informationen oder Beispiele einsichtig machen, veranschaulichen/verdeutlichen

Kapazität 2020		25.000 Stück
Auslastung	80 %	20.000 Stück
= offene Kapazität	20 %	5.000 Stück

Für den Zusatzauftrag von 500 Stück sind freie Kapazitäten vorhanden.

Listen-VK (netto) pro Stück		1.800,00 EUR
– variable Kosten pro Stück	– Fertigungsmaterial	–980,00 EUR
	– Fertigungslöhne	–319,00 EUR
= Deckungsbeitrag pro Stück		**501,00 EUR**

Der Zusatzauftrag sollte unter Kostengesichtspunkten angenommen werden, da
- pro Fahrrad ein positiver Deckungsbeitrag in Höhe von 501,00 EUR erzielt werden kann,
- das Betriebsergebnis um 250.500,00 EUR (500 Stück · 501,00 EUR Deckungsbeitrag) gesteigert werden kann,
- die Produktionsanlagen besser ausgelastet werden.

Die Annahme des Zusatzauftrages könnte dauerhaft zu einem Preisverfall bzw. zu einem geringeren Betriebsergebnis führen, da
- sich der niedrigere Preis unter den Kunden und Kundinnen herumsprechen und daher dauerhaft kein höherer Preis mehr verlangt werden könnte,
- der Kunde nicht mehr bereit ist, später höhere Preise zu akzeptieren.

2.4 *Hinweis zum Operator „formulieren": ein Ergebnis, einen Standpunkt oder eine Frage knapp, präzise und in eigenen Worten zum Ausdruck bringen*

Z. B.:

- „Ihr Gepäckträger ist wieder abgerissen, nachdem Sie eine Getränkekiste darauf verstaut haben? Mit unserem E-Loader XXL kann Ihnen das nicht passieren. Er bietet ausreichend Platz und bis zu 120 kg Zuladung."
- „Setzen Sie sich auf unseren E-Loader XXL und lassen Sie sich berauschen von der Leichtigkeit, mit der unser elektrischer Antrieb Sie durch den Großstadtdschungel führt."
- „Auf die wichtige Frage zur elektrischen Mobilität können wir Ihnen gleich eine überzeugende Antwort liefern. Der neue Akku mit 16 Ah reicht für mindestens 120 km. Also mehr als genug für Ihre täglichen Einkäufe."
- „Was unsere Autos zuverlässig zum Stehen bringt, bietet auch für Ihr Lastenfahrrad ausreichende Sicherheit beim Bremsvorgang. Deshalb sind unsere modernen Scheibenbremsen das Maß der Dinge für Lastenfahrräder."

Aufgabe 3

3.1.1 *Hinweis zum Operator „ermitteln/berechnen": Aufgabe anhand vorgegebener Daten und Sachverhalte mit bekannten Operationen lösen*

Hinweis zum Operator „beurteilen": den Stellenwert von Sachverhalten und Prozessen in einem Zusammenhang bestimmen, um theorie- und kriterienorientiert zu einem begründeten Sachurteil zu gelangen

$$\text{EK-Rentabilität} = \frac{\text{Jahresüberschuss} \cdot 100}{\text{EK}} = \frac{43.250{,}00 \cdot 100}{324.750{,}00} = 13{,}32\ \%$$

$$\text{Liquidität 2. Grades} = \frac{(\text{fl.Mittel} + \text{kurzfr. Forderungen}) \cdot 100}{\text{kurzfr. Verbindlichkeiten}}$$

$$= \frac{(114.100{,}00 + 380.200{,}00) \cdot 100}{529.500{,}00} = 93{,}35\ \%$$

Beurteilung EK-Rentabilität:
Die EK-Rentabilität gibt die Verzinsung des Eigenkapitals an. Grundsätzlich gilt: Je höher die Verzinsung, desto besser. In Anbetracht der aktuellen Zinssätze auf dem Kapitalmarkt ist eine Verzinsung von 13,32 % als gut zu bewerten.

Beurteilung Liquidität 2. Grades:
Sie zeigt, wie viel Prozent der kurzfristigen Verbindlichkeiten aus Kasse, Bank und kurzfristigen Forderungen beglichen werden können. Der Wert sollte mindestens 100 % betragen. Mit 93,35 % decken die finanziellen Mittel und kurzfristigen Forderungen nicht die kurzfristigen Verbindlichkeiten. Die Liquidität des Unternehmens ist zu verbessern.

3.1.2 *Hinweis zum Operator „analysieren/untersuchen": wirtschaftliche Sachverhalte aus Materialien kriterien- bzw. aspektorientiert beschreiben und erklären*

Hinweis zum Operator „vorschlagen": ein Ergebnis, einen Standpunkt oder eine Frage knapp, präzise und in eigenen Worten zum Ausdruck bringen

Auf der Liste sind fünf Rechnungen fällig (*Hinweis: RNr. 11.094, RNr. 10.984, RNr. 11.149, RNr. 11.463 und RNr. 11.350*), wobei die Südbaden Fit GmbH eine Teilzahlung geleistet hat. Weiter ist auffällig, dass kein Unternehmen das Skonto in Anspruch genommen hat. Das Skonto in Höhe von 1 % und das umfangreiche Zahlungsziel von 60 Tagen deuten darauf hin, dass kein ausreichender Zahlungsanreiz geboten wird. Das schlechte Zahlungsverhalten hat negative Auswirkungen auf die kurzfristige Liquidität.

Maßnahmen:
- Reduzierung des Zahlungsziels von 60 auf 30 Tage
- Erhöhung des Skontosatzes von 1 % auf 3 %
- Verkürzung der Skontofrist von 14 Tagen auf 10 Tage
- Mahnverfahren optimieren: Zahlungserinnerung nicht erst nach 20 Tagen nach Fälligkeit der Rechnung an den Kunden schicken, beispielsweise bereits nach sieben Tagen Zahlungsverzug.
- Verkauf der Forderungen an ein Factoring-Unternehmen, da über ein Drittel der Kunden bisher nicht rechtzeitig bezahlt

3.2.1

0700 Technische Anlagen	76.000,00			
2600 Vorsteuer	14.440,00	an	4400 Verbindlichkeiten a. LL.	90.440,00
6700 Mieten	2.000,00	an	2800 Bank	2.000,00
2800 Bank	4.600,00	an	2400 Forderungen a. LL.	4.600,00
4400 Verbindlichkeiten a. LL.	90.440,00	an	2800 Bank	90.440,00

3.2.2 *Hinweis zum Operator „vervollständigen/ausfüllen“: eine Vorlage durch sachgerechte Angaben ergänzen*

Berechnung der Abschreibung:

Jahresabschreibung = Anschaffungskosten : Nutzungsdauer
= 76.000,00 EUR : 10 Jahre = 7.600,00 EUR

Abschreibung 1. Jahr:

Jahresabschreibung : 12 · genutzte Monate = 7.600,00 EUR : 12 · 3 = 1.900,00 EUR

Anlagenkarte: **Kommissionieranlage, Stückgutförderung, Typ 436**				**KeepFit GmbH**
Nutzungsdauer: 10 Jahre	**Anschaffungskosten:** 76.000,00 EUR			
	AfA-Satz in Prozent: 10		**AfA-Methode:** linear	
Datum	**Vorgang**	**Zugang in Euro**	**Abgang/AfA in Euro**	**Bestand in Euro**
12.10.2020	ER 20206685	76.000,00		
31.12.2020	AfA		1.900,00	74.100,00

6500 Abschreibungen auf SA	1.900,00	an	0700 Technische Anlagen	1.900,00

9 Prüfungsaufgaben Kundenbeziehungsprozesse Sommer 2021

Aufgabe 1

1.1 Anzeigen in überregionalen Tageszeitungen, um potenzielle Bewerberinnen und Bewerber zu erreichen.

Nutzung von Jobbörsen im Internet, um überregional spezialisierte Arbeitskräfte aus dem Produktdesign der Spielgerätebranche anzusprechen.

Beauftragung von privaten Arbeitsvermittlungen, die branchenweit erfahrene Mitarbeiterinnen und Mitarbeiter ansprechen.

Hinweis: interne Personalbeschaffung aufgrund des fehlenden Know-hows nicht möglich

1.2.1
- Bei einer Kündigung durch die Arbeitnehmerin und keinen abweichenden Regelungen im Arbeitsvertrag beträgt die Kündigungsfrist vier Wochen zum 15. oder zum Ende des Kalendermonats (§ 622 Abs. 1 BGB).
  Heute ist der 06.05.2021 + 4 Wochen = 03.06.2021.

→ Kündigung zum 15.06.2021 wirksam, daher ist der frühestmögliche Beginn der 16.06.2021

- Der frühestmögliche Beginn ist der 16.06.2021. Damit die Kündigung am 15.06.2021 wirksam wird, muss sie spätestens vier Wochen vorher kündigen, das ist am 18.05.2021.

1.2.2 Für volljährige Arbeitnehmerinnen und Arbeitnehmer beträgt der jährliche Urlaub gem. § 3 BUrlG mindestens 24 Werktage.

24 Werktage entsprechen 20 Arbeitstagen (AT).

Bei einer 3-Tage-Woche beträgt der Urlaubsanspruch:
20 AT : 5 Wochentage · 3 tatsächliche AT = 12 Arbeitstage/Jahr

1.3 Fluktuationsquote = Personalabgänge · 100 : durchschn. Personalbestand
= 8 MA · 100 : 53 MA = 15,1 %

Ermittelte Quote im Vergleich zur Branche:
Die ermittelte Fluktuationsquote (15,1 %) liegt 3,3 Prozentpunkte über dem vergleichbaren Branchenwert (11,8 %)) für klein- und mittelständische Unternehmen im ländlichen Bereich.

- anonymes Feedback bei Mitarbeiterinnen und Mitarbeitern einholen, um Ursachen zu ermitteln und diesen entgegenzuwirken
- Der bestehende Personalmangel und die damit verbundene Mehrarbeit kann ursächlich für die Unzufriedenheit sein. Daher sollten die Aktivitäten der Personalbeschaffung, z. B. mithilfe von Active Sourcing, sozialen Netzwerken, Zeitarbeitsunternehmen etc. verstärkt werden.
- Attraktivität des Unternehmens als Arbeitgeber erhöhen, z. B. durch flexible Erhöhung des Urlaubsanspruchs (bisher gesetzliche Regelung mit 20 AT), Entgelterhöhungen etc.

Hinweis: Da auf den bestehenden Personalmangel in der Situation explizit hingewiesen wird, muss dieser hier aufgeführt werden.

Aufgabe 2

2.1.1 Siehe auch **Anlage 1.**

Die Kosten teilen sich in fixe und variable Kostenbestandteile.

Während die variablen Gesamtkosten einer Periode mit zunehmender Beschäftigung steigen, bleiben die fixen Gesamtkosten in Höhe von 2.500,00 EUR unverändert.

Die variablen Stückkosten sind unabhängig von der Beschäftigung konstant. Die fixen Kosten pro Stück werden mit zunehmender Beschäftigung immer geringer, da sich die Fixkosten einer Periode auf eine größer werdende Absatzmenge verteilen. Bei einer Ausbringungsmenge von 4.000 Stück sinken die fixen Einzelkosten auf 625,00 EUR (Fixkostendegression, Gesetz der Massenproduktion).

2.1.2 E = K
10.000x = 9.000x + 2.500.000,00 EUR
x = 2.500 Stück

Ab einer Verkaufsmenge von 2.501 Stück wird ein Gewinn erwirtschaftet.

Absatz 2.000 Stück: Ertrag : 10.500,00 EUR · 2.000 Stück = 21.000.000,00 EUR
Kosten: 9.000,00 EUR · 2.000 Stück + (2.500.000,00 EUR fixe Kosten) = 20.500.000,00 EUR
Gewinn: 500.000,00 EUR

Gewinn bei 4.000 Stück: 1.500.000,00 EUR. Dadurch erhöht sich der Gewinn um 1.000.000,00 EUR.

Alternativ: Gewinn 1.600.000,00 EUR. Dadurch erhöht sich der Gewinn um 1.100.000,00 EUR.

2.1.3 Die kurzfristige Preisuntergrenze wird durch die variablen Kosten in Höhe von 9.000,00 EUR bestimmt. Dies wäre noch weit unter unserem neuen Preis in Höhe von 10.000,00 EUR.

Bei einem Preis von 9.000,00 EUR sind die variablen Stückkosten gedeckt. Darüber hinaus kann mit einem zusätzlichen Auftrag die Kapazität ausgelastet werden, neue Kunden können gewonnen werden. Ein verminderter Preis trägt bei Stammkunden zur Kundenbindung bei. Arbeitsplätze werden gesichert.

2.2 Grundlage **Anlage 6** Prüfungsaufgabe:

6770 Beratungskosten	3.750,00			
2600 Vorsteuer	712,50	an	4400 Verbindlichkeiten a. LL.	4.462,50

Grundlage **Anlage 7** Prüfungsaufgabe:

6870 Werbeaufwand	5.500,00			
2600 Vorsteuer	1.045,00	an	4400 Verbindlichkeiten a. LL.	6.545,00

Aufgabe 3

3.1 Mit der schriftlichen Befragung/Teilerhebung der Stammkunden zum Thema „Intelligente vernetzte Wohnkonzepte“ erhält die Wohnwelt Kers GmbH aussagekräftiges, aktuelles und passgenaues Datenmaterial, das sich exakt an den intendierten unternehmensinternen Fragestellungen orientiert. Diese Art der Primärforschung stellt einen großen Wettbewerbsvorteil dar, da diese mit dem Fragebogen erhobenen Daten der Konkurrenz nicht zur Verfügung stehen.

Lösungsvorschlag siehe **Anlage 2.**

3.2 alternative Schülerlösungen möglich

Weitere Zielsetzungen der internen Veranstaltung – Videokonferenz:
- synchrone Kommunikation und Interaktionsaustausch in Bild und Ton
- schneller Informationsaustausch und Zusammenarbeit an verschiedenen Standorten
- Zuschaltung von Referentinnen und Referenten sowie Mitarbeiterinnen und Mitarbeitern, die nicht persönlich an einer Präsenzveranstaltung teilnehmen können
- Kostenvorteile bei Fahrt- und Übernachtungskosten

Sehr geehrte Damen und Herren,

am 13. Mai 2021 von 08:30 Uhr bis 12:30 Uhr findet die interne Veranstaltung – als Videokonferenz – zum Thema „Kundenorientiertes Leistungsangebot“ für die Filial- und Abteilungsleitungen statt.

Agenda:

08:30 Uhr – 08:45 Uhr	Begrüßung durch die Geschäftsleitung: Frau Kars
08:45 Uhr – 09:15 Uhr	Vortrag zum Thema „Digitalisierung im Alltag“ Referent: Herr Prof. Dr. Weilert von der CH-Universität, Zürich
09:15 Uhr – 10:15 Uhr	Austausch der Filial- und Abteilungsleitungen mit der Geschäftsleitung über die Umsetzungsmöglichkeiten des neuen Geschäftsfeldes
10:15 Uhr – 10:45 Uhr	Pause
10:45 Uhr – 11:00 Uhr	Bericht zum aktuellen Arbeitsstand des Fragebogens: Herr Gruber
11:00 Uhr – 12:00 Uhr	Weiterarbeit am Fragebogen in den regionalen Teams
12:00 Uhr – 12:30 Uhr	Vorstellung der Ergebnisse im Plenum

Bitte prüfen Sie vorab Ihre Tablets und loggen Sie sich rechtzeitig ein.

Bei Bedarf kann bereits während der Videokonferenz ein Protokoll geschrieben werden. Das digitale Material vom Vortrag von Herrn Prof. Dr. Weilert sowie die Ergebnisse der Arbeit in den regionalen Teams können im firmeninternen Netzwerk abgespeichert werden.

3.3

0870 Geschäftsausstattung	30.020,00	an	4400 Verbindlichkeiten a. LL.	35.723,80
2600 Vorsteuer	5.703,80			

Anlage 1, Aufgabe 2.1.1

Operator „berechnen": Aufgaben anhand vorgegebener Daten und Sachverhalte mit bekannten Operationen lösen.

	variable Kosten		fixe Kosten		Kosten gesamt		Erträge		Gewinn	
Menge	k var (variable Stückkosten)	K var (variable Gesamtkosten)	K fix (fixe Gesamtkosten)	k fix (fixe Stückkosten)	k (Stückkosten)	K (Gesamtkosten)	e (Erträge pro Stück)	E (Erträge gesamt)	g (Gewinn pro Stück)	G (Gewinn gesamt)
1 000	9.000	9.000.000	2.500.000	2.500	11.500	11.500.000	10.000	10.000.000	–1.500	–1.500.000
2 000	9.000	18.000.000	2.500.000	1.250	10.250	20.500.000	10.000	20.000.000	–250	–500.000
4 000	9.000	36.000.000	2.500.000	625	9.625	38.500.000	10.000	40.000.000	375	1.500.000

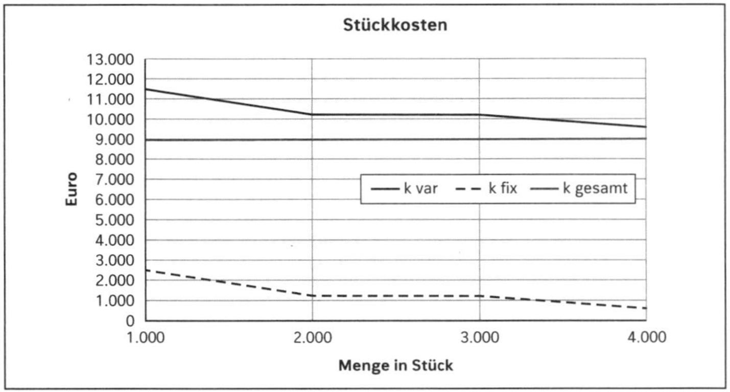

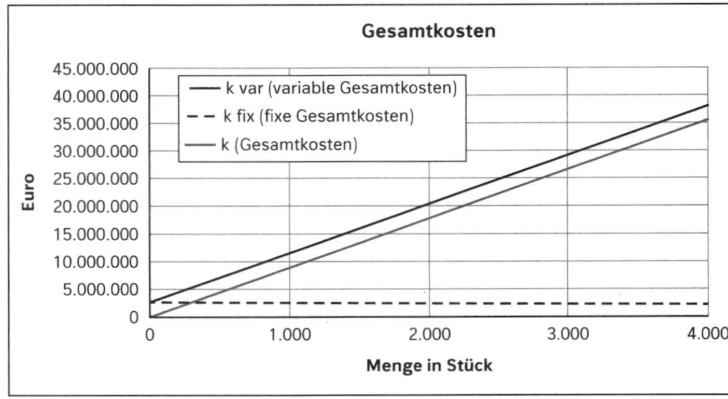

Anlage 2, Aufgabe 3.1

alternative Schülerlösungen möglich

Geschlossene Fragen: / **Begründung:**

Wie wichtig sind Ihnen intelligente, vernetzte Wohnkonzepte?				Begründung
◯ sehr wichtig	◯ wichtig	◯ nicht so wichtig	◯ unwichtig	Gewichtungsskala misst den Grad des Zutreffens von Eigenschaften. Der Grad ist verbal auszuwählen. Eine gerade Zahl der Antwortalternativen, um eine eindeutige Antwort zu erhalten und somit keine Tendenz zur Mitte.

Die Nutzung von intelligenten, vernetzten Wohnkonzepte ist für mich attraktiv					Begründung
◯ stimme zu	◯ stimme eher zu	◯ unentschlossen	◯ stimme eher nicht zu	◯ stimme nicht zu	Likert-Skala, mit der der Grad der persönlichen Einstellung/Meinung i. S. e. Zustimmung/Ablehnung angegeben wird. Die Skala der Zustimmung deckt dabei die gesamte Bandbreite der Einstellung ab.

Planen Sie in nächster Zukunft eine Neuanschaffung bei intelligenten, vernetzten Geräten?		Begründung
◯ ja	◯ nein	Einfachauswahlfrage, bei der nur ein Auswahlkriterium möglich ist. Die erwarteten Antworten weisen keine Überschneidungen auf; nur eine dieser beiden Ausprägungen ist möglich.

Wenn ja, welches der folgenden intelligenten, vernetzten Geräte möchten Sie kaufen?		Begründung
◯ Beleuchtung ◯ Jalousien ◯ Herd	◯ Kühlschrank ◯ Waschmaschine ◯ Kaffeemaschine ◯ Staubsaugerroboter	Alternativfrage/Mehrfachwahlfragen, mehrere Antworten können hier – adaptiert auf die bestehenden Geschäftsfelder der Wohnwelt Kers GmbH – ausgewählt werden.

Wie viel sind Sie bereit, für ein intelligentes, vernetztes Gerät auszugeben?				Begründung
◯ bis 450 EUR	◯ bis 650 EUR	◯ bis 850 EUR	◯ über 850 EUR	Eingruppierungsfrage, Zuordnung zu Wertebereichen. Mit dieser Frage soll erfasst werden, wie viel Geld die Kundschaft bereit ist, für intelligente, vernetzte Geräte auszugeben.

Hinweis: Da der Fragebogen schnell beantwortet und ausgewertet werden soll, können keine offenen Fragen gestellt werden.

1 Prüfungsaufgaben Wirtschafts- und Sozialkunde Sommer 2020

Aufgabe 1: In Ausbildung und Beruf orientieren

1.1 Folgende Punkte sind fehlerhaft und müssen entsprechend verbessert werden:

§ 1: Die Probezeit ist mit sechs Monaten zu lang.
Gemäß § 20 BBiG muss die Probezeit zwischen einem und vier Monaten betragen.

§ 6: Die Vergütung ist im dritten Jahr gleich geblieben.
Gemäß § 17 BBiG muss diese allerdings fortlaufend ansteigen.

§ 7: Die Urlaubstage sind falsch und widersprechen den Vorgaben gem. § 19 Abs. 2 Nr. 3 JArbSchG und § 3 BUrlG.

Der Auszubildende ist zu Beginn des Kalenderjahres 2020 noch 15 Jahre alt, somit stehen ihm 30 Werktage (WT) Urlaub zu. Im Jahr 2020 ist er noch vier Monate beschäftigt.
NR: $4 \cdot 30/12 = 10$ WT

Der Auszubildende ist zu Beginn des Kalenderjahres 2021 noch 16 Jahre alt, somit stehen ihm 27 Werktage (WT) Urlaub zu.

Der Auszubildende ist zu Beginn des Kalenderjahres 2022 noch 17 Jahre alt, somit stehen ihm 25 Werktage (WT) Urlaub zu.

2023 ist er 18 Jahre alt, somit stehen ihm 24 WT zu.

außerdem: Die Unterschrift des/der Erziehungsberechtigten fehlt, da der Auszubildende zum Zeitpunkt der Vertragsunterzeichnung noch minderjährig ist, gem. § 11 Abs. 2 BBiG.

1.2 **Nr. 1:**
Eine Kündigung ist immer noch gem. § 22 Abs. 2 Nr. 1 BBiG möglich, wenn ein wichtiger Grund vorliegt, sodass das Berufsausbildungsverhältnis nach der Probezeit ohne Einhalten einer Kündigungsfrist gekündigt werden kann.

Nr. 2:
Nach der Probezeit kann das Berufsausbildungsverhältnis vom Auszubildenden gekündigt werden und dies mit einer Kündigungsfrist von vier Wochen, wenn er die Berufsausbildung aufgeben oder sich für eine andere Berufstätigkeit ausbilden lassen will (§ 22 Abs. 2 Nr. 2 BBiG).
Im vorliegendem Fall liegt eine andere Berufstätigkeit vor.

§ 23 BBiG sieht eine Schadenersatzpflicht bei vorzeitiger Beendigung des Ausbildungsverhältnisses vor. Wird das Berufsausbildungsverhältnis nach der Probezeit vorzeitig gelöst, so können Ausbildende oder Auszubildende Ersatz des Schadens verlangen, wenn der jeweils andere die Auflösung zu verschulden hat. Dies gilt jedoch nicht für die Möglichkeit der ordentlichen Kündigung des Azubis, weil er eine andere Ausbildung anfangen möchte.

Nr. 3:

Der Arbeitgeber kann dem Arbeitnehmer/der Arbeitnehmerin freiwillig tarifliche Mindestarbeitsbedingungen gewähren, um einen Eintritt in eine Gewerkschaft unattraktiv zu machen.
Generell gilt aber, dass nur wenn der Arbeitgeber im Arbeitgeberverband und der Arbeitnehmer in der Gewerkschaft ist, die Tarifvertragsinhalte Gültigkeit für den individuellen Arbeitsvertrag haben.

Oder:
Der Tarifvertrag gilt
1. dann auch für nicht in der Gewerkschaft organisierte Arbeitnehmer, wenn der Tarifvertrag vom Bundesministerium für Arbeit für „allgemeingültig bzw. allgemeinverbindlich" erklärt wurde, wenn der Tarifvertrag in seinem Geltungsbereich für die Gestaltung der Arbeitsbedingungen überwiegende Bedeutung erlangt hat oder
2. die Absicherung der Wirksamkeit der tarifvertraglichen Normsetzung gegen die Folgen wirtschaftlicher Fehlentwicklung eine Allgemeinverbindlicherklärung verlangt.

Nr. 4:

Gemäß § 3 Abs. 1 MuSchG:
Generell muss die Frau in diesem Fall nicht arbeiten, der Zeitraum liegt in der „Schutzfrist vor der Entbindung", da werdende Mütter in den letzten sechs Wochen vor der Entbindung nicht arbeiten müssen.
Ausnahme: Sie erklärt sich ausdrücklich dazu bereit.
Wenn Sie die Beschäftigung ausdrücklich verlangt, kann Sie weiterarbeiten und somit an den Bewerbungsgesprächen teilnehmen. Dies befreit den Geschäftsführer von der Regelung gem. § 3 Abs. 1 MuSchG.

Aufgabe 2: Wirtschaftliches Handeln in der Sozialen Marktwirtschaft analysieren

2.1.1 Polypol (viele Anbieter und viele Nachfrager)

2.1.2 Siehe **Anlage 1**.

2.1.3 Siehe **Anlage 2**.

2.2.1 Es handelt sich um einen marktkonträren Staatseingriff in die Preisbildung, da der Preismechanismus von Angebot und Nachfrage außer Kraft gesetzt wird.

2.2.2 Siehe **Anlage 2**.

2.2.3 Z. B.
Pro:
- Mietpreise können weniger stark steigen. → Die Wohnungen sind bezahlbar.
- Mieten sind transparenter.

Kontra:
- Zum gegebenen Höchstpreis gibt es mehr Nachfrage als Angebot, deshalb steht nicht genügend Wohnraum für Mieter zur Verfügung.
- Neubau-Wohnungen sind von der Mietpreisbremse ausgeschlossen.

Begründete Bewertung: schülerabhängig

2.2.4 Mehr Mieter können sich durch den Zuschuss eine 60-m²-Wohnung leisten. Deshalb werden mehr Wohnungen nachgefragt. Dadurch ergibt sich ein Anpassungsprozess zu einem höheren Gleichgewichtspreis bei größerer Menge (**Anlage 2**).

2.3 Z. B.
In der Marktwirtschaft gelten die Grundsätze der freien Preisbildung und des Privateigentums. Andererseits sollen erhebliche soziale Härten durch zu hohe Mieten vermieden werden. Wohnraum soll bezahlbar bleiben. Die Mietpreisbremse ist ein zulässiger Eingriff der Politik in die freie Preisbildung auf dem Wohnungsmarkt zum Schutz der Konsumenten, in diesem Fall der Mieter, welcher durch das Prinzip der sozialen Marktwirtschaft gedeckt ist.

Anlage 1

Preis in Euro je m²	Marktangebot in m²	Marktnachfrage in m²
4,00	70.000	340.000
5,50	125.000	260.000
7,00	185.000	185.000
8,50	250.000	150.000
10,00	280.000	80.000
11,50	320.000	30.000

Anlage 2

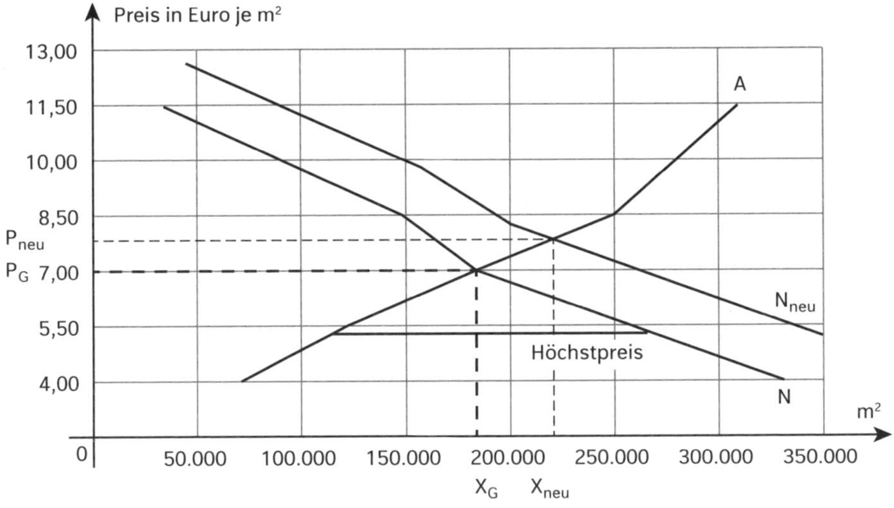

2 Prüfungsaufgaben Wirtschafts- und Sozialkunde Winter 2020/2021

Aufgabe 1: In Ausbildung und Beruf orientieren

1.1 Sven als Auszubildender im zweiten Jahr genießt einen besonderen Kündigungsschutz. Das Ausbildungsverhältnis kann nach so einem Fall nicht ohne Weiteres aufgelöst bzw. gekündigt werden, da das einmalige Fehlen im Unterricht keinen wichtigen Grund für eine Kündigung nach der Probezeit bietet. Auch die Leistungsschwäche von Sven bietet keinen wichtigen Grund, um ihm das Ausbildungsverhältnis zu kündigen. Das Ausbildungsverhältnis nach der Probezeit kann seitens des Arbeitgebers nur aus wichtigem Grund gekündigt werden.

1.2

Betreff: Urlaub Sascha und Nachuntersuchung

Hallo Mark,

gerne helfe ich Dir.

Ausschlaggebend für den Umfang der Urlaubszeit ist das Alter Deines Bruders. Gemäß § 19 Abs. 2 S. 2 JArbSchG und der Tatsache, dass er zu Beginn des Kalenderjahres 2020 erst 16 Jahre alt war, stehen ihm laut Gesetz zu:
23 Arbeitstage : 12 Monate · 4 Monate = 7,66 (gerundet 8) Arbeitstage Urlaub für das Jahr 2020.

Für das Jahr 2023 stehen ihm mindestens 20 Arbeitstage Urlaub zu. Es gibt die Regel, dass man anteilig Urlaub bekommt, wenn das Ausbildungsverhältnis nach dem 30. Juni beginnt, und den kompletten Anspruch hat, wenn das Ausbildungsverhältnis nach dem 30. Juni endet. Bei Deinem Bruder ist das so, damit sind die Urlaubstage völlig richtig.

Was die gesundheitliche Untersuchung angeht, so gilt gemäß § 33, 34 JArbSchG Folgendes:
Ein Jahr nach Aufnahme der Ausbildung oder Beschäftigung muss die Bescheinigung über die erste Nachuntersuchung vorgelegt werden. Dies gilt nur für Jugendliche (diejenigen, die noch nicht 18 Jahre alt sind). Die Nachuntersuchung muss innerhalb der letzten drei Monate des ersten Ausbildungs- oder Beschäftigungsjahres stattfinden. Diese Nachuntersuchung ist also berechtigt. Wenn Du ihm diese nicht vorlegst, dann darf er Dich nicht mehr weiter beschäftigen.

Nein, du musst nicht jedes Jahr zum Arzt gehen. Nach der ersten Nachuntersuchung, sind die anderen nur freiwillig.

Ich hoffe, ich konnte Dir weiterhelfen.

Viele Grüße
Name des Prüflings

1.3.1 Schülerabhängige Antwort:
Wer gearbeitet hat, soll im Alter mehr haben als die Grundsicherung. Das ist das Ziel der Grundrente. Vor allem Menschen mit einer Minirente, die langjährig Rentenbeiträge aus Beschäftigung, Kindererziehung oder Pflegetätigkeit geleistet haben, soll dadurch geholfen werden. Die Grundrente soll so die Altersarmut bekämpfen und Rentnern zu einem würdigen Dasein verhelfen.

Die Erhöhung des Renteneintrittsalters wird immer wieder diskutiert. Damit sollen die Arbeitnehmer länger dem Arbeitsmarkt zur Verfügung stehen und weiterhin in die Sozialkassen einzahlen. Eine längere Arbeitstätigkeit führt zu einer kürzeren Rentenbezugsdauer und entlastet damit die Rentenkasse.

1.3.2 Schülerabhängige Antwort:
Für die Investition in Immobilien sprechen:
- Mietfreies Wohnen im Alter hat den Vorteil, die monatlichen Ausgaben im Rentenalter, die von der Rente bestritten werden müssen, deutlich zu reduzieren. Der dadurch zusätzlich geschaffene Finanzpuffer kann für anderweitige Bedürfnisse verwendet werden.
- Eine eigene Immobilie bedeutet nach der Begleichung der Schulden auch eine allgemeine Erhöhung des verfügbaren Einkommens.
- Zusätzliche Mieteinnahmen ermöglichen ein langfristig garantiertes Zusatzeinkommen.

Gegen die Investition in Immobilien spricht:
- Hohe Anschaffungskosten durch den Kaufpreis und die Erwerbsnebenkosten (Grunderwerbsteuer, Notar- und Maklerkosten) sind für junge Menschen mit wenig Eigenkapital oder geringem Einkommen eine kostspielige Angelegenheit.
- Erhöhte Kreditkosten und langfristige finanzielle Belastungen sind nicht risikofrei.
- Eine Immobilie kann auch zur Schuldenfalle werden, falls nach dem Kauf hohe Instandhaltungskosten entstehen.

Aufgabe 2: In Ausbildung und Beruf orientieren

2.1 Die Gewerkschaft ist bestrebt, die Lohnforderungen flexibel zu halten, um keine Arbeitsplätze zu gefährden. So könnte man sich Zusagen zur Beschäftigungssicherung durch moderate Forderungen nach einer Entgelterhöhung „erkaufen“. Wären die Forderungen zu hoch, bestünde die Gefahr, dass Arbeitsplätze aus Kostengründen eventuell verlagert oder abgebaut werden.

2.2 Der Betriebsrat ist nicht für die Organisation eines Streiks zuständig, dies liegt in der Verantwortung der Gewerkschaft.
Ein ordnungsgemäß durchgeführter Streik ist zu diesem Zeitpunkt nicht zulässig, da zuvor die aufgenommenen Verhandlungen gescheitert sein müssen, ebenso ein Schlichtungsverfahren. Ferner muss dieser Streik in einer Urabstimmung von den Mitgliedern der Gewerkschaft beschlossen werden.

2.3 Es handelt sich um ein Mitbestimmungsrecht des Betriebsrats (§ 87 Abs. 1 Nr. 2 ff. BetrVG). Ohne eine vorherige Information des und die Zustimmung durch den Betriebsrat darf der Arbeitgeber die Veränderung nicht durchführen.
Bei Nichteinigung mit dem Arbeitgeber entscheidet das gerichtliche Schlichtungsverfahren als Ersatz, welches auch zugunsten des Arbeitsgebers beschieden werden könnte.

2.4.1 Schülerabhängige Antwort, z. B.:
Die aktuelle Coronapandemie lässt die Kosten im Gesundheitswesen drastisch ansteigen.
Durch den wirtschaftlichen Einbruch steigen die Arbeitslosenzahlen und somit sinken die Einnahmen für die gesetzliche Krankenversicherung bei unveränderter Ausgabensituation.
Die Überalterung der Gesellschaft ist ein weiterer wichtiger Grund für steigende Gesundheitskosten, weil für ältere Menschen häufig mehr und kostenintensivere Leistungen notwendig sind.

2.4.2 Schülerabhängige Antwort, z. B.:
Die Bauer Wellenantriebe GmbH gewährt für Brillengestelle einen Kostenzuschuss von 20 %.
Für verschreibungspflichtige Medikamente übernimmt die Bauer Wellenantriebe GmbH 50 % des Eigenanteils bzw. der Zuzahlung.
Die Bauer Wellenantriebe GmbH übernimmt die Kosten in Höhe von bis zu 100,00 EUR für Maßnahmen zur Gesundheitsvorsorge, z. B. Fitness, Lauftraining, Yoga, Ernährungsberatung.

3 Prüfungsaufgaben Wirtschafts- und Sozialkunde Sommer 2021

Aufgabe 1: In Ausbildung und Beruf orientieren

1.1 Z. B.
Vorteile einer dualen Ausbildung:
- nach der Ausbildung gute Übernahmechancen
- Praxisnähe
- Ausbildungsvergütung

1.2 **Vergütung**
1. Jahr: mindestens 550,00 EUR (§ 17 Abs. 2 Nr. 1b BBiG), ist korrekt
2. Jahr: mindestens 649,00 EUR (§ 17 Abs. 2 Nr. 2 BBiG), ist nicht korrekt
3. Jahr: mindestens 742,50 EUR (§ 17 Abs. 2 Nr. 3 BBiG), ist nicht korrekt

Erläuterung: Im ersten Ausbildungsjahr ist die Mindestvergütung erreicht. Im zweiten und dritten Ausbildungsjahr müssen die Steigerungsraten in Höhe von 18 % bzw. 35 % beachtet werden.
Alternativlösung nach alter Gesetzeslage möglich

Urlaub
2021: 8 Arbeitstage = 9 Werktage (§ 19 Abs. 2 Nr. 2 JArbSchG i. v. m. § 5 Abs. 1a BUrlG)
2022: 21 Arbeitstage = 25 Werktage (§19 Abs. 2 Nr. 3 JArbSchG)
2023: 20 Arbeitstage = 24 Werktage (§ 3 Abs. 1 BUrlG)
2024: 20 Arbeitstage = 24 Werktage (§ 3 Abs. 1 BUrlG i. v. m. § 4 BUrlG)

Erläuterung: Für Julia gilt das Jugendarbeitsschutzgesetz bis einschließlich 2022, da sie zu Beginn des Kalenderjahres noch nicht 18 Jahre alt ist. Ab 2023 gilt das Bundesurlaubsgesetz. Der Urlaub wird anteilig für das erste Ausbildungsjahr berechnet. Die Ausbildung endet 2024 nach mehr als sechs Monaten, daher erwirbt sie für 2024 den vollen Urlaubsanspruch.

1.3 **Rechtliche Situation:**
Die Probezeit ist vorbei (maximal vier Monate), daher kann Maria Zell nicht mehr während der Probezeit gekündigt werden.
Mit 17 Jahren gilt für Maria Zell das JArbSchG (§ 1 JArbSchG). Jugendliche dürfen vor 06:00 Uhr nicht beschäftigt werden (§ 14 JArbSchG).

Möglicher Vorschlag gegenüber Herrn Braun:
Maria Zell sollte zu einem Gespräch eingeladen werden, in dem die rechtliche Situation erläutert wird. Ihr können keine arbeitsrechtlichen Konsequenzen angedroht werden. Dennoch hätte sie nicht einfach zu spät kommen dürfen. Zu klären ist, dass Anweisungen grundsätzlich Folge zu leisten ist und bei Unklarheiten das Gespräch gesucht werden sollte; ggf. mit der JAV.

1.4 Z. B.
Vorteile Betriebsrat und Jugend- und Auszubildendenvertretung:
- Interessen der Arbeitnehmer werden vom Gremium gegenüber Geschäftsführung vertreten.
- Organ, das über die Einhaltung der Gesetze wacht
- Vertrauenspersonen, die man um Rat fragen kann
- JAV kann Schwierigkeiten von Auszubildenden besser nachvollziehen
- Betriebsvereinbarungen werden verhandelt

1.5 Die Tätigkeit im Personalbereich fällt in die Tätigkeitskategorie II – mittlere Konzentration oder mittlere Sprachverständlichkeit (3.15 ASR Lärm). In dieser Kategorie darf ein Beurteilungspegel [Maßeinheit für Schall] von 70 dB(A) nicht überschritten werden (5.1 ASR Lärm). Beide Geräte zusammen überschreiten jedoch diesen Grenzwert.

Lösungsvorschlag, z. B.:
- Ersatz der älteren Geräte durch neue, da diese in der Regel leiser sind.
- Ein Gerät bleibt stehen, das andere Gerät wird auf den Flur gestellt.
- Digitalisierung der Abläufe, damit die Auslastung der Geräte abnimmt.

Andere richtige, schülerindividuelle Antworten sind auch möglich.

Aufgabe 2: Wirtschaftliches Handeln in der sozialen Marktwirtschaft analysieren

2.1 Z. B.
- Da die weltweite Nachfrage nach Autos sinkt, gehen die Exporte der Kranich GmbH zurück. Somit sind Umsatzrückgänge zu erwarten.
- Trotz einer möglichen Erholung der deutschen Wirtschaft bleibt die Zukunft sehr unsicher.
- Die Investitionstätigkeit der Kranich GmbH könnte zurückgehen. Personaleinstellungen würden aus diesem Grund sehr restriktiv stattfinden, ggf. gäbe es sogar Personalabbau.

2.2 Z. B.
Wenn ein Arbeitnehmer seinen Arbeitsplatz durch die Krise verliert, fällt auch sein Einkommen weg. Damit dieser Arbeitnehmer aber trotzdem seinen Alltag finanzieren kann (Miete, Lebensmittel usw.), hat er Anspruch auf Arbeitslosengeld.

Das regelmäßige Einkommen kann sich durch Kurzarbeit sehr stark reduzieren, sodass Betroffene ihren Alltag nicht mehr finanzieren können. In diesem Fall gibt es staatliche Hilfen, die in Anspruch genommen werden können (bspw. Wohnzuschüsse).

2.3.1 Das reale Bruttoinlandsprodukt (BIP) ist ein Maß für die wirtschaftliche Leistung einer Volkswirtschaft in einem bestimmten Zeitraum. Es misst den Wert der im Inland hergestellten Waren und Dienstleistungen. Deshalb ist es als Indikator geeignet. Wächst das reale BIP, so ist die gesamtwirtschaftliche Leistung angestiegen.

2.3.2 Z. B.
- Ein steigendes BIP führt häufig auch zu einer stärkeren Belastung der Umwelt. Durch den Anstieg werden beispielweise mehr Ressourcen verbraucht und es gelangen mehr Schadstoffe in die Luft.
- Beim BIP ist keine Verteilungsgerechtigkeit berücksichtigt. Selbst beim BIP pro Kopf ist lediglich erfasst, was theoretisch im Durchschnitt pro Kopf erwirtschaftet wird. Aber wie der materielle Wohlstand letztlich verteilt ist, wird nicht berücksichtigt.
- Ausgaben, die lediglich den alten Zustand wiederherstellen, wie z. B. Reparaturkosten nach Unfällen, erhöhen das BIP, aber nicht den Wohlstand.

2.4 Z. B.

Kooperation

Vorteile:
- Um Kosten zu sparen, könnte die Kranich Automobiltechnik GmbH in der Forschung und Entwicklung mit anderen Unternehmen zusammenarbeiten.
- Sie könnten ein Mittelstandskartell gründen.
- So würden sich beide Unternehmen die Kosten teilen.
- Sie könnten ihr Know-how teilen und somit gegenseitig profitieren.

Nachteile:
- Know-how wird außer Haus gegeben.
- keine alleinige Entscheidungsfreiheit für den Einzelnen

oder

Konzentration

Vorteile:
- In dem neuen Unternehmen könnten in Abteilungen, die nun doppelt existieren, bspw. die Personalabteilung, Personal und somit Kosten reduziert werden.
- Know-how wird nicht nach außen gegeben.

Nachteile:
- aufwendiges Genehmigungsverfahren
- ganzer oder teilweiser Verlust der rechtlichen Selbstständigkeit

begründete, individuelle schülerabhängige Lösungen